U0089929

中國學術思想研究輯刊

二編

林慶彰主編

第22冊

李光地與清初理學

楊菁著

花木蘭文化出版社

國家圖書館出版品預行編目資料

李光地與清初理學／楊菁 著 — 初版 — 台北縣永和市：花木蘭文化出版社，2008〔民97〕

目2+226面；19×26公分

（中國學術思想研究輯刊 二編；第22冊）

ISBN：978-986-6528-23-1（精裝）

1.（清）李光地 2. 理學 3. 清代

127.19 97016596

ISBN - 978-986-6528-23-1

中國學術思想研究輯刊

二 編 第二二冊 ISBN：978-986-6528-23-1

李光地與清初理學

作　　者　楊菁

主　　編　林慶彰

總 編 輯　杜潔祥

出　　版　花木蘭文化出版社

發 行 所　花木蘭文化出版社

發 行 人　高小娟

聯絡地址　台北縣永和市中正路五九五號七樓之三

電話：02-2923-1455／傳眞：02-2923-1452

網　　址　http://www.huamulan.tw 信箱 sut81518@ms59.hinet.net

印　　刷　普羅文化出版廣告事業

封面設計　劉開工作室

初　　版　2008年9月

定　　價　二編28冊（精裝）新台幣46,000元

李光地與清初理學

楊 菁 著

作者簡介

楊菁，臺中縣人，畢業於東吳大學中國文學研究所博士班，現為國立彰化師範大學國文學系助理教授。著作有專書：《劉寶楠論語正義研究》、《李光地與清初理學》、《清初理學思想研究》；譯作有《論語思想史》（合譯）；點校有《翼教叢編》等。

提　要

本書介紹李光地與清初理學的關係。李光地一生因處於複雜的政治情勢中，又被難以論斷的「三案」所影響，所以後人皆非難其人品、輕視其學術，甚至連清初的程朱理學都不被重視。實則，李光地對清初的學術有其貢獻，他與康熙帝共同推崇理學思想，使程朱學成為官方的學術代表；上行下效的結果，也帶起清初理學的盛行，此一時期理學家輩出，使得清初學風一變明末以來的虛浮，而返於重實踐的淳篤之風。李光地的理學思想重實理，「知本」與「明性說」皆強調庸言庸行的實踐之功；又他所獎掖、提拔的理學人才，多精通經學及實用之學，凡此，除了反映清初的理學風貌，亦表現其個人的學術特色。又自康熙朝後，理學日漸衰微，衰弊之跡在其發展過程中已可窺見，因此本書又探討理學衰微之因，以對清初理學的盛衰作一對照與交代。總之，李光地與清初理學及清初至中葉的學風皆有密切關係，由本論文正可看出清初學術風貌之一端。

目次

第一章　緒　論

第一節　研究動機——由李光地的兩極評價談起

李光地（1642～1718），爲清初有名的「理學大臣」，他一生的仕宦與康熙朝相終始，深得康熙皇帝的信賴，君臣相得，並協力推助學術的發展，其中又以程朱學爲最。但是後世對他的評價並不高，其因是緣於「三案」的糾纏，後人對他人品的訾議，連帶忽略了他的政績及他對學術的貢獻。本論文希望藉由探究李光地一生的事功、學術，及他對理學思想的闡述、對理學的提倡，重新審視他的理學思想所反映出的清初理學的風貌及他對理學推行的貢獻，進而探討乾嘉以後理學衰微之因。而在進入主題論述之前，首先，先由前人對他的兩極評價說起。

一、歷來對李光地的評價

歷來對於李光地的評價，有著毀譽兩極的情況，首先我們先看看以下的說法：

《清史稿》本傳稱「光地剔歷中外，得君最專，而疑謗叢集，委蛇進退，務爲韜默。」〔註 1〕這裏所稱「疑謗叢集」，確實說明了李光地一生毀譽交加的實況。其中攻訐最力，影響後世最深的，應屬全祖望的評論。全祖望（1705～1755）在〈答諸生問榕村學術帖子〉說：

〔註 1〕《清史稿校註》，卷 269，列傳 49，〈李光地〉，頁 8542。

> 榕村大節，爲當時所共指，萬無可逃者，其初年則賣友，中年則奪情，暮年則居然以外婦之子來歸，足稱三案。大儒固如是乎？賣友一案，閩人述之，過於狼籍，雖或未必然，而要其曖昧之心跡，至不能自白於清議，則亦約略有慚德矣。奪情一案，有爲之辨者，謂前此崑山徐尚書，深妒榕村之進用，讒於聖祖，言雖不遽信，然深被廉察，由院長左遷壓使，故榕村懼甚不敢更乞歸；但崑山雖忮，愚謂聖祖之時，不應有此，恐出榕村文過之口。外婦之子，其一以遊蕩隕命京師，其一來歸承祧，何學士義門，其弟子也，亦歎曰，學道之人乃有是。(《鮚埼亭集》外編，卷 44，頁 1332)

全祖望所說的「三案」，賣友是指他出賣好友陳夢雷之事；奪情是指他母喪未能返家守三年之喪，而在京守制，違反倫常之理；外婦之子是說他在晚年時有外婦所生之子欲來承祧之事。關於這三件事的眞相，本就曖昧不明，賣友一案，李光地與陳夢雷各執一詞，連全祖望都說「雖或未必然」；而奪情一案，則顯然與當時朝廷的黨爭傾軋有很大關係；外婦之子來歸之事，實況更是不明。這三件事，尤其是前二事，後人的研究也各執一詞，是非功過難有定論。

全祖望是針對李光地的人品予以批評，章太炎則批評其學問：

> 治漳浦黃道周之術，善占卦，會康熙尊朱學，故以朱學名。其習業因時轉移，聞時貴律歷，即爲章算幾何；貴訓詁，即稍稍理故書；貴文言幽眇，即皮傅周易與中庸篇，爲無端崖之辭，然惟算數爲通明，卒以是傅會得人主意，稱爲名相。……自光地在朝，君臣相顧驩甚，累官至文淵閣大學士，玄曄自言通八線諸術，又數假稱閩學，而光地能料量讎對，故玄曄命錄札記進御，又時時令參訂朱熹書，常曰：「知光地者莫如朕，知朕者亦莫光地若也」……。(《檢論》，卷 4，〈許二魏湯李別錄〉，頁 15～16)

章太炎嚴厲地批評李光地的學問不過皆「因時轉移」，凡其所學皆因皇帝的喜好而趨附之，以此迎合傅會主上之意，故能得到皇帝寵信。實則，李光地的學問固有隨康熙帝的喜好而迎合，但不至於皆「因時轉移」；且他在學術上有其成就，並非只是「稍稍理故書」或「皮傅」而已，這些由後文所論可見之。但章太炎的說法，卻造成後人對李光地的學問不屑一顧，如張舜徽也說：

光地說經之書甚多，而皆以闡明義理爲主。其時清廷方表彰朱子之學，別黑白而定一尊，以牢籠天下之士，光地迎會主意，恆有其所以自固之道。觀是集卷十所載進呈諸書序，於玄燁貢諛獻頌，無所不至。……故其一生論學，亦惟視人主之意爲轉移。……則其人其學，早有定價（指全祖望〈答諸生問榕村學術帖子〉所評），乃耳食之人，震於其位秩之隆，門牆之盛，相與推爲理學名儒，亦祇得謂爲僞理學耳。（《清人文集別錄》，卷 3，頁 84～85）

張也說李光地一生論學惟視人主之意爲轉移，雖然被推爲理學名臣，但也只能說是僞理學而已。

反之，對李光地的學問持正面評價的有，《四庫全書總目提要》說：

光地所長，在於理學經術，文章非所究心。然即以文章而論，亦大抵宏深肅括，不雕琢而自工，蓋有物之言，固與鞶帨悅目者異矣。數十年來，屹然爲儒林巨擘，實以學問勝，不以詞華勝也。（卷 173，〈榕村集〉，集部別集類廿六，頁 1527 上）

又，徐世昌《清儒學案》云：

安溪學博而精，以朱子爲依歸，而不拘門户之見。康熙朝儒學大興，左右聖祖者，孝感安溪先後相繼，皆恪奉程朱，而深究天人，研求經義性理，旁及曆算、樂律、音韻，聖祖所契許而資贊助者，安溪爲獨多。（〈安溪學案〉，卷 40）

李光地的門生李紱也說：

榕村先生早歲志道，沈潛卷籍而自得於心，箋疏六經，各自成書，學者翕然師之，莫不曰：「安溪先生，今之程朱也」。（〈榕村全集序〉）

王承烈說：

安溪師說道理處，自朱子後，由元迄明諸儒，更無第二人。（《四書解義》，〈四書解義發凡〉，頁 5 右）

以上的說法皆站在不同的角度來評價李光地，首先是全祖望的「三案說」，著重在道德人品的批評。全祖望的文章一向有表彰民族氣節的特色，如他在《鮚埼亭集》和《外編》的主要部分，都是關於明清之際人物的墓誌銘、事略和傳狀，其間對於抗清志士的氣節，表達了極度的尊敬。因此對於李光地這種漢族的士大夫，非但事清，且善於迎合上意的人，其輕蔑之心是可以想見的。全祖望的「三案說」影響了後來學者對李光地的觀感，多持以不屑、鄙夷的態度，如張舜徽、梁啓超〔註2〕等皆是。

其次是章太炎、張舜徽，就李光地的學問多所批評，言其學術思想多以帝王的好尚爲轉移，甚至稱其理學爲「僞理學」。章、張二人也是民族主義的擁戴者，如章太炎之名即是因仰慕顧炎武而取，他們二人在文章中對於康熙都直稱「玄燁」之名，所以他們在評論李光地時，已先預存滿漢之分的立場。

第三是對李光地的學問持肯定態度的，如《四庫全書總目提要》之稱其爲「儒林巨擘」；《清儒學案》言其「學博而精」，且贊揚其對清初儒學的貢獻。但是這些皆屬於站在官方立場的言論，亦不免有言過其實之嫌。另外是李光地的門生李紱、王承烈等，對於他的程朱之學加以表揚。因爲是私人的門生關係，所以其客觀性也不免令人質疑。

二、李光地的政治處境

綜合以上說法，由於事實眞相的混淆曖昧，造成了對李光地評價「疑謗叢集」的局面，李光地本人固然難辭其咎；但是這些和李光地所處的環境也有莫大關係。清初自順治皇帝以來，滿漢大臣暗自結黨，盤根錯節，分合不一。當時的黨派主要有：

（一）索額圖黨

索額圖是康熙初四大輔政之首索尼的第三子，其侄女又是康熙的第一個皇后及太子允礽之生母。他曾在擒拿鰲拜的過程中立功，升爲大學士，爲當朝大臣中第一實權派。因李光地爲允礽老師，所以索額圖於朝士獨親李光地。但李並未依附他。

（二）明珠黨

明珠曾任兵部尚書、戶部尚書，其人「務謙和，輕財好施，以招徠新進及海內知名士」〔註3〕，在朝中的勢力足以和索額圖抗衡。康熙二十七年（1688），徐乾學、高士奇等人上書彈劾，康熙亦暗中授意，被罷去大學士職務。明珠甚敬重李光地，曾說：「李某是眞人品，予所最敬者。他雖學士，

〔註2〕梁啓超說：「他號稱康熙朝『主持正學』的中堅人物，一雙眼睛常常釘在兩廡的幾塊冷豬肉上頭，他的官卻是賣了一位老朋友陳夢雷換來；他的老子死了，他卻貪做官不肯奔喪，他臨死卻有一位外婦所生的兒子來承受家產。」（《中國近三百年學術史》，頁116）

〔註3〕方苞：《方望溪全集集外文》，卷6，〈記徐司空逸事〉，頁344。

予敬之過於大學士。」〔註4〕李光地也曾告誡明珠，務必愼交往，不可爲小人所利用，明珠爲此一度閉門謝客。後因李光地推薦德格勒事，明珠爲了自救，也曾中傷李，但事後立即尋悔。〔註5〕但李光地也未依附明珠黨。

（三）徐乾學、高士奇為代表的「南黨」

南黨大部分由江浙文人組成，多爲漢人。其中徐乾學，號東海，爲顧炎武之甥，曾充《大清會典》、《一統志》之副總裁。高士奇，字澹人，頗爲康熙所倚賴，權勢益高，和徐二人結黨營私，大肆貪贓。明珠被罷，二人威勢大增，後因于成龍查賄賂案被牽連，二人自請罷職，但仍在南書房修書；解任後光燄卻更盛，結構熊賜履，滿漢俱歸其門，又與明珠鬥財力，直至徐復謀高，始兩敗俱傷。〔註6〕徐乾學任刑部尚書以前，一直覬覦「掌院學士」之職位，因由此職可升至大學士。當李光地由編修升侍讀士，再升內閣學士，對徐產生極大威脅，故挑撥陳夢雷以〈蠟丸疏〉之事誹謗李。於康熙二十七年（1688）之後的十年，李光地被罷掌院學士之官，讒誣中傷者尤切，因此徐乾學、熊賜履和李光地之間頗多恩怨糾葛。〔註7〕

（四）北　黨

北黨和南黨對立，主要是明珠附黨，以科爾坤、佛倫等人爲代表。南北二黨鬥爭頗爲激烈，但與李光地並無特別關係。〔註8〕

由以上所述黨爭，故知李光地若要避開這些黨爭而進入權力中心，恐怕是極難之事，因李光地自仕進以來，也身陷於官場的利益糾葛之中，在他的孫子李清植所纂《李文貞公年譜》（以下簡稱《年譜》）及李清馥所纂《榕村譜錄合考》（以下簡稱《譜錄合考》）中，多處記載了李光地招嫉被謗的情況。如《年譜》廿一年（1682）條，有：

> 公備蒙恩知，嚮用甚篤，當軸及躁進者，漸生嫌忌，而公閉户介立，莫之知也。（頁65）

〔註4〕李光地：《榕村續語錄》，卷13，頁722。

〔註5〕同上。

〔註6〕同上，卷14，頁738。

〔註7〕至康熙三十七年（1698），李光地受任爲直隸巡撫；四十四年（1705）被拜爲文淵閣大學士，此後至他身故爲止，都未曾遠離誣陷讒謗。參見許蘇民：《李光地傳論》，頁222～238。

〔註8〕另參照謝國楨：《明清之際黨社運動考》（臺北：臺灣商務印書館，1967年1月臺一版）。

廿五年（1686）李與康熙論《續綱目》，事後康熙屢鉤囚之，云：

> 舉朝震悚以爲殊異，遂陞掌院，忌者由此深嫉而設法中之。(《譜錄合考》，頁 469～470）

廿六年（1687），康熙說：「漢人讀書，大抵役於名利者多，鮮能專心致志，我看來亦甚懶惰。」（同上，頁 486）「虛心公道爲難，挾私聚訟者多」、「大家都對我說福建人學識有限，誰道汝好」（同上，頁 490），以至：

> 諸嫌忌者斷不能容公，閩人視余更孤危，苟可以避矰繳，何爲以身當之。(同上，頁 494）

廿六年（1687）載：

> 上罕對學士說話，我爲學士二年，蒙顧問者百餘次，所言多不能悉記，前在內閣時，蒙恩已出，尋常玆爲掌院，寵眷有加，讒言朋興，上亦披示腹心爲我言。(同上，頁 501）

又，薦德格勒事爲康熙所斥，「除妄奏德格勒外，亦別無如此啓奏之事，姑從寬免其治罪，令仍爲學士，嗣後勿再妄冀外任，並希圖回籍。」（同上，頁 505）故：

> 忌者造作無影話，力託余家居事密奏……。(同上，頁 515）

廿八年（1689）二月，李光地扈從康熙南巡，發生了觀星臺事件，李光地記載了當時的活動：

> 己巳年（1689 年），上南巡。……予隨駕至南京，果見孝感日中而入，上摒退左右，與語，到黃昏始出。上問孝感：「李某學問何如？」曰：「一字不識，皆剽竊他人議論亂說，總是一味欺詐。」上曰：「聞得他曉得天文歷法。」曰：「一些不知，皇上試問他天上的星，一個也認不得。」……上問淡人（即高士奇）：「李某學問如何？」曰：「不相與，不知。」(《續語錄》，卷 14，頁 741～742）

在這件事中，康熙頻頻詢問左右大臣關於李光地的學問，熊賜履是李光地的座師，卻在康熙面前中傷李光地；康熙也深知當時漢人大臣之間的嫌隙黨伐，故說：「漢人傾險，可惡已極。」（同上）五月，南巡回北京後，許多大臣都爭向康熙獻賦，以表祝賀，李光地因沒有進賦，康熙大爲不滿，故將李調職爲通政使司通政使〔註 9〕。李光地在致書諸弟時道出了他對前途不安的心情：

〔註 9〕李清植《年譜》云：「南巡既還，公卿爭獻賦頌。公不與眾偕逮，承旨宣索，方具帙以進。上意不懌，未幾遂左遷。」（頁 99）

公寄訒菴諸弟書略曰：我自調銀臺職事，清簡媢惡者，亦似稍衰，但前程否泰彼蒼之意，微茫難料，戒懼之學，要不可一日不思也。（同上，520）

廿九年（1770）載：

公寄訒菴諸弟書曰……如陽明拔源論所云，切不可自私自利，內分爾汝，財利小物，豐嗇定數，而身之心術所關甚鉅，家之元氣所係甚大，汝等須以吾意體認擴充之，雖聖賢豪傑，必從此立根基。……看來人生粗羹淡飯，儘稱上福……。」（同上，523）

三十年（1691）載：

寄仲弟安卿叔弟阜卿季弟耜卿書曰：我近況雖勤瘁，風浪稍息，皇上亦頗厭漢官機械，彼譖人者迎風揚塵，終當自覆耳。……我自有不中節處，兼有相誤之人，而我謂宜以坦白待之，雖時勢所趨，有所必然，而退思亦多可悔，大抵關在積誠致謹，耐事慎交，正好進步也。（同上，536）

三十三年（1694）李母喪，康熙下令不准回籍，在京守制。李在〈寄訒菴諸叔父書〉曰：

此月初一日，部覆彭無山參本奉著九卿會議……，於是彭第二本乃有在京守制之語，中間窮極醜詈。……」（同上，551）

此條有李清馥按語曰：

公自庚申還朝，壬戌告歸；丙寅還朝，丁卯又告歸。維時上眷注方深，而眾忌愈切。公自以退身一去，得免與世爭，不意忌者即以此去構陷；至甲戌丁內艱而相傾危者更乘之而起。公嘗寄訒菴諸弟書略云：我此番風浪甚大，六七年讒害之毒，至此並發。賴上聖明，反因此危疑之局，而頗雪其前誣之一二，如二熊近稍得罪遜脩，當年害我最力，昨亦幾不自保。……此等皆熊、徐合謀傾害之跡，稍稍發露者也。彭無山上亦以醜詆大，甚落其職，觀此機關，天意似有開明之象，顧我此處，且宜飲哀銜恤以遵君家命，後更當祗畏耳。於時見當時傾陷者雖非一人，而構首禍之端者貽害方至是爲梗，竟不得遂銜恤之私，然以先府君二札觀之，是公之心可以昭之白日，對之君父矣。（同上，頁 552～553）

凡以上所載，固然是李光地一方之詞，但是也可窺知當時朝中無論是滿人官員或漢人官員之間，爲了利益而結黨傾軋，連皇帝都甚爲煩厭。在這種複雜的官場鬥爭之中，既想求得自保，又想夤緣攀附，自然難保清白；再加上賣友、奪情之事，與人口實，嫉者謗者藉機大作文章，更加使得他的操守令人難服。他晚年又成爲朝廷主持正學的泰斗，在自身的人品持守含混難清的情況之下，門下往來夤附之人又良莠不齊，憑藉其名而趨名詐利者所在多是，因此自然爲正道人士所不恥，故稱他爲「僞理學」，以譏刺其人品格低劣、不堪爲理學之表率。然方苞〈安溪李相國逸事〉說：

> 公自在位時，眾多譖公，既歿，詆訐尤甚。……公之設心如此，其於時事無所補救，而得謗乃過於恆人，此古之君子，所以難於用世，而深拒夫枉尺直尋之議也。（《方望溪全集》，頁 341）

方苞對於李光地生前死後備受詆訐，深表同情，而嘆君子欲用於事之難。又彭紹升〈李文貞公事狀〉言：

> 公自初在朝即中立，畏遠權勢，其後位益高，忌者益眾，凡公所稱薦，多見排擠，因以撼公。公恐啓門户之禍，益慎重寡言，其有獻納，罕見於章奏，獨與公共事內廷者時能道之。（《國朝耆獻類徵初編》，卷 10，宰輔 10，頁 399）

《清史稿》本傳說：

> 光地被上遇，同列多忌之者，凡所稱薦，多見排擠，因以撼光地。……光地益敬慎，其有獻納，罕見於章奏。（《清史稿校註》，卷 269，列傳 49，頁 8541）

道出李光地不附黨派，畏遠權勢，卻因地位愈高，愈被讒忌的情況；且他雖「慎重寡言」，卻仍不能免於毀謗的交纏，他的處境之艱難可想而知。

三、有關「三案」之說明

糾纏李光地一生名譽的「三案」，爲賣友、奪情、外婦之子來歸三案。以下即略述此三案之緣由。

康熙十三年（1674）春，耿精忠在福州舉兵反清。當時李光地和同鄉同年同官的好友陳夢雷皆告假在鄉，李、陳二人曾密商平亂之策。十四年（1675）五月，李光地遣人赴京，以個人名義上〈密陳機宜疏〉（又稱〈蠟丸疏〉），獻攻閩之策。兩年後李光地因獻〈蠟丸疏〉而遷侍讀學士，後又配合清軍消滅鄭經殘部，於康熙十七年（1678）十一月再升內閣學士兼禮部侍郎。十九年

（1680）七月服闋抵京，補爲內閣學士。而陳夢雷則因耿亂平後，不及時赴京，先經革職，又遭誣告，以赦後復叛而下獄，最後於二十一年（1682）正月被遣戍東北。二人事後遭遇迥異。而賣友案一事的發生，是陳夢雷寫了〈與厚庵絕交書〉，聲稱〈蠟丸疏〉的內容是他和李光地密議，而李光地非但沒有在疏文附上陳夢雷之名，甚至事後否認二人密議之事。李光地《榕村續語錄》一書對獻密疏事的敘述也參差抵牾，時人故指斥李光地賣友，而加以攻撻。

這件賣友案沸沸騰騰，從康熙朝一直到今日，其眞相如何，眾人之說，莫衷一是。但是大多數人仍認爲賣友之事實是成立的，而李光地也因爲此一污名，再加上奪情一案，使得他身後蒙羞，被百般詆毀。有關李光地賣友一事的考證，已有多人作過文章討論〔註 10〕，這裏不再多加置喙。但是須說明的是，這件賣友案之所以會演變得如此激烈，也和當時的黨爭背景密不可分，在陳夢雷〈絕交書〉出來後，李的政敵徐乾學、熊賜履等人藉機生事，並在其中大作文章，使得這件事的眞相益加晦暗不明〔註 11〕。包括之後的奪情一案，也和這種黨爭傾軋的複雜背景脫離不了干系。〔註 12〕

「奪情」是指康熙三十三年（1694）三月，李光地的母親病逝，他未能依慣例返鄉服喪，而在京守制。李光地當時任直隸學政，他報請丁憂時，康熙不准，並下令要他在京守制，李光地退而請給治喪假九月，帝仍不允。這件事關禮教大節之事，隨即引起大臣們的彈劾，御史沈曾愷、楊敬儒紛紛上奏斥責李「面顏充位」；給事中彭鵬並歷舉李光地不能在京守制的十條理由，並說他「貪位而忘親」〔註 13〕。《譜錄合考》載：

〔註 10〕相關資料，請參照王鍾翰：〈陳夢雷與李光地絕交書〉（《清史新考》，浙江大學出版社，1990 年 7 月）。敬木：〈李光地學術討論會綜述〉（福建論壇（文史哲版），1992 年 6 期）。

〔註 11〕連全祖望在〈答諸生問榕村學術帖子〉中也說：「賣友一案，閩人述之過於狼藉，雖或未必然，而要其曖昧之心跡至不能自白於清議，則亦約略有慚德矣。」（收於《鮚埼亭集》外編，卷 44，頁 1332）。

〔註 12〕參見孟森：〈題江安傅氏近刻榕村近語錄〉（收於《明清史論著叢刊》，台北：世界書局，1961 年 9 月初版）。謝國楨：〈清初順治康熙間之黨爭〉（收於《明清之際黨社運動考》，臺北：臺灣商務印書館，1967 年台一版）。陳祖武：〈李光地年譜略論〉（文獻，1989 年 3 期，1989 年 7 月）。陳其芳：〈爲李光地翻案〉（福建論壇，1992 年 5 期）。陳祖武著：〈論李光地的歷史地位〉（福建論壇文史哲版，1992 年 5 期）。敬木：〈李光地學術討論會綜述〉（福建論壇文史哲版，1992 年 6 期）。

〔註 13〕《清史稿校註》，卷 269，列傳 49，〈李光地〉，頁 8540。

> 此月初一日，部覆彭無山參本奉著九卿會議，旨問彭鵬，爾與李光地同鄉，意欲相爲，適所以害之。我留他在任，自有深意，不然朕豈不曉得三年之喪，古今通禮，我所以留李光地之意，恐一說便難以保全，九卿如要我說我便說，不要我說我便包容。彭鵬爾某欲其回籍，此正合著他意思爾，此言豈不是奉承他。（同上，頁 551）

這件「奪情」之事，事實上乃是康熙一手所導，既然康熙知道「三年之喪，古之通禮」，那麼他留李光地的「深意」又是爲何呢？一般認爲這和康熙厭棄當時廷臣結黨傾軋的心態有關。〔註 14〕李清馥《譜錄合考》有補上李光地因此事所發的感慨，李光地自己提到他的升官，使得眾忌愈切，丁內艱這件事令相傾危者更乘而起之，以至「六七年讒害之毒，至此並發，賴上聖明，反因此危疑之局，而頗雪其前誣之一二」〔註 15〕。李光地不可能不知道違反守制之情的嚴重後果，而在皇帝的命令之下，他既沒有選擇的餘地，因而留下令人譏詆的把柄。由此看來，李光地之「奪情」乃是陷於進退兩難中的不得已事件，他不敢毅然以道學自居，是爲了怕得罪皇帝，因此他既然宗奉程朱，又不敢在皇帝面前持以道學的嚴正立場，這應該是他被譏爲「僞道學」的原因之一了。

從「賣友案」和「奪情案」兩件事看來，李光地似乎於節有虧，但是在傾軋鬥爭的政治場合裏，人事間的微妙複雜是超乎常人想像的；更何況在君要臣死，臣不能不死的君臣體系中，個人還能保有多少的自我意志？近人孟森甚至把「奪情」一事看成是君臣間的互相交僞，以達到各自的目的。〔註 16〕總之，由於李光地位高權重，論者無論是基於衛道或是挾怨嫉妒，一旦陷入政治的泥淖，想要潔身自保恐怕是極難之事；再加上他戀棧權位，於節有虧，一旦落人

〔註 14〕參見陳祖武：〈論李光地的歷史地位〉（福建論壇（文史哲版），1992 年 5 期）。

〔註 15〕參見李清馥：《譜錄合考》，頁 552～553。

〔註 16〕如孟森（1868～1937）即認爲康熙是個統治有術，但卻狡詐多端的帝王，他曾經論到康熙與李光地之假道學互相欺騙的行爲：「如李光地之奪情，爲聖祖試光地道學眞僞之作用，故彭鵬參論以後，竟如鵬言，罪狀光地，以其貪位則不許留任，又并以其忘親而不許回籍守制，此在尊重禮教之日，所以僇辱光地者，遠甚於撻之市朝，……正緣光地自經聖祖試定品格，終身講學，不敢對君上持以道學自重之態，與湯陸諸公氣象不同。聖祖樂其諂媚，又毓于修纂諸經，足爲聖祖倡導宋學之大助，故晚年頗示眷顧，以成就其咸有一德之風。」（《清國史館列傳統編序》）孟森對於《清實錄》刪去李光地「奪情」這一段，揣摩當日二人之心理，認爲康熙以詐僞之心試光地；光地也以曲成之心迎合之，君臣同僞，反而成就康熙倡導宋學的用意。

以把柄，更容易使得事件愈滾愈大，一發不可收拾。由李光地所處的政治情勢看來，其間的是非曲直似乎難以有公斷，這也是他從生前到死後，一直被議論不斷的原因。

至於第三案「外婦之子來歸」，一般認爲是市井謠傳，並不足以爲據。

由上所述，我們也可以看出，在康熙這種謀慮深沈的皇帝面前，爲人臣子進退之難是可以想見的，稍一不愼，不是招怒皇帝，便是觸犯禮教名節的禁忌；如「奪情」之罪在舊日重禮教的社會是無法被容許的，李光地不可能不知道，但是他卻因爲此事，再加上「賣友」一椿，自此被拒斥於道學之列，以致生前死後物議不斷。所以假若「賣友」、「奪情」二事成立的話，在道學、禮教尺度的丈量下，李光地的私德顯然是頗有瑕疵的，這種瑕疵產生於他急切於功名仕進，所以才有「賣友」之事；又他在皇帝面前不敢表現出道學家該有的凜然氣節，所以才有「奪情」之譏。所以他被譏諷、被批評，似乎都是事出有因的。

在傳統的觀念裏，個人的私德與其事功、學術，常常被混爲一談，因爲在以儒家思想爲主導的學術、政治場合中，對於人品道德的要求是必然存在的，所以諸如不仕異族的遺民義士，世人總給予極高的評價與光環。但是當道德遇上現實功利時，其間的取捨拿捏，是否有標準可言，恐怕即使聖人復出也難以給予一個確切的答案。而李光地這個人物，或許正好可以用來檢視傳統觀念中對私德與學術、事功的分限與要求。首先，他位居高官，又是程朱道學的倡導者，理應以道自檢，但是他早年負於朋友之義；中年虧於人倫之情；晚年又是個專意迎合帝王旨意的諂媚之徒，無論其中的原委曲折如何，他的私德都不是號稱正道的人士所能容忍。所以歷史的無情評價，也是其來有自。梁啓超就曾說凡豪傑之士，往往必須反抗時代潮流，終身挫折不悔。若一味揣摩風氣，隨人毀譽，還有什麼學問的獨立。所以他說：「據我個人批評，敢說清代理學家陸、王派還有人物，程朱學派絕無人物。」〔註17〕這一說法也可以算是傳統知識分子對於士人學術、人品的理想要求，其因固無可厚非。但是在中國，學術往往難以脫離政治的影響，因此學術若冀望由朝廷推廣之，又要獨立於政治之外，恐怕是很困難的；且讀書人又以仕進爲主要職志，想要在混濁的官場保持清品潔操，又要反抗時代潮流，堅持自己的學術獨立，此類豪傑恐怕難得一見。如清初理學家陸隴其、湯斌等，其節

〔註17〕梁啓超：《中國近三百年學術史》，頁58。

操爲後世人所推崇，卻不容於當時暗濁的官場，而不得善終。況且，在清朝初年，皇帝對漢人心存戒心而加以防範的情況下，國家的重大事務，大多由皇帝或其代言人（王子）和八旗官員負責，像李光地這樣的大臣，也只能努力爲朝廷效力，討好皇帝而博得寵愛。李光地能夠在複雜糾葛的官場中得到皇帝的器重，不斷地累官升遷，甚至高任宰輔，必然也深知逢迎上意、委蛇進退等策略，如他在對皇帝的上書中，語極謙卑諂媚，張舜徽對此即頗不以爲然〔註 18〕。

但是若專以私德來衡量個人的事功、學術時，也不免會有偏差。因爲一旦陷身糾葛的政治、人事關係中，道德與功利的取捨，個人自主與全體利益的衡量等複雜的情況，其功過並不是可以輕易論定的。因此，基於前人爲李光地的人品所影響，不能公允地正視李光地對學術的貢獻，故本文希望在跨過三案的迷霧下，探究另一個面向的李光地，著眼他的實際貢獻或正負面的影響，給與其人之學術較公平的評價。這是本論文的研究動機所在。

第二節　研究方法

本論文涉及的研究方法主要有四。一、先對與李光地有關的文獻加以整理爬梳，包括其生平、仕宦、政績、學術著作等皆一一分析、介紹。二、有關思想史的研究，介紹了明末迄清初以來理學家的思想；福建地方自明代以來關於程朱學的傳承；以及理學衰微的原因探討。三、有關思想體系的比較，其中如程朱、陸王之理論的比較研究。四、有關思想的比較，如李光地與朱子學說在「理」、「氣」、「太極」、「性」、「格物」之思想及修養工夫的比較等。

第三節　李光地學術之研究現況

清代學術的發展大體有三：一、清初是百家爭鳴的局面，宋明理學、心學雖仍持續，但程、朱、陸、王各學派都已改頭換面。他如南方的諸老王夫之、黃宗羲、顧炎武都能自立門戶而開闢未來；西方的唐甄、費密，各抒己見；北方的顏元、傅山以雷霆萬鈞之力橫掃理學之殘餘。二、清廷不遺餘力扶植程朱，於是康熙時代理學名臣輩出。三、到了乾嘉時代的樸學，理學不

〔註 18〕如張舜徽所說：「觀是集卷十所載進呈諸書序，於玄燁頁諛獻頌，無所不至。」（《清人文集別錄》，卷 3，「榕村全集」，頁 84）

振而經學興。本文之「清初」指的是順治、康熙到雍正，大約近一百年的時間，這一時期上承明、清之交的經世思潮，下接乾嘉時期的考據學風，爲程朱理學的復興期。而從順治元年（1644）到康熙二十年（1681），約三、四十年間，完全是前明遺老支配學界，他們努力於王學的革命與修正，著力於經世致用之學。但是在康熙二十年以後，形勢漸漸轉變，遺老大師，凋謝略盡；後起之秀，多半在新朝生長，對於新朝的仇恨自然減輕，先輩所講的經世致用之學，本來預備推倒滿清後實現施行，但眼見滿清政權的穩固，想在當時政府中實現他們的政治理想，已然無望，那些經世之學皆成空談；且經過幾次文字獄之後，人人心生戒心，不談時政。一方面，社會日趨安定，學者都有安心求學的餘裕，再加以康熙這一「右王之主」的極力提倡，學術界的發展日趨健實有條理。梁啓超先生也將此期的學術重要潮流歸爲四支：一、閻百詩、胡東樵一派之經學，承顧、黃之緒，直接開後來乾嘉學派。二、梅定九、王寅旭一派之曆算書，承晚明利、徐之緒，作科學先鋒。三、陸桴亭、陸稼書一派之程朱學，在王學與漢學之間，折衷過渡。四、顏習齋、李剛主一派之實踐學，完成前期對王學革命事業而進一步。〔註 19〕

梁啓超認爲此期中陸桴亭、陸稼書等人是介於王學和陸學之間的折衷過渡。但是多數史家，雖以程朱學派爲欽定正統，卻不認爲此派有其重要性，他在《中國近三百年學術史》，雖有一專章提及程朱學派，但認爲程朱學者無創見，能力亦平常。他如錢穆《中國近三百年學術史》，也幾乎沒提及此段程朱學派；馮友蘭《中國哲學史》、梁啓超《清代學術概論》也是，皆不認爲程朱學派在清初有何積極貢獻。陸寶千《清代思想史》則有一章是專論此期之程朱學，且肯定程朱學對清初國勢穩定的貢獻，但僅爲概論性質的介紹。

李光地是康熙朝尊尚理學的重要人物，由於他本身人品的毀譽不一，且毀多於譽，因此連帶他的學術著作一直都不受重視，直至近年大陸學者才較重視此一人物，出版了兩本有關李光地的著作爲：許蘇民著《李光地傳論》，此書大略介紹了李光地的生平、事功、理學思想、歷史地位等。又廈門出版社出版的《李光地研究》，收集了紀念李光地誕生三百五十週年學術論文，爲單篇論文選集，內容包羅較雜，同時也較不深入。

宋明理學從十一世紀到十七世紀的發展，歷時七百年之久，所討論的內容除了以「性與天道」爲中心外，也涉及政治、教育、道德、史學、宗教等

〔註 19〕梁啓超：《中國近三百年學術史》，頁 18。

方面的問題，對於中國學術文化影響甚爲深遠。經過晚明陽明學昌盛，程朱學相對衰微後，到了清初康熙朝，經由康熙皇帝及諸理學大臣的提倡，使得理學再次興盛，且再度成爲官方顯赫的正統學術，其地位遠遠超越於往昔；但是在此輝煌的表象之下，理學也因爲諸種原因，而日益走向衰微沒落。且理學自宋、元發展至清，其風貌也因時代的學術風尚而有不同，這些都是值得探究的問題。

本論文以李光地爲中心，欲對李光地在清初學術史上的地位重新加以界定，但因李光地的著述範圍包括了理學、經學等，無法在文中全數論及，故僅先就他在理學方面的著作，及他對理學的提倡推廣，論述清初理學的發展情況及他的事功和對清初理學產生的影響。由本論文的研究，一來可以清楚知道理學在此一理學大臣的提倡下，如何被推尊至高位；二來由李光地對理學之書的編纂、對理學人才的拔擢，歸納此人對清初理學發展之貢獻；並且討論其人的理學思想及侷限，再探討理學衰微的原因，冀以勾勒出此一時期理學的特色及風貌。

第二章　康熙朝之理學〔註1〕

本章介紹清初諸儒對於理學思想的繼承與發展及康熙帝對於理學的愛好與提倡，以見此一時期理學發展的概況。

第一節　清儒對宋明理學的繼承與發展

清初學術，緣於明代亡國的教訓，及對於前代學風的反省，故在初期發展了一股經世學風。他們一方面痛批王學末流誤國；一方面希望以致用之學及健實學風幫助國家興復，所以此一時期大家輩出，重要人物有經學顧炎武、閻若璩、胡渭；閻攻僞經、胡辨圖書、顧大倡捨經學無理學。另有顧祖禹、黃儀治地理；黃宗羲、萬斯同治史學；梅文鼎、王錫闡治天文、曆算，經學一脈一直蓬勃地發展著。除了這些經學家之外，宋明理學的餘脈，到了清初亦延續其生命，但因於亡國的反省及自身學說的檢討，此期的程朱理學也發展現出新的風貌，在清初的學術地位上亦有重要地位，甚至對清代漢學的發展具重要影響力。錢穆就曾說：

> 言漢學淵源者必溯諸晚明諸遺老。然其時如夏峰、梨洲、二曲、船山、桴亭、亭林、蒿菴、習齋，一世魁碩，靡不寢饋於宋學。繼此而降，如恕谷、望溪、穆堂、謝山乃至愼修諸人，皆於宋學有甚深契詣，而於時已及乾隆，漢學之名始稍稍起。而漢學諸家之高下淺

〔註1〕《宋史》立道學傳，將程朱學說總稱「道學」；朱子門人陳淳撰《性理字義》、熊大剛撰《性理群書》，「性理」之名由是而起。明清編纂的《性理大全》、《性理精義》；孫奇逢撰《理學宗傳》，將程朱學說稱「理學」；明清地方志又立「理學傳」，將程朱理學和陸王心學統稱「理學」，理學一詞遂爲學人廣爲採用。本章所云之「理學」也是包括程朱理學和陸王心學。

深，亦往往視其宋學之高下淺深以爲判。道咸以下，則漢宋兼采之說漸盛，抑且多尊宋貶漢，對乾嘉爲平反者。故不識宋學，即無以識近代也。(《中國近三百年學術史》，頁 1)

錢穆說到宋學對於清代學術的影響所具的重要性，學者無論是基於對宋學的傳承、闡述而恢闊之；抑或對於宋學的批評、反動而闢新蹊徑，其淵源皆和宋學有關。在此所謂的宋學是包括宋、明以來的心性之學，所以錢穆說：不識宋學，就無以識明末迄清之近三百年學術史。

清初理學，以王學的傳承來看，有全祖望所謂的「三大儒」〔註 2〕，即北方的孫夏峰（奇逢）、西方的李二曲（顒）、南方的黃梨洲（宗羲），他們大抵皆宗陽明之學，但對王學多所修正，已非王學舊規所能拘囿。其中孫奇逢努力合會朱、王學術，爲清初北學的開創者；李顒力闡張載以來的關學，以「明體適用」、「明學術、正人心」之學說領袖一方；黃宗羲則以博大的治學領域、實事求是的學風開清初的浙東學派。而在清代被稱爲「陸王最後一健將」〔註 3〕的，則爲李穆堂（紱）。

此外，宗程朱學的有顧炎武、陸世儀、張履祥、呂留良、朱用純、應撝謙等人，皆是在野的朱子學者，人品、志節皆爲人所重。而入仕清朝的理學家則有熊賜履、李光地、湯斌、張伯行、于成龍、陸隴其、楊名時、朱軾、蔡世遠等。

一般論到清初理學家時，大都會以在野及在朝區分之，在野理學家多爲明代遺民，道德學問皆較爲人所肯定。由於清初正處於異族入主的鼎革之際，在根深蒂固的民族觀念下，能否堅守不事異姓的氣節，常常成爲人們論其節操清濁的重要考量。尤其是以心性修養爲重的理學家，個人道德的評量一直被放在極重之位置。因此有關清初理學家的出處進退及道德人品，是這一時期較被凸顯的論題。而在論及此一時期的理學家時，寧死不屈的遺民志節，一直爲人所景仰與傳誦；但仕宦清朝的理學家，也有以道德人品著稱的。

其中在野的理學家如：

孫奇逢（1584～1675）

字啓泰、號鍾元，晚年講學蘇門山之夏峰，學者稱夏峰先生。明萬曆二十九年（1592）舉人，在京師即與左光斗、魏大中、周順昌以氣節相尚。後

〔註 2〕全祖望：《鮚埼亭集》，卷 12，〈二曲先生窆石文〉，頁 151。

〔註 3〕梁啓超：《中國近三百年學術史》，頁 45。

魏忠賢當國，左、魏、周以黨禍被逮，誣贓鉅萬。奇逢募金營救，三人卻先後死於獄中；奇逢又歸葬三人於故里，時人咸歎其勇。明亡以後，他已六十歲，在清初諸儒中最爲老師。順治、康熙間屢徵不起，晚歲移家輝縣夏峰村，率弟子躬耕自給，四方負笈來者甚眾。在個人的志節上，他認爲：

> 能處人所不能處之事，能忍人所不能忍之辱，能堪人所不能堪之憂，其中必有大過人者。遇事便束手，被辱即動心，逢憂輒短氣，人可得而顛倒之、驅役之，儒生俗士之淺淺者耳。(《夏峰先生集》，卷13，〈語錄〉，頁452)

他認爲一個人在臨難時能奉守節操，其心志必有堅毅不移之處，因此能處人所不能處之事、忍人所不能忍之辱、堪人所不能堪之憂；所以他也特別強調平時的修持與踐履，他曾告戒子弟：「學問之事患無處下手，故無得力處，知在躬行二字上著手，便一了百當矣。」〔註4〕能夠躬行實踐，學問自會有得力處；又說讀書時要「字字句句對照身心，直到毫無躲藏處，渾身流汗，方是本性出頭的時候。」〔註5〕強調個人在心性修養上要體察精微的天理，以求能夠超凡入聖，這也是去清談重實踐的強調。他的學問原本陸、王，但所言亦不背程朱，是程朱之調和派。其學大旨「以愼獨爲宗，以體認天理爲要，以日用倫常爲實際。」〔註6〕強調識得天理的重要，曾說：

> 明道謂：「天理二字，是自己體貼出來」。是無時無處莫非天理之流行也。精一執中，是堯舜自己體貼出來；無可無不可，是孔子自己體貼出來；主靜無欲，是周子自己體貼出來；良知是陽明自己體貼出來；能有此體貼，便是其創獲，便是其聞道。恍惚疑似據不定，如何得聞？從來大賢大儒，各人有各人之體貼，是在深造自得之耳。(《夏峰先生集》，卷14，頁470)

他認爲學者之深造自得處，皆必須由自己體貼出來，因此體認天理是很重要的，故說：「隨時隨處，體認此心此理，人生只有這一件事，所謂必有事也。」〔註7〕天理是無處不在的，因此要隨時隨處體認之；但又不可騖心高遠，只須於日用倫常處用心即可，故說：「日用食息間，每舉一念，行一事，接一言，

〔註4〕孫奇逢：《夏峰先生集》，卷2，〈復梁以道〉，頁65。
〔註5〕孫奇逢：《夏峰先生集》，卷1，〈復望兒〉，頁33。
〔註6〕湯斌：《湯文正公全集》，卷3，〈徵君孫鍾元先生墓誌銘〉，頁651。
〔註7〕孫奇逢：《夏峰先生集》，卷13，頁438。

不可有違天理，拂人情處，便是學問。」〔註8〕孫奇逢的著作有：《書經近指》、《周易大指》、《四書近指》、《夏峰先生集》等書。

刁　包（1603～1669）

字蒙吉，號用六居士。明天啓舉人，入清無意仕進，日取四子、五經及宋元以來諸儒書，反覆尋究。與孫奇逢講學，嚮慕其言行。既而見高攀龍書，尤篤好。其學由謹言行始，論學由高氏上溯程氏，於陸王有微詞，尊程朱而抑陸王，故陸隴其深取之。嘗曰：「君子守身之道三，曰：言行不苟、取與不苟、出處不苟。」〔註9〕於諸經尤深於《易》、《春秋》。著有《易酌》、《四書翼注》、《潛室劄記》、《辨道錄》、《用六集》等書。

陸世儀（1611～1672）

字道威，號桴亭，學者稱為桴亭先生。明亡後即隱居讀書講學，曾說：「隱居抱道，守貞不仕，討論著述，以惠後學，以淑萬世，上也。」〔註10〕表明其不仕異族的節操。唐鑑在《清儒學案小識》中將他和張履祥、陸隴其、張伯行四人列為「傳道」。他一生為學志存經世，不標宗旨，著有《思辨錄》、《論學酬答》、《儒宗理要》、《治鄉三約》等。其中《思辨錄》一書是取《中庸》「慎思」、「明辨」之意，以逐日記錄學思所得。顧炎武曾稱讚此書：「昨歲於薊門得讀《思辨錄》，乃知當吾世而有眞儒如先生者，孟子所謂『窮則獨善其身，達則兼善天下』，具內聖外王之事者也」〔註11〕；顏元亦稱：「先生不惟得孔孟學宗，兼悟孔孟性旨，已先得我心矣。當今之時，承儒道嫡派者，非先生其誰乎？」〔註12〕陸世儀此書得到這兩位大儒的盛讚，自然有不凡之處。後來《思辨錄》經盛敬、江士韶二人整理，以類相從，輯為《思辨錄輯要》。

世儀篤守程、朱家法，以格致、誠正、修齊、治平為程序，以居敬、窮理、省察、克治為工夫。曾說：「居敬窮理四字，是學者學聖人第一工夫，徹上徹下，徹首徹尾，總只此四字。」〔註13〕又曰：「古人以居敬為力行，窮理為致知，畢竟敬字該得行字；行字當不得敬字，須把居敬作主，下面卻

〔註8〕孫奇逢：《夏峰先生集》，卷13，頁438。
〔註9〕徐世昌：《清儒學案》，卷15，〈用六學案〉，頁302。
〔註10〕陸世儀：《思辨錄輯要》前集，卷9，頁178。
〔註11〕顧炎武：《亭林餘集》（上海：商務印書館），〈與陸桴亭札〉，頁17。
〔註12〕顏元：《存學編》（臺北：新文豐出版公司，1985年，《叢書集成新編》本），卷1，〈上太倉陸桴亭先生書〉，頁435。
〔註13〕陸世儀：《思辨錄輯要》，卷2，頁54。

致知力行一齊並進，方有頭緒。文公本傳云：『文公之學大抵窮理以致其知，反躬以踐其實，而以居敬為本』，此方是聖賢入門正法。」〔註 14〕又：「只提一敬字，便覺此身舉止動作如在明鏡中。」〔註 15〕「敬如日月在胸，萬物無不畢照」〔註 16〕等。認為敬字是入聖賢之門的正法，常提一敬字，能常覺察己身的過錯瑕疵，故如身在明鏡中，所以敬是修養上不可少的工夫，而「能敬天方能與天合德。」〔註 17〕敬字所達到的最高境界是心與天與理無二的「天人合一」的境地。他講學問重視躬行，說：「嘉隆之間，書院遍天下，講學者以多為貴；呼朋引類，動輒千人；附影逐聲，廢時失事；甚至有借以行其私者，此所謂處士橫議也，天下何賴焉？」〔註 18〕認為講學雖盛，若不重躬行實踐，也是世道衰微的表現。《四庫全書總目提要》「思辨錄輯要」說：

> 世儀之學，主於敦守禮法，不虛談誠敬之旨，主於施行實政，不空為心性之功；於近代講學諸家，最為篤實，其言深切著明，足砭虛矯之弊。（子部儒家類四）

此亦足為貼切之評。

張履祥（1611～1674）

字考夫，居浙江桐鄉之楊園村，學者稱楊園先生。崇禎十七年（1637），受學於劉宗周之門，歸而自謂有得。明覆亡後，亦貧居淡泊，寡與人交，家塾課教，田居隱志，專肆力於程朱之說。病當世學者騁口說、沽虛名，故於來學之士，未嘗受其一拜，一以友道處之。晚年益好程朱之學，於朱子《文集》、《語類》晨夕不離手，輯《劉子粹言》，頗有補救宗周之意。著有《願學記》、《備忘錄》、《初學備忘》、《近古錄》等，收於《楊園先生全集》。

他一生論學以「居敬窮理」為要，曾說：「程門之教，曰敬義挾持；朱子之教曰居敬窮理。所學雖博而持守無多端緒也。」〔註 19〕又說：「儒者工夫只居敬窮理為無弊，窮理所以致其知，知之至而後行之利；敬則統乎知與行者也。」〔註 20〕敬統知與行，即在知見與實踐上皆應以敬當之。他論讀書

〔註 14〕陸世儀：《思辨錄輯要》，卷 2，頁 55。
〔註 15〕陸世儀：《思辨錄輯要》，卷 2，頁 46。
〔註 16〕陸世儀：《思辨錄輯要》，卷 2，頁 46。
〔註 17〕陸世儀：《思辨錄輯要》，卷 2，頁 51。
〔註 18〕陸世儀：《思辨錄輯要》，卷 1，頁 17。
〔註 19〕張履祥：《楊園先生全集》，《書》四，〈與姚攻玉〉，頁 142。
〔註 20〕張履祥：《楊園先生全集》，《備忘錄》，卷 4，頁 80。

說：「讀書豈是徒要識字記故事而已，衹要講明事物之理，而求以處之，大小各得其宜。是故大學之道，可以修身，可以齊家、治國、平天下也。故云，非學無以廣大，若事物不以經心，萬卷何益？」〔註 21〕認爲讀書非只是要識字記故事而已，而是要有心得體會，切於身心世用，方是讀書眞義。《四庫全書總目提要》說：「履祥初講蕺山愼獨之學，晚乃專意於程朱，立身端直，鄉黨稱之。」〔註 22〕他的學問人品皆爲人所重。

張爾岐（1612～1677）

字稷若，號蒿庵，明諸生。父行素以罹兵難死，爾岐悲不欲生，欲投水死，未得；又欲棄家入山，以母在，不果，自此遂無意名利，而學益篤。入清隱居不出，題其室曰「蒿庵」，取《詩・蓼莪》之義。曾與修《山東通志》遇顧亭林，亭林聞其談《儀禮》，指畫典禮制度，有條不紊，亭林大驚異，遂與訂交。著有《周易說略》、《詩經說略》、《儀禮鄭注句讀》、《吳氏儀禮注訂誤》、《夏小正》、《弟子職注》、《春秋傳義》、《老子說略》、《蒿庵集》、《蒿庵閒話》、《濟陽縣志》、《學辨》等書。他於說經之書頗多，而《儀禮鄭注句讀》爲世所稱，顧亭林作〈廣師〉說：「獨精《三禮》，卓然經師，吾不若張稷若。」〔註 23〕在〈答汪文苕書〉又說：「濟陽張君稷若名爾岐者，作《儀禮鄭注句讀》一書，根本先儒，立言簡當，以其人不求聞達，故當世無名，而其書實似可傳。」〔註 24〕對他推挹至深。然爾岐恪守程朱，「凡天人性命之學無不畢究」〔註 25〕，其精神終非經師之流。他在答顧炎武書說：

> 弟老矣，於博學已無及，敢不益勵其恥以終餘年乎？在愚見，又有欲質者：性命之理，夫子固未嘗輕以示人，其所與門弟子詳言而諄諄復者，何一非性命之顯設散見者歟？……故性命之理，騰說不可也，未始不可默喻；侈於人不可也，未始不可驗諸己；強探力索於一日不可也，未始不可優裕漸漬，以俟自悟；如謂於學人分上，了無交涉，是將格盡天下之理，而反遺身以內之理也，恐其知有所未

〔註 21〕張履祥：《楊園先生全集》，《初學備忘》，卷上，頁 7。

〔註 22〕《四庫全書總目提要》，卷 134，〈楊園全書〉，子部雜家類存目，頁 1139 中。

〔註 23〕顧炎武：《顧亭林詩文集》，頁 140。

〔註 24〕顧炎武：《顧亭林詩文集》，頁 63。

〔註 25〕張爾岐：《蒿庵集》，附錄〈張蒿庵處士傳〉，頁 649 下。他在〈蒿庵處士自敘墓誌〉也說：「時值異說正熾，處士獨守程朱說，雖從事科舉，日與兩弟講究《大全》、《蒙引》、《存疑》，不少變者六七年。」（卷 3，頁 643）

至，則行亦有所未盡，將令異學之直指本體，反得誇耀所長，誘吾黨以去，此又留心世教者所當慮也。(《蒿庵集》，卷 1，〈答顧書〉，頁 606 下～607 上)

他雖贊同顧所說的博學行己之說，但認爲不可因格盡天下之理，反而遺忽身內之理，所以性命之理不可摒除。錢載〈墓表〉說他：「深於漢儒之經，而不沿訓詁；邃於宋儒之理，而不襲語錄。」〔註 26〕足見他對於漢、宋之學皆有心得。

李　顒（1627～1705）

字中孚，學者稱二曲先生。康熙十二年（1673），陝西總督鄂善招求隱逸，李顒以疾固辭，上書凡八。十七年（1678），禮部又以鴻儒薦，顒又稱疾篤。大吏移其床至省城，又親至慫恿，顒絕粒六日，至拔佩刀自刺，諸官大駭，方令歸，其不畏權勢若此。其學專究理學，以昌明關學爲己任。學又源本姚江，但不鄙薄程朱。他論爲學的宗旨與方法爲：

古今名儒倡道救世者非一：或以「主敬窮理」爲標宗，或以「先立乎大」標宗，或以「心之精神爲聖」標宗，或以「自然」標宗，或以「復性」標宗，或以「致良知」標宗，或以「隨處體認」標宗，或以「正修」標宗，或以「知止」標宗，或以「明德」標宗。雖各家宗旨不同，要之總不出「悔過自新」四字，總是開人以悔過自新的門路，但不曾揭出此四字，所以當時講學，費許多辭說。愚謂不若直提「悔過自新」四字爲說，庶當下便有依據，所謂「心不妄用，功不雜施，丹府一粒，點鐵成金也。(《二曲集》，卷 1，〈悔過自新說〉，頁 3)

他講學的宗旨在於「悔過自新」，認爲這四字概括了「主敬窮理」、「先立乎大」、「心之精神爲聖」、「自然」、「復性」等前人所標宗的旨意。而悔過自新的方法則須「於起心動念處潛體密驗。苟有一念未純於理，即是過，即當悔而去之；苟有一息稍涉於懈，即非新，即當振而起之」（同上，頁 5），以時時省察自心爲悔過自新的方法。他晚年以《四書反身錄》教人，亦注重返身實踐的重要，他說孔、曾、思、孟立言垂訓，以成《四書》，程朱相繼發明，表彰《四書》，非徒令人爲口耳之資，而是欲讀者體諸身驗諸行，否則「誦讀雖勤，闡發雖精，而入耳出口，假途以干進，無體無用，於世無補；夫豈

〔註 26〕《國朝耆獻類徵初編》，卷 350，儒行 5，頁 7。

聖賢立言之初心，國家期望之本意耶？」〔註27〕他的著作有《四書反身錄》、《二曲集》等。

謝文洊（1616～1682）

字秋水，號約齋，明季諸生。時天下大亂，遂有出世之思，曾入廣昌香山閣讀佛書，後得王龍溪書，始大悔前非而講陽明學。年四十讀羅欽順《困知記》，又一意宗程朱。闢程山學舍於城西，名其堂曰「尊雒」，以示所歸。所著《中庸切己錄》，是一部有理論體系的哲學書，他也發揮傳統天人之學，但天是自然之天，人是平凡之人，並無神祕處。又以《程山十則》教人，一以躬行實踐爲主。另有《程山全書》，論學大旨曰敬、誠、切己，而以畏天命爲宗。如〈誠說上〉云：「爲學之道，豈別有祕要哉！實理實心而已，實理者何？誠是也。實心者何？誠之是也。惟聖人心與理融而爲一，則謂之至誠。」〔註28〕言誠之重要性。其學雖主程朱而超出程朱〔註29〕。

應撝謙（1615～1683）

字嗣寅，號潛齋，明季諸生。入清即淡於仕取，家居潛修，足跡不出百里。康熙十七年（1628），以博學鴻儒被徵，稱疾不赴。大吏促之，輿床詣有司驗疾，始得免。著《性理大中》、《教養全書》、《潛齋集》等。生平不喜陸王之學，大體宗法程朱，然亦不盡同。嘗與陸隴其兩會於武林，論學問源流，隴其頗推許之，說：「潛齋論性論太極，頗與程朱詆牾，余不敢從；然其教人用功，必以窮理格物爲本，謹守朱子家法，故其言多可羽翼經傳。」〔註30〕可知他學朱子而不拘守。全祖望〈神道碑〉也說：「先生深造自得，固非隨聲附和者。世但知先生不喜陸之學，而不知其與朱學亦不盡同，如論易則謂孔子得易之乾，老子得易之坤，雖未必然，然自有名理可思。」〔註31〕亦讚其深造自得，能自出己見。

朱用純（1627～1698）

字致一，自號柏廬。清兵破崑山，其父遇害，故隱居不事舉業。家貧，教授里中，有來學者，必先授以《小學》、《近思錄》，繼以《四子書》。又恐

〔註27〕李顒：《二曲集》，卷29，〈四書反身錄識言〉，頁396。
〔註28〕徐世昌：《清儒學案》，卷18，〈程山學案〉，頁343上。
〔註29〕楊向奎語，見《清儒學案新編・程山學案》，頁87。
〔註30〕陸隴其：《三魚堂文集》，卷8，〈王學考序〉，頁131下。
〔註31〕徐世昌：《清儒學案》，卷17，〈潛庵學案〉，頁313上。

學者空言無實，作《輟講語》，反躬自責，語甚痛切。康熙十七年（1678），有薦爲博學鴻儒，力卻之。著有《愧訥集》、《大學中庸講義》，《治家格言》一書，流傳頗廣。其學確守程朱而以主敬爲程，曾云：「聖賢之學，無過一敬字，敬猶長堤巨防，滴水不漏，敬之至也。一敬而天下之理得，天下之能事畢。變通鼓舞，盡利盡神，希聖希天之學，俱在於是。」〔註32〕又說：「聖賢之道，不離乎事事物物，即事事物物而道在，即事事物物而學在，苟欲先得乎道而後言學，則離道與事物而二之，亦析學與道而二之矣。」〔註33〕主張學與道當合而爲一，而聖賢之道只在庸常的事事物物之間耳。

呂留良（1629～1683）

字用晦，號晚村。少負奇節，八歲能文，及長讀《四子書》，輒心領神會，後與諸儒考訂諸子書，所論一以朱子爲歸。張履祥曾主其家數年，歿後，呂爲之葬。明亡後，棄諸生，矢志不食清祿。郡守以隱逸薦，乃削髮爲僧，取名耐可，字不昧，號何求老人。他對於學者的出處、去就、辭受之際，要求甚苛，曾說：

> 今示學者，似當從出處、去就、辭受交接處畫定界線，札定腳根，而後講致知、主敬工夫，乃足破良知之黠術，窮陸派之狐禪。（《晚村文集》，卷1，〈復高匯旃書〉，頁10）

他尤其強調「夷夏之防」，痛斥許衡、吳澄之仕元，認爲「君臣之義，域中第一事，人倫之至大。此節一失，雖有勳業作爲，無足以贖其罪者。若謂能救時成功，即可不論君臣之節，可不必正誼明道，開此方便法門，亂臣賊子接跡於後世。」〔註34〕他的民族氣節，爲人所稱頌，張舜徽即說他：「視夫康雍以下士夫仰承朝廷意旨，以尊朱爲榮進之階者，固不可同日語也。」〔註35〕其學本程朱，曾批點《四書》文，今流傳者有《四書講義》、《四書語錄》，皆出於門人陳鏦手，編於晚村卒後。

如上所述，遺民的志節固令人崇敬，但仕宦清朝的理學家中，也有事功可嘉者。如：

魏裔介（1616～1686）

〔註32〕彭紹升：〈朱先生用純傳〉（《國朝耆獻類徵初編》，卷405，儒行11），頁547。
〔註33〕彭紹升：〈朱先生用純傳〉（《國朝耆獻類徵初編》，卷405，儒行11），頁547。
〔註34〕呂留良：《四書講義》（臺北：廣文書局，1978年7月），卷17，頁9a。
〔註35〕張舜徽：《清人文集別錄》，卷2，〈呂晚村先生文集〉，頁57。

字石生，號貞庵。他於明朝崩潰的前夕，深感「民困已極，四方有瓦解之患」，但仍抱著挽回之望，曾一時選將練兵；後來回鄉講習經術世務，究心明體達用之學。在順治朝入仕，曾提議捐煩滌苛、鼓勵墾荒、追剿流寇等，在農政、圈地、財賦、吏治方面也都有建言，對於國計民生都甚爲留意。他也學宗朱子，以研究《性理大全》及二程理學的基礎，寫成《約言錄》內外篇及《薛文清讀書錄纂要》問世，「海內外言理學者咸推之」。後又編纂《聖學知統錄》、《知統翼錄》、《致知格物解》等書，目的在於明孔孟之道而不惑異端；並疏請順治講求朱熹等人著作。康熙十九年（1680）完成《希賢錄》，是綜述以上著述的思想，所謂從致知格物至治國平天下，俱蘊括其中。他敢條陳時事，清初諸大典多由他奏議所定，且將理學推薦給清帝。〔註 36〕《四庫全書總目提要》稱：「裔介立朝，頗著風節，其所陳奏，多關國家大體，詩文醇雅，亦不失爲儒者之言，雖不以詞章名一世，而以介於國初作者之間，固無忝焉。」〔註 37〕於其節操、詩文，頗有讚詞。

魏象樞（1617～1687）

字環極，晚年自號寒松老人，順治三年（1646）進士。其人性骨骾，敢言事，尤注意當世人才賢不肖。凡治術得失，民生休戚，是是而非非，必盡意乃止。曾上言康熙帝明賞罰、獎廉黜貪；崇教化、重河工、正人心、定民志。康熙二十三年（1684）辭官，公卿送別，皆謂其清勁之節，至老不衰。諡果敏，雍正八年（1651），詔入祀賢良祠。

象樞爲學，沈潛義理，喜讀宋明理學諸儒之書。他嘗與孫奇逢、李顒、湯斌等通書信，往復論學，教人注重實行。唐鑑言：「先生之學，蓋主於誠，成於忠，而終身存省於勿欺者也。」〔註 38〕陳廷敬〈墓誌銘〉稱其「以理學名儒爲時用，有清節直聲。謀議勞烈聞天下，……自公卿大夫，以至窮閻委巷，有識之士，莫不樂道其行事，而慨然歎慕其爲人。……尤邃於宋儒之書，故所得於理學者尤深。」〔註 39〕李光地也說：「本朝人物，以魏環溪、湯潛菴爲第一流，他兩箇實實有要天下好的意思。」〔註 40〕足見他的人品甚爲人所

〔註 36〕參見《清代人物傳稿》上編第一卷，〈魏裔介〉，頁 165～172。

〔註 37〕《四庫全書總目提要》，卷 173，〈兼濟堂文集〉，集部別集類廿六，頁 1520 下。。

〔註 38〕唐鑑：《清學案小識》，卷 4，頁 89。

〔註 39〕陳廷敬：《午亭文編》（影印文淵閣《四庫全書》本），卷 44，頁 625。

〔註 40〕李光地：《續語錄》，卷 9，頁 678。

重。他也是康熙朝早年提倡理學的人物，但於義理之學，所造未深，著有《儒宗錄》、《知言錄》、《寒松堂集》，張舜徽稱《寒松堂集》：「要皆僞託理學者之老生常談耳」〔註41〕。

熊賜履（1635～1709）

字青岳，順治十五年（1658）進士。曾在康熙六年（1667）上疏議論時事，直言無諱，並力勸皇帝：「毋徒事講幄之虛文、毋徒應經筵之故事、毋以寒暑有輟、毋以晨夕有間，於是考諸六經之文，監於歷代之跡，實體諸身心，以爲敷政出治之本。」〔註42〕因此而得罪鰲拜。後任內閣掌院學士，充日講起居注官、經筵講官，上陳道德、下達民隱，引申觸類，竭盡表裏，力陳聖學爲第一要務。康熙十五年（1675），陝西總督哈占疏報獲盜，開復疏防官，下內閣，賜履誤票三法司核擬。既，檢舉，得旨免究。賜履改寫草簽，欲委咎同官杜立德，又取原草簽嚼而毀之〔註43〕，失大臣體，故被奪官。二十九年（1680）起故官，仍直經筵。雍正間賜祀賢良祠。

賜履平生論學，「尊紫陽，闢陽明。以默識爲眞修，以篤行爲至教，由程朱之徒而上溯孔、孟。」〔註44〕著有《學統》、《學辨》、《學規》、《經義齋》、《閑道錄》等書。《學統》一書分正統、翼統、附統、雜學、雜統、異統。以孔、顏、曾、思、孟、周、程、朱爲正統，而以荀、楊等列雜學；陸、王等列雜統；老、莊、墨、釋等列異統；純以道統區分，頗失持平之意。

湯　斌（1627～1687）

字孔伯，一字荊峴。順治九年（1652）進士，時朝廷欲修《明史》，斌上詔云前明諸臣有抗節不屈，臨危致命者，不可概以叛書，以此被目爲誇獎抗逆之人。康熙十七年（1678）與修《明史》，重覆此論，聖祖嘉與之。二十一年（1682）充《明史》總裁官，直經筵爲講官，每進講，必先一日齋戒，潛思經義。治理江蘇，體恤民艱，減賦稅、救民災，並推行教化，令諸州縣立社學，講《孝經》、《小學》，禁婦女游觀，胥吏、倡優毋得衣裘帛，燬淫祠小說，革火葬、毀五通神祠等，使教化大行。雍正十年（1732），詔入祀賢良祠。

〔註41〕張舜徽：《清人文集別錄》，卷1，〈寒松堂集〉，頁117。

〔註42〕見《清史稿校註》，卷269，列傳89，頁8537。

〔註43〕關於熊賜履嚼簽子事，李光地《續語錄》，卷14，頁745～749，有詳細敘述，有此亦可見當時黨爭傾軋之一班。又同卷李光地說他「似仁而實不仁，似學而實不學」、「足以亂天下」（頁750），頗多非議語。

〔註44〕徐世昌：《清儒學案》，卷38，〈孝感學案〉，頁649下。

道光三年（1823），詔從祀孔廟。

其學出於孫奇逢，刻勵實行、講求實用；學宗陽明，亦不廢程朱。教人必先明義利之界，謹誠僞之關，方爲眞經學、眞道學。著有《洛學編》、《睢州志》、《潛庵語錄》等。

陸隴其（1630～1692）

字稼書，學者稱當湖先生。康熙九年（1670）進士，任江南嘉定知縣，守約持儉，務以德化民。十八年（1679），魏象樞疏薦隴其潔己愛民，舉爲清廉官。知靈壽知縣時，行鄉約、察保甲，去民鬥狠輕生之習；去官時，民遮道號泣。三十年（1691），上疏請捐納三年無保舉，以清仕途，戶部以捐生覬望，遲誤軍需，請奪其官。後被免罪〔註 45〕。隴其爲官清廉，耿介剛直，李光地言：「陸稼書便孤清高峻，人難接近，然躬行實踐，立品不苟，故人尊之。」〔註 46〕其人生性恬淡清亮，不肯曲從權貴，人品甚爲人所重。

隴其論學，專宗朱子，著《學術辨》，謂王陽明以禪而託於儒，高攀龍、顧憲成知闢陽明，而以靜坐爲主，不出陽明範圍，詆斥甚力。另有《困勉錄》、《松陽講義》、《三魚堂文集》、《讀朱隨筆》等。他一生「非徒以講明心性爲一室之坐談，其兩爲縣尹，一爲諫官，政績亦卓卓可紀，蓋體用兼優之學」〔註 47〕，因他力闢陽明之學，故世後以衛道之勇而聲名大起，爲清代第一位從祀孔廟的理學大臣。

張伯行（1651～1725）

字孝先，號敬庵。康熙二十四年（1685）進士，居官期間曾賑饑，建書院，講明正學。任福建巡撫時，建鼇峰書院，置學舍，出所藏書，搜先儒文集，刊布爲《正誼堂叢書》，以教諸生。毀福州民祀瘟神像，改祀朱子。康熙五十年（1711）江南鄉試，發生交通關節之考試弊案，張伯行參與彈劾，反被誣告奪官，康熙屢稱「伯行居官清正，天下所知」，終能無罪獲免。其不畏強權，實心爲民之心，歷歷可見。

伯行以崇程朱爲己任，及門受學者有幾千人。輯《道統源流》、《道統錄》以明聖賢之宗傳；輯《伊洛淵源錄續錄》以明諸儒之統續；輯《小學衍義》、

〔註 45〕李光地曾詳述陸隴其罷捐納事，見《續語錄》，卷 15，頁 759。

〔註 46〕李光地：《續語錄》，卷 9，頁 678。

〔註 47〕《四庫全書總目提要》，卷 173，〈三魚堂文集〉，集部別集類廿六，頁 1725 上。

《小學集解》、《養正類編》、《訓蒙詩選》以端蒙養之教；輯《學規類編》、《學規衍義》、《程氏家塾分年日程》、《原本近思錄集解》、《續近思錄》、《廣近思錄》、《性理正宗》、《諸儒講義》，以垂正學之型；輯《家規類編》、《閨中寶鑑》，以示修齊之範；輯《濂洛關閩書集解》以配學、庸、語、孟，名曰《後四書》。選刻當朝宗朱子者之著作，如張楊園、陸桴亭、汪默庵、陳確庵、魏環溪、耿逸庵、熊愚齋、吳徽仲、施成齋、諸庄甫、應潛齋、劉仁寶等，對朱學的表彰與推廣不遺餘力。〔註48〕

以上所述，皆爲康熙朝著名的理學大臣，各有其事功。其中又有持身謹嚴，如陸隴其、湯斌者，然因正直耿介，不通官場之爾虞我詐而致禍，陸隴其因捐納事而獲罪；湯斌則成爲黨爭下的犧牲品〔註49〕。而如熊賜履、李光地等人，則身陷黨爭之中，難以自清〔註50〕，故被稱爲「僞理學」，後人提及此期之理學時，常以此譏之。因此在朝、在野似乎成明顯對比，雖是如此，然他們對於清初理學之推行，亦皆有貢獻。

明末清初以來，基於對亡國之痛的深切反省，因而有學者厭棄宋明以來的心性之學；有學者主張經世致用的實用之學。雖是如此，因學術流派的發展是交互影響的，無論是程朱學或陽明學都未嘗因爲時代或學風之轉移而消歇不見，反而經過不同時期之政治、社會、文化的洗練後，在反省各學說的優劣得失時，重新取捨與調適，於是各學派便相互影響，互有融通。清朝初年，程朱學依然有學者宗奉闡述，但是經歷過陽明學、經世致用之學的影響後，此一時期的程朱學者，也呈現了其時代風貌，如融會程朱、陸王之說；學者重視實用之學、兼治經學等，都可以算是這一時期程朱學的特色。以下即將此期理學的特色略歸納之。

一、程朱、陸王的調停與拒斥

每一種學說都有其各自的體系與特點，同時也會有其侷限與不足。朱熹在世時，因和陸象山在根源上對心和性的看法不同，所以二人在論學方法上也有所論辯，如第一次鵝湖之會，二人在論及教人時，朱熹主張先泛觀博覽再歸之於約；陸象山兄弟則主張先發明本心，而後使之博覽。朱以陸之教人

〔註48〕參《康熙政要》，頁88～89。
〔註49〕關於湯斌之死，詳見李光地：《續語錄》，卷15，頁752～757。
〔註50〕參見謝國楨：《明清之際黨社運動考》，頁122～137。

太簡；陸以朱之教人為支離。〔註 51〕易簡、支離是這次會議爭論的焦點，雖然這是涵養方法的不同，但也成為二人學說產生弊病之所在。如朱熹曾在〈致張栻書〉說：「子壽兄弟氣象甚好。其病卻在盡廢講學而專務踐履，卻於踐履之中要人提撕省察，悟得本心。此為病之大者。」〔註 52〕朱熹與陸象山對於彼此的論學方法都有意見。而事實上，這兩派學說在傳承過程中，確實產生了如上所言之弊端。朱熹的後學在黃榦之後，其門下如董夢程、董鼎、胡方平等人，將朱熹的讀書博覽，「漸流為訓詁之學」〔註 53〕；此外如朱門的陳淳和後來的王柏亦沾有此習〔註 54〕。而朱熹的裔孫朱小翁，在元代也泛濫於經纂、訓釋。所以元代的一批專事輯錄、纂注的學者，往往出於這些朱學人物。全祖望也說，朱學在宋「端平以後，閩中、江右諸弟子，支離桀戾固陋，無不有之」〔註 55〕，這些人使得朱學變得更加支離煩瑣，落入「博而不能返約」的弊端。而陸學門下楊簡、袁燮等人把陸的「發明本心」，發展為「明悟為主」、「不起意為宗」〔註 56〕，乃至「不讀書，不窮理，專做打坐工夫」〔註 57〕。黃宗羲之子黃百家說「慈湖之下，大抵盡入於禪，士以不讀書為學，源遠流分，其所以傳陸子者，乃其所以失陸子也。」〔註 58〕可見朱陸之學傳到後來，朱學的「格物」更加支離泛濫；陸學的「本心」則流於禪化。所以在元代時，就有鄭玉、吳澄、虞集等人，力主朱陸的合會、兼綜，取陸學的本心論，輔以朱學為學致知的次序和篤實的下學工夫。〔註 59〕

到了明代王陽明之學風行，陽明主張「心即理」，異於朱子的「性即理」之說，二人入學的手段不同，然王陽明在正德十三年（1518）時作〈朱子晚年定論〉，即有意彌合二人的差異〔註 60〕。而王學末流如泰州學派之人，束書

〔註 51〕參見陸象山：《陸象山全集》，卷 34，〈語錄上〉，頁 24 上～下。
〔註 52〕朱熹：《朱子文集》，卷 31，〈答張敬夫〉第 27 書，頁 15 下～16 上。
〔註 53〕全祖望：《宋元學案》，卷 89，〈介軒學案〉，頁 1679。
〔註 54〕謝山〈澤山書院記〉曰：「朱徽公之學統，累傳至雙峰北溪諸子，流入訓詁派。」（《宋元學案》，卷 86，〈東發學案〉，頁 1632）。
〔註 55〕全祖望：《宋元學案》，卷 86，〈東發學案〉，頁 1631。
〔註 56〕全祖望：《宋元學案》，卷 74，〈慈湖學案〉，頁 1404。
〔註 57〕同上。
〔註 58〕全祖望：《宋元學案》，卷 87，〈靜清學案〉，頁 1646。
〔註 59〕全祖望云：「草廬出於雙峰，固朱學也。其後亦兼主陸學。」（《宋元學案》，卷 92，〈草廬學案〉），頁 1715。
〔註 60〕此篇〈朱子晚年定論〉，對朱子早晚期之說顛倒錯亂之，對朱學主旨多有扭曲，而受到朱學學者羅欽順等人的攻擊。陽明自己也承認：「其為〈朱子晚年定

不觀，學如禪悟，和象山後學的弊端雷同，故有劉宗周主張以「誠意」救之。

到了清朝，王學學者大都調停朱、王，以救偏補弊，如當時北學代表孫奇逢，他身遭明、清朝代更迭的衝擊，更強烈感受到王學末流空談之誤國，而學術也到了非變不可的地步，因此而有調停朱、王的主張。他撰《理學宗傳》二十六卷，在〈自序〉說：「學以聖人為歸，無論在上在下，一衷於理而已矣。」認為只要是以聖人為歸向之學，那麼無論何種學說，只要合於「理」的，皆有可取處。並說：「學問之事，最怕有偏見，尤忌大勝心。偏見與執守相近，然一偏則愈執而愈成拗矣。勝心與自任相近，然一勝則愈任而愈背矣。」〔註61〕他認為學問嚴忌偏見與勝心，足見他對學問的涵容之態度，所以他對程朱、陸王，乃至宋儒諸子皆主張各存其長，而不應主一廢他，他在〈寄張蓬軒〉一文也說：

> 某幼而讀書謹守程朱之訓，然於陸王亦甚喜之。三十年來輯有宗傳一編，莫不有孔子之道，小德之川流也。及領指示，覺人繁派淆殊非傳宗之旨，故止存周、張、二程、邵、朱、陸、薛、王、羅、顧十一子，標曰傳宗錄。……某謂學人，不宜有心立異，亦不必著意求同。若先儒無同異，後儒何處著眼。(《夏峰先生集》，卷2，頁50)

由於各人的學問興趣、主張各有不同，只要誠心於學，不為立異或求同的意氣之爭，那麼百家之學皆有其貢獻，所以他又說：

> 如周之無欲、程之主敬、朱之窮理、陸之本心、王之良知，皆從浩博中體認精微，所謂殊途而同歸，百慮而一致，無非說約之旨耳。(同上，卷4，〈重刻四書說約序〉，頁108～109)

這裏所謂殊途同歸，即是指歸於「理」字，他所說的「理」並不偏指程朱或陸王，而是指精微的心性修養之學，所以周敦頤的「無欲」、程頤的「主敬」、朱熹的「窮理」、王陽明的「致良知」，都是從浩博中體認精微，皆是說「約」之旨。所以程朱、陸王之學亦有同歸之處。因此他說：

> 僕所輯《宗傳》，謂專尊朱，而不敢遺陸王；謂專尊陸王，而不敢遺紫陽。蓋陸王乃紫陽之益友忠臣，有相成而無相悖。(《夏峰先生集》，

論〉，蓋亦有不得已而然。」且說他著此文，「大意在委曲調停，以明此學為重。平生於朱子之說，如神著龜。一旦與之背馳，心誠有所未忍，蓋不得已而為此。」(《傳習錄》中，〈答羅整菴少宰書〉，頁252）王陽明即欲藉此證明自己學說和朱學是一脈相通的。

〔註61〕孫奇逢：《夏峰先生集》，卷2，〈寄崔玉階〉，頁67。

卷 2，〈與魏蓮陸〉，頁 56）

可見他認爲程朱與陸王是可以相輔相成的。故孫奇逢可謂立足於王學，卻又超越於門戶之限。

此外關學的代表李顒，曾敘述了宋明儒學的演變，他說：「孟氏而後，學術墮於訓詁詞章，故宋儒出而救之以主敬窮理。晦庵之後，又墮於支離葛藤，故陽明出而救之以致良知，令人當下有得。及其久也，易至於談本體而略工夫，於是東林顧、高諸公，及關中馮少墟出而救之以敬修止善。」〔註 62〕由此可見，就李顒來說，學術的演變往往在「博」之與「約」、「支離」之與「精簡」、「本體」之與「工夫」的過與不及中，加以補救與修正，唯有鑒偏救弊、舍短取長，才能使學問的流弊降到最低，所以他主張以朱補王，把朱、王之說比喻成車之二輪，說：

> 學術之有程朱、有陸王，猶車之有左輪、有右輪，缺一不可。尊一辟一，皆偏也。（《二曲集》，卷 42，〈四書反身錄〉，頁 532）

並說：

> 吾人生乎其後，當鑒偏救弊，舍短取長，以孔子爲宗，以孟氏爲導，以程朱陸王爲輔，「先立其大」、「致良知」以明本體，「居敬窮理」、「涵養省察」以做工夫，既不失之支離，又不墮於空寂，內外兼詣，下學上達，一以貫之矣。（同上）

這是他調停程朱、陸王的主張。

又湯斌（1627～1687），曾受業於孫奇逢，因此平生論學一依孫奇逢，其根柢於陽明學，認爲先儒的言論，都是自己用工夫體認過來，只要源頭澄澈，立教不妨立異，後世的讀書人若不務身體力行，專爲先儒辨同異，將會玩物喪志。〔註 63〕所以他說：「吾願學者捐成心、去故智，法先生爲學之誠，而得其用心之所在，由是上溯濂洛關閩以達於孔孟，則姚江、梁溪皆可融會貫通而無疑矣。」〔註 64〕他處於程朱學者排斥姚江之學的風氣下，主張應詳究程朱、陸王之眞，而不該盲目斥之，他說：

〔註 62〕李顒：《二曲集》，卷 10，〈南行述〉，頁 76。

〔註 63〕湯斌《語錄》云：「學者讀書不務身體力行，專爲先儒辨同異，亦是玩物喪志。先儒之言，都是自己用工夫體認過來，無一句不是實話，總之源頭澄澈，隨時立教不妨立異，正當反求之身，識其所以同者，勿向話頭討分曉始得。」（《湯文正公全集》，卷 4，頁 714）

〔註 64〕湯斌：《湯文正公全集》，卷 1，〈蕺山劉先生文錄序〉，頁 88。

當心程朱之心，學程朱之學。窮理必極其精，居敬必極其至；喜怒哀樂，必求中節；視聽言動，必求合禮；子臣弟友，必求盡分。久之，人心咸孚，聲應自眾。即篤信陽明者，亦曉然知聖學之有眞也，而翻然從之。（《湯文正公全集》，卷2，〈答陸稼書書〉，頁384～388）

湯斌一生致謹庸行，不尙高奇，舉所學以見諸行事，在清初的士大夫中，頗以篤實名於時，對於學問的態度也是較通透的。

程朱學者中主張調停朱王的有：

陸世儀（1611～1672），他的學問承襲東林遺風，以程朱之「居敬窮理」爲宗，他說：「居敬窮理四字是學者學聖人第一功夫，徹上徹下，徹首徹尾，總此四字。」〔註65〕但他雖以程朱爲是非之準繩，但卻力闢狹隘的門戶之見，主張「大儒絕不立宗旨」，但教人眞心做聖賢而已〔註66〕，所以他也不反陸王之說，曾說「鵝湖之會，朱陸異同之辨，古今聚訟，不必更揚其波。」〔註67〕他也稱讚陸象山、王陽明：

陸象山人物甚偉，其語錄議論甚高，氣象甚闊，初學者讀之，可以開拓心胸。（《思辨錄輯要》前集，卷1，頁12）

又說：

王新建於「致知」中，增一良字，極有功於後學，蓋恐人以世俗乖巧爲知也。（《思辨錄輯要》前集，卷3，頁74）

又：

周子之主敬，張子之萬物一體，程朱之居敬窮理，胡安定之經義治事，陸象山之立志辨義利，有明薛文清、胡餘干之主敬，湛甘泉之隨處體認天理，陳白沙之自然養氣，陽明之致良知，皆所謂入門工夫，皆可以至於道。（《思辨錄輯要》前集，卷2，頁57）

可知他對於象山、陽明，乃至於各家學說之精要，皆能各取所長，以作爲入

〔註65〕陸世儀：《思辨錄輯要》前集，卷2，頁54。

〔註66〕陸世儀：《思辨錄輯要》後集說：「予嘗有言，大儒決不立宗旨。譬之醫家，其大醫國手，無科不精，無方不備，無藥不用，豈有執一海上方而沾沾以語人曰，此方外別無藥。近之談宗旨者，皆海上奇方也。」（卷9，頁248）又前集：「或問儀以宗旨，儀應之曰：實無宗旨。昔朱子人問以宗旨，朱子曰：某無宗旨，但只教人隨分讀書。愚亦曰：儀無宗旨，但教人眞心做聖賢。」（卷2，頁56）

〔註67〕陸世儀：《思辨錄輯要》後集，卷8，頁214。

道、學聖之資，全祖望也稱他「最足以廢諸家紛爭之說」〔註68〕。

在當時破除程朱、陸王門戶之限的學風中，仍有堅守朱學，黜退王學的人，其中以張烈（1622～1685）的《王學質疑》是以專書詆斥王學〔註69〕。其他如應撝謙，在他所著《性理大中》一書，把陽明置於「異學」部，並說：

> 陽明王子，幼學於程朱，長化於佛老，乃以無道之學，畜而止之。原其意，蓋深痛世之文士，講習而不行，遂欲以師心之行，廢推致之識，其廓清榛莽，不爲無功，然其學得於西南，化被中土，遂掩離而蝕之。其徒龍谿，變顏氏之屢空，爲龐氏之心空，以章句爲厲戒，混儒釋爲一家，於是孔氏之學，明而復晦。（《性理大中》，頁633下）

說陽明後學混儒釋而爲一，令孔學因此而不明，因此把王學視爲異端。

張履祥（1611～1674），他是由王返朱的學者，早年服膺王守仁、王畿之說，崇禎十七年（1637），師從劉宗周，講求「愼獨」之學；順治七年（1650）以後，轉向朱學，而批判王學，他說：

> 良知之教使人直情徑行，至於廢滅禮教，播棄先典。今人猶不知懲其敝，方將攘袂怒目與人爭勝，亦可哀也。（《楊園先生全集》，卷3，〈備忘〉，頁70）

〔註68〕全祖望：《鮚埼亭集》，卷28，頁351。又陸世儀雖排斥門户之見，但是他認爲以朱子學說入聖賢之路較爲得力，如有人問他，「居敬窮理」四字，是吾子宗旨否？他答道：「儀亦不敢以此四字爲宗旨，但做來做去，覺得此四字爲貫串周匝，有根腳、有進步，千聖千賢道理總不出此，然亦是下手做工夫得力，後方始覺得非著意以此四字爲入門也，入門之法只眞心學聖賢耳。」（《思辨錄輯要》前集，卷2，頁59）同時他對陸、王也有所批評，他批評象山說：「象山只是氣岸高，然爲其學者便多矜厲，故朱子曰，陸子靜之徒氣象可畏，不特當時，即近日亦然，凡一涉陸學，便足高氣揚，好與人折辨，其病處只在好勝二字，所以其學終不能有成。」（《思辨錄輯要》後集，卷8，頁219）又批評陽明：「陽明致良知三字尚不妨，獨無善無惡謂之性，有善有惡謂之意，知善知惡是致知，爲善去惡是格物四語，宗旨未妥。不但無善無惡句未妥，即爲善去惡句，此是修身，如何謂之格物。」（同上，後集，卷9，頁233～234）認爲陸、王學說亦多不妥處。

〔註69〕陸隴其〈王學質疑後序〉稱此書：「其學以程朱爲宗，深疾陽儒陰釋之徒，以閑邪衛道爲己任，尤嗜《小學》、《近思錄》。故是書所發明皆從平生學問中流出，非苟而已也。」（《三魚堂文集》，卷8，頁130下）張伯行〈王學質疑序〉也說：「大要以朱子之學，紹述程張而遠宗孔孟。王氏之學，紹述象山而遠宗告子，就兩家之言，直指其牴牾舛錯之處，其若何附會牽合而卒相矛盾，率天下爲佛老，日趨於淪胥而不能救者，能一一窮其源而披其根。」（《正誼堂文集》，卷4，頁222）

認爲學陽明之弊則不可勝言，所謂廢滅禮法、播棄先典，乃至恣肆無忌，皆是陽明之禍。所以在他看來，唯有循著朱子的居敬窮理，篤實踐履，才不致有躐等空疏之弊。故他說：「程門四字教曰存心、曰致知；朱門四字教曰居敬、曰窮理。居敬所以存心也，窮理所以致知也，一也。而朱益緊切矣，學者舍是，更無學法，未有入室而不由戶者。」〔註 70〕他晚年執教於呂留良家塾，恪守朱學之精神影響了呂留良父子。

呂留良（1629～1683），是極力護朱闢王的人，他說：

> 某平生無他識，自初讀書即篤信朱子之說，至於今老而病且將死矣，終不敢有毫髮之疑。眞所謂賓賓然守一先生之言者也。(《晚村文集》，卷 1，〈答吳晴巖書〉，頁 22)

他自言篤信朱子之說，至老而不敢有毫髮之疑，所以凡不合朱說者則不惜闢之：

> 凡天下辨理道、闡絕學，而有一不合於朱子者，則不惜辭而闢之耳。（同上，頁 23）

他所力闢的對象又以王學爲最：

> 今日辟邪，當先正姚江之非。而欲正姚江之非，當眞得紫陽之是。……今示學者似當從出處、去就、辭受交接處劃定界限，札定腳跟，而後講致知、主敬工夫，乃足破良知之黠術，窮陸派之狐禪。(《晚村文集》，卷 1，〈復高彙旃書〉，頁 10)

他指良知爲黠術，陸派爲狐禪，認爲須以朱子的致知、主敬工夫，加以破之，足見他對王學的批判是毫無商榷之餘地的。同時他也對當世的「和會」說有所異見，他說：「且所論者道，非論人也。論人則可節取恕收，在陽明不無足法之善；論道必須直窮到底，不容包羅。和會一著含糊，即是自見不的，無所用爭亦無所用調停也。」〔註 71〕他認爲論道和論人不同，論人可以稍加通融，故陽明亦有可取之善；但以論道來說，必須直窮到底，不容包羅，所以是無可和會與調停的。

呂留良又影響了陸隴其（1630～1692）。陸隴其論學一以朱子爲準繩，力闢陽明學說，張伯行曾說：

> 自本朝以來，文教既盛，理學輩出，其篤信朱子之道而力行者，尤

〔註 70〕張履祥：《初學備忘》，卷上，頁 7。
〔註 71〕呂留良：《晚村文集》，卷 1，〈與施愚山書〉，頁 15。

莫如稼書先生。先生之爲學也，主敬以立其本，窮理以致其知，返躬以踐其實，一以朱子爲準繩，教人必循乎下學上達之次第，其好高躐等，師心自用，爲陽儒陰釋之學以貽誤後人者，審擇詳辨，毫髮無所遁其情，埽迷空之大霧，還白日於中天。(《正誼堂文集》，卷7，〈陸稼書文集序〉，頁94)

這裏所謂的「陽儒陰釋」之學，是指陽明之心學，所以他批評陽明爲：

自陽明王氏，目爲影響支離，倡立新說，盡變其成法，知其不可，則又爲晚年定論之書，援儒入墨，以僞亂眞，天下靡然響應，皆放棄規矩，而師心自用，學術壞而風俗氣運隨之，比之清談之禍晉，非刻論也。(《三魚堂文集》，卷5，〈上湯潛庵先生書〉，頁62下)

他認爲陽明學說造成學人放棄規矩，師心自用，學術及風俗氣運亦隨之敗壞，其禍可比晉之清談，因此認爲「陽明之學不熄，則朱子之學不尊」(同上)，二者絕不容假借。然陸隴其雖尊朱黜王，但他在四十歲以前，亦徘徊於朱、王學術之間，直到四十三、四歲，結識呂留良，才成爲朱學的篤信者。可知在當時的學風下，鮮有不受王學影響的，而由王返朱也是常見的現象。

陸隴其也影響了張伯行（1651～1725），張伯行附和陸隴其尊朱黜王的用心，說：「推稼書之心，初非有他也，不過以正學不明，大道久晦，欲尊程朱、黜陽明，使天下已讀陽明之書者，不至迷溺其中而不返；而未讀陽明之書者，亦不至誤入其中而不覺，此亦稼書不得已之苦心也。」〔註72〕同時自己也批評陸王之學，說：

金谿之學熾，甚以爲即心是理，六經皆我註脚，不立文字可以識心見性，不假修爲可以造道入德，守空洞無涯之識，而昧然於天理之眞。學者樂其簡便而易從也，於是矯誣聖賢，捐棄墳典，逞其擊拳豎拂之餘智，猖狂叫呶，猶自擬於聖人之尊德性，若非紫陽朱子反覆辨難，大聲疾呼，比之爲告子，又直斥曰禪，其爲正路之荊棘，入門之障蔀，寧有紀極耶！……又有姚江王氏祖述金谿，而以朱子之學爲支離影響，倡立致良知之新說，盡變其成規，知其不足以服天下，則又爲晚年定論之書，附會牽合，以墨亂儒，天下之談心學者靡然響應，皆放佚準繩，不知名教中有何事。至啓禎末年，而世道風俗頹敗極矣。蓋比諸金谿之爲禍殆有甚焉。(《正誼堂續集》，卷

〔註72〕張伯行：《正誼堂續集》，卷5，〈與友人〉，頁236～237。

4，〈性理正宗序〉，頁 216～217）

在他看來，象山的即心即理、六經皆我註腳之說是空洞無涯之識，且昧於天理之眞；陽明的致良知之說，也使學者放佚禮法，不知何爲名教，明代天啓、崇禎以後的風俗道德敗壞，都是陽明之教所致，因此他也力主尊朱闢王，認爲：「今日尊朱而不闢王，是何異欲親正人賢士而復任淫聲美色之日濡染於耳目之前，謂可以不拒者拒之也，有是理乎？」〔註 73〕態度之嚴苛至此，且見《理學宗傳》、《理學備考》、《明儒學案》等書，調停夾雜而不歸一是，因而纂《性理正宗》以一統紀而正塗轍。

又如冉覲祖（字永光，號蟫菴，1637～1718），亦宗程朱之學，張伯行曾延至書院講學，「以太極、西銘，指示聖學脈絡，一時士子皆超然自得於帖括之外，嚮道者日眾。」著《陽明疑案》，「較之整菴、後渠，論辨尤嚴」〔註 74〕。

此外，在康熙朝將程朱理學推尊爲廟堂之學的理學名臣，也都是尊朱斥王的。如魏裔介（1616～1686）編《周程張朱正脈》，陽明學也在拒斥之列。熊賜履（1635～1709）所著《閑道錄》、《下學堂劄記》，即力闢陽明而尊朱子，曾說：「陽明之於聖道，只是胡說亂道而已。」〔註 75〕又說：「學問之道，是是非非，毫釐不容差謬，亦惡容委屈調停於其間耶？天下之大，豈無有能讀朱子之書，悉究其本末者；陽明未嘗深思詳考，而率易立說，是不知而作也，是欺己欺人也。」〔註 76〕《學統》一書，把陸王列於雜統，說「象山之所謂道，非吾儒之所謂道；象山之所謂聞，非吾儒之所謂聞」；陽明「邪焰之熾，烈於猛火，蔓延流毒，猝難滅熄。百餘年來，瞿曇陋習，中人心髓，東魯之書，悉化而爲西竺之典；名爲孔氏《六經》，實則禪家六籍矣。」〔註 77〕不但痛斥陸王，且認爲朱、王二者不容調停。李光地晚年以後也專宗朱子而排斥陽明之學。

由此看來，清初調停朱、王的人，以陽明學者爲多，且多爲遺老大儒，識見皆較開闊；反而在朱學陣營，門戶之見愈深，排王愈激烈，湯斌就曾指出當時排斥姚江者，多爲隨聲附和、無眞才實學者，他說：

> 若夫姚江之學，嘉隆以來幾遍天下，近年有一二巨公，倡言排之，不遺餘力，姚江之學遂衰，可謂有功於程朱矣。然海內學術，澆漓

〔註 73〕張伯行：《正誼堂續集》，卷 4，〈王學質疑序〉，頁 222。

〔註 74〕張伯行：《正誼堂續集》，卷 6，〈冉蟫菴傳〉，頁 245～248。

〔註 75〕熊賜履：《下學堂劄記》，卷 3，頁 80 下。

〔註 76〕同上。

〔註 77〕熊賜履：《學統》，卷 9，頁 207。

日甚，其故何與？蓋天下相尚以僞久矣。巨公倡之於上，隨聲附和者多，更有沈溺利欲之場，毀棄坊隅，節行虧喪者，亦皆著書鏤板，肆口譏彈，曰吾以趨時局也。亦有心未究程朱之理，目不見姚江之書，連篇累牘，無一字發明學術，但抉摘其居鄉居家隱微之私以自居衛道閑邪之功夫，訐以爲直，聖賢惡之。(《湯文正公全集》，卷 2，〈答陸稼書書〉，頁 384～388)

由這種相尚以僞的情況看來，凡所有譏評者，多爲趨附時局，乖巧賣弄者，並無眞實學問。由此似乎也可以預見朱學將日益走向封閉、墨守之端。

二、王學化之朱學〔註 78〕

由上文所述，儘管清初大部分朱學家皆擯棄王學，堅守朱學矩矱；但是由於明代陽明學的興起，是緣於王陽明不滿朱熹的性即理及格物之說而有所修正；而到了清初，程朱學者雖又反對及批判陽明學說，但程、朱學在歷經王學的激盪流衍後，也受到了王學影響，無論在本體或工夫方面，都有王學化的傾向。

因爲朱學和王學最大的分野在於言「心」。朱子所指的心是統性情的，性是理，而情與心都是氣質，所以心是偏於氣質之心；而陽明言即心即理，心即本體的代稱。清初的朱子學者對於「心」的看法，也有受到王學影響的，如陸世儀說：

人心之靈不可泯，孰爲善？孰爲惡？豈不自知？只瞞卻本心，便一向胡行亂做，致知只不昧本心而已。(《思辨錄輯要》，卷 3，頁 74)

又：

心體二字最妙，謂心之本體也。此是未發境界，學者須時時自驗，心體方得。(同上，卷 6，頁 132)

他的「致知只不昧本心」，正是陽明的致良知之說；又心體是心之本體，是未發境界，也是陽明所言之心。又張履祥也說：

心爲一身之主，人人具有此一心，此心同于聖人。(《楊園先生全集》，《備忘錄》，卷 4，頁 86 上)

他強調「心」是一身之主，人人所具之心同於聖人，且此聖人之心即天地之

〔註 78〕「王學化」的朱學，參陸寶千所述，即彼等心目中之朱學，乃自「王學透鏡」中所見之朱學，非朱學之眞也。(《清代思想史》，頁 144～147)

心，所以說：

> 聖人之心天地之心也，仁之至、義之盡也。聖賢往矣，欲求其心，舍四書六經所載聖賢言語行事，何從求之？（《楊園先生全集》，《備忘錄》，卷2，頁58下）

他以人人之心同於聖人，而聖人之心又爲「天地之心」，亦即仁至義盡、純天理之心，這也不是朱子的氣質之心。又魏象樞說：

> 大人視天下、國家等，皆我性靈中物，諸凡善惡、眞妄、公私、義利之關，纖微毫髮，都有一個理在，由本及末，原始要終，一一討得分曉，我於物無疑，物於我無蔽。物之所感，知是知非，知之所存，有是無非，此誠意之所以先致知也。（《寒松堂集》，卷12，〈致知格物解〉，頁805）

他說天下、國家，皆我性靈中物；誠意先於致知，皆是陽明學派之說法。又如魏裔介論格物：

> 格者，格其一物之不離眾物也；格其物物之合爲一物也。格其一物之不離眾物，則吾心之理，豈能遺乎天下；格其物物之合爲一物，則天下之物，豈能越於吾心。格者格此而已。（《格物致知解》，卷下，〈致知格物非物欲扞格辯〉，頁416上）

> 故物即理，理即性。「格物者，知其性耳」，復何疑哉？（《格物致知解》，卷下，〈與孫北海論格物書〉，頁416上）

其格物之義爲物即理，理即性，格物是知性，也類於陽明的致良知說，已非朱子之意了。所以說他們「名爲程、朱，實陷於陸、王」〔註79〕，在學說上都受到陽明學之影響。

陽明與朱子所說的「心」雖不同，但其目的皆爲成聖，而成聖又必須經過工夫的陶養。陽明所說的工夫是「致良知」，指致吾心良知之天理於事物，即由本心之良知良能而發用之；而朱子的工夫重在「敬」，指此實然之心經常凝聚警覺。陸世儀也言「敬」，但他所說的敬，並不僅於工夫層面的持敬，而是一種直徹本體的境界，他曾自述悟道經過：

> 丁丑悟得敬字爲心法時，正行到州治西邊土牆缺處。時敬字工夫下手已二月餘，但未得親切透徹，忽此際豁然貫通，覺得上至天，下

〔註79〕楊向奎：《清儒學案新編・河北二魏學案》，頁301。

至地，前至古，後至今，大至陰陽鬼神，細則一物一事，無一不是敬字通貫，千聖心法，一時俱見。不覺手舞足蹈，胸臆之間，如撤牆壁。天地間更有甚妙處樂處。則知禪家言悟，未嘗無此境界，但虛實邪正，有不同耳。（《思辨錄輯要》，卷 3，頁 79）

他所謂的以「敬」字爲心法，其「敬」是通貫天地古今、陰陽鬼神、一物一事，直徹本體的。故又說：

天即理，心即天。要知得心與天與理無二處，方是眞敬。不然只是禍福恐動。（同上，卷 2，頁 25）

「心與天與理無二」，即是陽明的心即理之說，他說須如此方爲眞敬，所以敬是指本心的發用，而不只是朱子的持敬之意了。張履祥也言敬，他說：

居敬所以存心也，窮理所以致知也。惟居敬故能直其內，惟窮理故能方其外。惟內之直，故能立天下之大本；惟外之方，故能行天下之達道。（《楊園先生集》，《書》二，〈與何商隱書〉，頁 112 下～113 上）

他說敬能「立天下之大本」，即能上達於本體。朱用純也說：

以本體言曰主敬，以用功言曰主敬。主敬只是無失其本然之靜體。〔註 80〕

他說明主敬是無失本體之謂，意皆同於「致良知」。又：

弟獨以爲敬即天行之健。天一息不健，則四時不行，一端不健，則萬物不生。《易》於〈乾〉言健不言敬，於〈坤〉言順即言敬，聖人法天地之健，故六經四子皆敬也。一敬而天下之理得矣，天下之能事畢矣。（同上，卷 1，〈與徐俟齋書〉，頁 4b）

主敬不但可以希天，且一敬則天下之理得，天下之能事畢，所以說「敬如長堤巨防，防之密也，滴水不漏，敬之至也。毫髮無尤，故一敬而天下之理得，天下之能事畢；變通鼓舞，盡利盡神，希聖希天之學俱在於是。」〔註 81〕故知他們所言之敬，皆是用來貞定良知，使良知不流蕩，故雖以宗朱之名，實已受王學影響。

三、重視經書、實用之學

宋代學術在發展初期是兼具理論與實行的，如北宋胡瑗（993～1059）

〔註 80〕朱用純：《愧訥集》（民國 18 年刊本），卷 10，〈太極圖說講義〉，頁 2a。
〔註 81〕朱用純：《愧訥集》，卷 1，〈與徐俟齋書〉，頁 10b。

的蘇湖教法，主張立「經義」和「治事」兩齋，「經義」則選擇心性疏通，有器局可任大事者，使之講明六經；「治事」則人各治一事，如治民以安生，講武以禦寇，堰水以利田，算曆以明數。二者可謂兼具體用。又如歐陽脩、王安石、劉敞等人對於經學皆有創獲。但宋代學術愈發展愈往心性的精微處辨析，理學家極力於天理、心性等問題的探索；理學家強調主敬向內，以致於簡遺世務，疏略事功，已使得儒學規模日漸萎縮。到了晚明王學之末，論學不重根柢，重本體而略工夫，因此被譏評爲流於玄虛，近於禪學。到了清初以來，學者除了對王學末流加以批判之外，且開始思索經學與道學的關係，因此有學者提出道學應源於經學、且不離於經學之說，如錢謙益（1582～1664）有先通經而求道之說：

> 漢儒謂之講經，而今世謂之講道。聖人之經即聖人之道，離經而講道，賢者高自標目，務勝於前人；而不肖者汪洋自恣，莫可窮詰，則亦宋之諸儒掃除章句者導其先路也。修《宋史》者知其然，於是分〈儒林〉、〈道學〉，釐爲兩傳。……此亦古今經術升降絕續之大端也。（《牧齋初學集》，〈新刻十三經注疏序〉，頁 851）

他指出不可離經而講道，並斥責《宋史》的〈儒林〉和〈道學〉之分造成了經學的衰落。方以智（1611～1671）也有「藏理學於經學」之說〔註 82〕。顧炎武也說：「古之所謂理學，經學也」〔註 83〕。黃宗羲（1610～1695）也主張「理學」要「本之經術」，並反對〈儒林傳〉外另立〈道學〉，以造成「學問異同」之爭〔註 84〕。他們都強調反之經書以求道。此外，明末清初學者大都重視經世致用之學，因而形成一股以實務、經世爲用的實學思潮，如顧炎武說：「凡文不關於六經之指，當世之務者，一切不爲。」〔註 85〕黃宗羲也說：「兵書、戰策、農政、天官、治河、城守、律呂、鹽鐵之類，無不講求，將以見之行事。」〔註 86〕等，他們以學習實務，用以治國利民，學術氣象都甚爲開闊。這種反求經學，且重視實用之學的風氣，也可以說遠承宋初學風；近承清初風氣，對當

〔註 82〕參看張西堂：《方以智的生平與思想》（臺北：臺灣大學歷史研究所博士論文，1977 年），頁 136～140。

〔註 83〕顧炎武：《亭林文集》，卷 4，〈與施愚山書〉，頁 62。

〔註 84〕黃宗義：《南雷文定前集》（臺北：世界書局，1964 年 2 月），卷 1，〈留別海昌同學序〉），頁 15～16。

〔註 85〕顧炎武：《亭林文集》，卷 4，〈與人書三〉，頁 113 下。

〔註 86〕黃宗義：《南雷文定》，卷 6，〈翰林院庶吉士子一魏先生墓誌銘〉，頁 90。

時的理學家也產生了影響，如陸世儀也主張學問要「切於世用」，曾說：

> 今人所當學者，正不止六藝，如天文、地理、河渠、兵法之類，皆切於用世，不可不講。俗儒不知內聖外王之學，徒高談性命，無補無世，此當世所以來迂拙之誚也。（《思辨錄輯要》前集，卷1，頁12）

他認為治學應兼顧「性命之學」與「切於用世」的實學，才能算是「內聖外王」之學；如果只知高談性命，只是迂拙的俗儒。因此他本人所學包括象緯、律曆、兵農、禮樂以及當代刑政、河漕、鹽屯諸務，皆無不肆力講求。所著《思辨錄》中，分十年誦讀、十年講貫、十年涉獵，自經史詩文諸儒語錄，以至天文、地理、農田、水利、兵法之書皆備。而尤致意於當代事實、當代典禮、當代律令，且謂此三書最為重要。因此世儀的學問，既無腐儒的空疏，也不同於俗士的泛濫，知關心國計民生，有體有用，已大大地超出了理學的領域。

又張履祥也曾說：「平生不敢高談性命，只就庸言之信、庸行之謹，有所不足不敢不勉，有餘不敢盡處做工夫已。」〔註87〕也強調要重視平日言行的誠信謹慎，而不致於空談性命。又說：「學者固須讀書，然不可流為學究；固須留心世務，然不可入於功利。」〔註88〕如他重視稼穡之學，著《農書》，大至治地，小至編籬，以及養魚釀酒，凡農家所有事，精粗畢載，纖悉靡遺，也是實用於民生之學。

應撝謙，他於《五經》、《四書》各有著說，此外又撰有《教養全書》四十一卷，分選舉、學校、治官、田賦、水利、國計、漕運、治河、師役、鹽法十考略，皆有關於國計民生。

自這些遺民大儒力倡實用之學，此後的學者雖不及他們的識見之闊，但也都強調經書的重要，並重視學問的實用性。如呂留良也認為學者看輕經義，以致造成理學的惑亂，他說：

> 正嘉以後諸公講學紛紜，病譫夢囈，皆因輕看經義，不曾用得工夫，未免胡亂差卻路得耳。……今日理學之惑亂，未有不由此者，而其原則輕看經義，不信章句、傳注焉始。某所以皇皇汲汲至死而不敢置舍也，遺書（朱子遺書）精義已成，尚未校對鑿補；《儀禮經傳通解》，正在繕寫發刻，但其事浩大，不知能畢工否耳？童蒙一冊呈

〔註87〕張履祥：《楊園先生全集》，《備忘錄》，卷3，頁68下～69上。

〔註88〕祝全輯：《淑艾錄》（臺南：莊嚴出版社，1997年，《四庫全書存目叢書》本），頁324上。

上凌渝。（《呂晚村文集》卷 1，〈答葉靜遠書〉，頁 28～30）

因為他是篤信程朱的學者，所以他所說的經義，多是指朱子的著述而言，但他也刊刻《儀禮》，重視童蒙教育，亦肯定經學的教化作用。

魏象樞也教人注重實行，他曾說：「四十以來，始知向學矣。從諸儒閱歷之言，探討孔孟眞消息，而又疑高談性命，不務眞實踐履者，幾幾乎徒騰口說也。甚而明立宗門，暗襲禪臼，誤一身以誤天下後世不淺。」〔註 89〕反對高談性命，強調眞實踐履。

又湯斌，《四庫全書總目提要》說：「斌之學源出容城孫奇逢，其根柢在姚江，而能持新安金谿之平，大旨主於刻勵實行，以講求實用，無王學杳冥放蕩之弊。」〔註 90〕（別集類廿六）湯斌的學問尚刻勵實行、講求實用，自然是為了避免重蹈明末王學末流空疏玄虛之弊，因此湯斌論學也強調經書的重要，他說：

> 夫所謂道學者，六經四書之旨體驗於心，躬行而有得之謂也，非經書之外，更有不傳之遺學也。故離經書而言道，此異端之所謂道也；外身心而言經，此俗儒之所謂經也。……今聖朝尊禮先聖，表章聖學，士子宜知所趨向矣。吾恐朝廷以實求，而士子終以名應也，茍無騖乎其名而致力於其實，則亦曰躬行而已矣。（《湯文正公全集》，卷 1，〈重修蘇州府儒學碑記〉，頁 190）

他除了強調「道學」必須體驗於心，認為躬行而有得的切己實踐才是行道的不二法門，若離經書而言道，是為異端之道，而非吾儒之道。

又張伯行，他在學生的教育上，也主張讓學生學習兵刑、錢穀、農桑、水利、民生、日用之務等用世之學，認為在學期間要先能留心世務，淹貫博通，等到一旦入仕方知如何治國，他說：

> 凡四子、五經，內聖外王之道備焉，朝廷所以特重明經之學者，非沾沾為士子取科名計，惟欲漸摩陶淑於其中，則氣質自化，德性自堅，粹然為一代名儒爾。凡用世之學，學者所宜深究。……今之學者，時藝之外，茫然無知，徼倖一第，出宰民社，凡兵刑、錢穀、農桑、水利、民生、日用之務，可修可舉者，毫無定見，不得不聽命於奸胥、猾吏。……今諸生未第時，乘此閒餘，即當留心世務，

〔註 89〕魏象樞：《寒松堂全集》，卷 9，〈答刁蒙吉先生書〉，頁 571。

〔註 90〕《四庫全書總目提要》，卷 173，〈湯子遺書〉，集部別集類廿六，頁 1520 下。

淹貫博通，務在有裨實學，可以坐言起行。(《正誼堂文集》，卷 12，〈紫陽書院示書生〉，頁 159)

此外，他認爲經書乃義理之淵源，應仔細加以思索體認，說：

經書爲義理之淵源，其至當不易者，固百慮同歸，至於隨人體驗，隨時觸發，意趣正自不窮，所謂一番提起一番新，不妨自家門前各爲景致耳。若拘文牽義，無所會心，則味同嚼蠟矣，此程子所歎飯從脊梁過者是也。諸生每日看某經、某書，自某處起，必潛思玩索，身體力行，凡有所得，即記於是日課程之內。(《正誼堂文集》，卷 12，〈經書發明〉，頁 161)

不但強調經書學習的重要，更認爲看經書不應只是拘牽文義，無所會心，而須不斷地潛思玩索，身體力行以有所得。他曾著有《居濟一得》，是他任河道總督時所作，是一部治河之書，書中所記，皆得之親身閱歷，亦是「切於實用」〔註 91〕之書。

另外，又如學程朱之學者，「邃於性理之學」的冉覲祖，除了著有《四書詳說》外，五經亦各有專書，李光地曾將他的《五經詳說》推薦給朝廷。陸隴其所著《三魚堂賸言》，「於名物訓詁典章度數，一一精核乃如此，凡漢注唐疏爲講學諸家所不道者，亦皆研思探索，多所取裁」〔註 92〕，他的持論有本有末，必不空言，亦頗務實。又方苞是古文學家、程朱學者，同時也深邃於經學，尤致力於《春秋》、《三禮》。足見他們都能在學宗理學的同時，留心經學及日用實務，以避免空談心性、高蹈不實之弊。

總之，錢謙益、黃宗羲、顧炎武等人是站在經學的立場，主張理學必須本之經術；而理學家則以理學爲本位，認爲在理學之外，仍應兼顧世務，且不能忽略經書的重要性。經學和理學的關係本就密不可分，若只偏重於任何一方，都會有所偏差。

另外，理學家在研習經學時，同時也開始重視漢人之學的長處，如孫奇逢所著的《理學宗傳》，立有漢儒考一門，對於《宋史》因分〈道學〉、〈儒林〉二傳，而使得道學、經學自此分家不以爲然，他認爲道學應該包含《六經》、《四書》的要旨，是體會身心而有得者之謂，而不是在經書之外別有不傳的遺學。他的學生湯斌也說：

〔註 91〕《四庫全書總目提要》，卷 69，〈居濟一得〉，史部地理類二，頁 614 下。

〔註 92〕《四庫全書總目提要》，卷 94，〈三魚堂賸言〉，子部儒家類四，頁 799 上。

國家興治化在正人心，而正人心在崇經術。漢儒專門名家師說相承，當詩書煨燼之餘，儀文器數之目，刪定傳授之旨，猶存十一於千百。且其時不以詞章，通經學古之士，皆得上聞，朝廷定大議、斷大疑，博士據經以對，故其時士大夫勇於自立，無苟簡之心，孝弟廉讓之行更衰亂而不變，此重經術之效也。（《湯文正公全集》，卷 1，〈重修蘇州府儒學碑記〉，頁 189）

認爲漢儒專門名家師說相傳，在秦火之後，能保留若干之儀文器數；且經師能幫助朝廷定大議、斷大疑，勇於自立，振興孝弟廉讓之行，這些都是崇經術的效用。他也強調漢、宋學各有所長，二者應合而爲一，說：

是知漢儒之學長於數，得聖人之博。宋自周程張邵逮於朱蔡，天地陰陽之奧，道德性命之微，深究其妙，不泥前人之說，其學也，得聖人之約，合二者而一之，然後得聖人之全經，若偏主一家，是漢儒宋儒之經，而非聖人之經也，豈深於經者哉！（《湯文正公全集》，卷 3，〈十三經注疏論〉，頁 486）

他認爲漢儒之學長於數〔註 93〕，能得聖人之博；宋儒之學知天地陰陽之奧、道德性命之微，能得聖人之約，二者應該合而爲一，才能得聖人之全經。他在所著的《洛學編》，綜述中州學派，「雖以宋儒爲主，而不廢漢唐儒者之所長」〔註 94〕。

冉覲祖著《五經詳說》，兼採漢儒宋儒之說，於《詩》列毛鄭與朱說，校其異同，參觀並列；於《小戴禮記》，摘鄭之失，補陳之略，歷五年而書始成。又李光地也肯定漢儒在保存制度名物的功勞，他說：

解經在道理上明白融會，漢儒自不及朱子。至制度名物，到底漢去三代未遠，秦所澌滅不盡，尚有當時見行的。即已不存者，猶可因所存者推想而筆之，畢竟還有些實事。不似後來禮壞樂崩，全無形似，學者各以其意杜撰，都是空言。此漢儒所以可貴。（《語錄》，卷

〔註 93〕〈十三經注疏論〉中云：「程子曰：有理而後有象，有象而後有數，至微者理也，至著者象也，體用一源，顯微無間，觀會通以行其典禮，則辭無所不備。……朱子曰：秦漢以來，考象辭者泥於術數，而不得其宏通簡易之法；談義理者，淪於空寂，而不適於仁義中正之歸……。」（頁 472～473）理是指萬事萬物的原理和道理；象是卦象，每一卦所代表的意涵；數是易數，萬事萬物皆有其數。漢儒談易長於象數，演練成極爲繁複的內容，故說能得其聖人之博。

〔註 94〕《四庫全書總目提要》，卷 63，〈洛學編〉，史部傳記類存目五，頁 566 中。

19，頁 341）

因漢朝去三代未遠，故於秦代未被澌滅的文物制度，在當時猶可見之，因此漢儒對名物制度的保存實有其功。李光地在他所編纂的《周易折中》，即融貫漢、宋，兼收並採，這些都是對漢儒經學的重視。所以在清朝初年，無論是經學家或理學家，思想都較為開闊，學術規模也較大，但在發展的過程中，卻日漸走向狹隘之途，如經學到乾嘉時期轉為飣餖考證之學；理學到康熙朝，有些理學家專宗程朱，排斥異己，都使學術愈加走向拘執狹隘之途。

四、道統的強調

道統的觀念溯自孟子，他說聖人之道由堯、舜、禹、湯、文武，至於孔子。到了唐代韓愈為了牴斥佛老，在〈原道〉一文中，於文、武之後增列周公，提出了有名的「道統」觀念，他說：

> 斯道也，何道也？曰：斯吾所謂道也，非向所謂老與佛之道也。堯以是傳之舜，舜以是傳之禹，禹以是傳之湯，湯以是傳之文武周公，文武周公傳之孔子，孔子傳之孟軻。（《韓昌黎全集》，頁 58）

韓愈為了表明儒者之道與佛老之道的不同，因此提出了古聖傳授儒道的統系為：堯、舜、禹、湯、文、武、周公、孔子、孟軻，然他又說：

> 夫所謂先王之教者何也？博愛之謂仁，行而誼之之謂義，由是而之焉之謂道，足乎己無待於外之謂德。其文，詩、書、易、春秋；其法，禮、樂、刑、政；其民，士、農、工、賈；其位，君臣、父子、師友、賓主、昆弟、夫婦；其服，麻、絲。其居，宮、室；其食，粟米、果蔬、魚肉。（同上，頁 58）

可知韓愈所謂的儒者之道，是遍及整個生活層面的，和宋以後的道統內涵並不相同。而道統觀念的提出，確定了儒家傳統的所在，此一傳統到了宋代以後尤被強調，且被作為是否為正統儒家的驗證標竿。宋儒大多接受韓愈的道統觀念，如孫復在〈信道堂記〉說：

> 吾之所謂道者，堯舜禹湯文武周公之道也；孟軻荀卿揚雄王通韓愈之道也。（《孫明復小集》，頁 175 下）

石介的〈怪說中〉也說：

> 周公孔子孟軻揚雄文中子吏部之道，堯舜禹湯文武之道也。（《徂徠集》，頁 216 下）

孫、石在他們的道統系列中增入了荀子、揚雄、王通和韓愈，可能是他們的道統觀念較寬泛，或對於道統的定義不一的緣故。到後來的程頤就以謹嚴的態度摒棄孟子以後諸家，而直接以明道承之，他在明道先生墓表說：

> 周公沒，聖人之道不行；孟軻死，聖人之學不傳。道不行，百世無善治；學不傳，千載無眞儒。無善治，士猶得以明夫善治之道，以淑諸人，以傳諸後；無眞儒，天下貿貿然焉莫知所之，人欲肆而天理滅矣。先生生千四百年之後，得不傳之學於遺經，志將以斯道覺斯民。……聖人之道得先生而後明，爲功大矣。（《二程文集》，頁 724 下）

伊川再次強調傳道的意義在於得善治、得眞儒；其中眞儒又更爲重要，一旦無眞儒傳道，則天下將莫知所歸，且人欲將肆而天理滅矣。所以他所說的「道」已不是韓愈所說的內涵，而是偏於傳「天理」之道。伊川並認爲自孟子後，唯有明道能傳此道，所以伊川又說：「既而門人朋友爲文以述其事跡，述其學者甚眾。……而以爲孟子之後，傳聖人之道者，一人而已。」（同上）「一人」指的即是明道。其後朱熹的道統觀念大抵接受伊川之見，他在六十歲時作〈中庸章句序〉，說明了完整的道統觀，他說：

> 中庸何爲而作也？子思子憂道學之失其傳而作也。蓋自上古聖神繼天立極，而道統之傳有自來矣。其見於經，則「允執厥中」者，堯之所以授舜也；「人心惟危，道心惟微，惟精惟一，允執厥中」者，舜之所以授禹也。堯之一言至矣，盡矣！而舜益復之以三言者，則所以明夫堯之一言，必如是而後可庶幾也。……夫堯舜禹，天下之大聖也。以天下相傳，天下之大事也。以天下之大聖，行天下之大事，而其授受之際，丁寧告戒，不過如此。則天下之理，豈有以加於此哉？自是以來，聖聖相傳：若成湯、文、武之爲君，皋陶、伊、傅、周、召之爲臣，既皆以此而接夫道統之傳，若吾夫子，則雖不得其位，而所以繼往聖，開來學，其功反有賢於堯舜者。然當是時，見而知之者，惟顏氏、曾氏之傳得其宗。及曾氏之再傳，而復得夫子之孫子思，則去聖遠而異端起矣。子思懼夫愈久而愈失其眞也，於是推本堯舜以來相傳之意，質以平日所聞父師之言，更互演繹，作爲此書，以詔後之學者。……自是而後再傳以得孟氏，爲能推明是書，以承先聖之統，及其沒而遂失其傳焉。則吾道之所寄不越乎言語文字之間，而異端之說日新月盛，以至於老佛之徒出，則彌近

理而大亂眞矣。然而尚幸此書之不泯，故程夫子兄弟者出，得有所考，以續夫千載不傳之緒；得有所據，以斥夫二家似是之非。蓋子思之功於是爲大，而微程夫子，則亦莫能因其語而得其心也。

以上這段話是朱熹以《尚書．大禹謨》的「人心惟危，道心惟微，惟精惟一，允執厥中」作爲堯傳舜、舜傳禹的心法，故知朱熹所傳的道，乃是古聖所傳下來的心性之學。雖然就考據立場來說，《中庸》是否爲子思所作並無確切證據；且舜之所以授禹之言見於僞古文《尚書》，原出於《荀子》引道經之語，並不是舜告禹的話。因此這一訴諸上古聖王權威的基礎就不穩固了，尤其是第二點更被後世反朱者資爲口實。但是因爲朱子的重點並不在歷史之眞，而是在所傳之道爲何，他只是取這四句作爲所傳之道的內容，再加以詮釋。他並且深信上古聖賢繼天立極，甚至在沒有文字之前道統便已存在。所以即使沒有堯之言，也可由孔孟之說來推知道統的涵義。朱熹過世後，他很自然地也被弟子列爲傳道的接續，如他的弟子黃榦爲朱子作的〈行狀〉說：

竊聞道之正統待人而後傳。自周以來，任傳道之責，得統之正者，不過數人；而能使斯道章章較著者，一二人而止耳。由孔子而後，曾子、子思繼其微，至孟子而始著。由孟子而後，周、程、張子繼其絕，至先生而始著。……先生出，而自周以來相傳之道，一旦豁然，如日月中天，昭晰呈露。則摭其言行，又可略歟？而又竊以道統之著者終之，以俟知德者考焉。(《黃勉齋先生文集》，卷 8，頁 187～188)

他推尊朱子傳繼道統，「繼往聖將微之緒，啓前賢未發之機。辨諸儒之得失，闢異端之訛謬。明天理，正人心。事業之大，又孰有加於此者。」（同上）朱子一生致力於建立道統、傳承道統，自朱子以後，道統的觀念益形重要，它代表了傳道的正統性，且由於對道統寬嚴的認定不一，故引起許多的爭辯，但大抵仍是沿用朱子所定的道統傳承。

到了清代，孫奇逢作《理學宗傳》二十六卷，他在自序說：

學以聖人爲歸。無論在上在下，一衷於理而已矣。理者，乾之元也，天之命也，人之性也。得志，則放之家、國、天下者，而理未嘗有所增。不得志，則斂諸身、心、意、知者，而理未嘗有所損。故見之行事與寄之空言，原不作岐視之。舍是，天莫屬其心，人莫必其命，而王路、道術遂爲天下裂矣。

可見他所要傳的「宗」，是指聖人提出的「理」，和宋儒的意旨是一樣的。他說「周子曰聖本天，程子曰聖學本天，又曰余學雖有所受，『天理』二字卻是自己體貼出來。」所以他所說的「理」，也就是周惇頤所說的「天」，程顥所說的「天理」。「天理」二字是理學家最爲強調的本體論，孫奇逢也希冀爲「天理」找出一個傳承來。他選了十一個理學家作爲《理學宗傳》的大宗，此十一人爲：周惇頤、程顥、程頤、張載、邵雍、朱熹、陸九淵、薛瑄、王守仁、羅洪先、顧憲成。此外，他從漢代起又列了「諸儒」一百四十六人，計有漢代董仲舒等五人，隋代王通等五人，唐代韓愈等三人，宋代爲楊時、胡瑗、張栻、呂祖謙、蔡元定、袁燮、眞德秀等五十四人，元代爲劉因、許謙、許衡等十八人，明代爲曹端、陳獻章、湛若水、王艮、何塘、羅欽順、呂坤、鹿善繼、劉宗周等六十一人。在一百六十四個諸儒中，特別標出「程門弟子」若干人、「朱門弟子」若干人、「王門弟子」若干人，表明了理學家中的重要學派都有許多弟子。

《理學宗傳》除了以十一人爲主，諸儒爲輔外；又以十一人與諸儒爲內，補遺所錄張九成等六人爲外。「外」是指有雜於禪者。他在編排上標明了各自的師門學統，以避免朱、陸異同，引起無謂的紛爭。因此孫奇逢所認定的理學學統，將陸、王也納入其中，有較開闊的學術史眼光。

但是孫奇逢之後的程朱學者，大抵都牴斥陸、王，以衛道自任，而以程朱爲正統。其中號爲理學名臣的如魏裔介、熊賜履、張伯行等，此種觀念尤熾。

如應撝謙著《性理大中》，顧豹文在此書的序中說：

> 聖人之道集成於孔子，而從孔子之門入者莫醇於宋儒，……程子、朱子由正學廢墜之餘，精研其體用，而大啓其關鑰。……《性理大中》一書，首以醇儒歸之濂洛關閩，以爲道統絕續之所繫，而黜揚子雲爲僭統，王仲淹爲僞統，黜二家則凡近二家者所必黜也。

《性理大中》卷一爲「道統」，說：「天命之謂性，率性之謂道，此書所言人道也，中道也。聖人人倫之至，匪孔子將誰法乎？」卷二爲「傳經諸儒」、「歷代道統」，其所言之道統是以濂洛關閩爲主，黜揚子雲爲僭統，王仲淹爲僞統，近於此二家者皆在所黜之列。

又魏裔介作《聖學知統錄》，始自伏羲，迄於薛瑄；《聖學知統翼錄》，始自伯夷，迄於高攀龍，皆以爲正學。其論曰：

> 虞廷言中，成湯言性，《論語》言仁，《大學》言止，《中庸》言誠，《孟子》道性善，知之理備矣。周濂溪作《太極圖》、《通書》，程伊

> 川作《易傳》、朱晦庵作《四書集註》、《通鑑綱目》，薛文清作《讀書錄》，蔡虛齋作《蒙引》、林希元作《存疑》，知之理復大備矣。老子之空虛、佛氏之寂滅、告子之無善無惡、管商之雜伯功利，荀子之性惡，揚雄之善惡混，王通之以佛爲聖人，王陽明之性無定體，李贄之詆毀聖賢，褒頌奸雄，皆知之蠹也。(〈聖學知統合錄說〉)

他所謂的正學，也是指自堯、舜以降，至宋、明的程朱學者，而釋、老、告子、管、商、荀子、揚雄、王陽明、李贄等非但不在其列，且皆目爲知之蠹者，甚爲貶抑之。

熊賜履也著有《學統》，他在序中說：

> 斯道之在天壤，終古如是也，而率而由之，則存乎其人，人之至者，繼天立極以充其量，斯道統攸屬焉。統者即正宗之謂，亦猶所爲眞諦之說也，要之不過天理二字而已矣。(《學統·序》)

他詮釋「道統」二字，即道的正宗、道的眞諦；而此眞諦即爲「天理」二字。因道統在傳承過程中，有異端曲學的混淆，致使道術正邪不明，學脈斷絕，門戶競起，因此尤須審是非、別同異，使正道的眞諦能晦而復明。他的《學統》一書分爲正統、翼統、附統、雜學、雜統、異統。他以孔子、顏子、曾子、子思、孟子、周子、二程、朱子九人爲正統；以閔子以下至明羅欽順二十三人爲翼統；以冉伯牛以下至明高攀龍一百七十八人爲附統；而以荀卿以下至王守仁七人爲雜統；以老、莊、楊、墨、告子及二氏之流爲異統。其中雜統和異統自然不在道統之列。

又張伯行是清代宗主程朱學的重要人物，他一生編輯多種書目，由其所輯便可看出他對道統的看法，如他輯《道統錄》、《道統源流》，以明聖學之宗傳；輯《伊洛淵源錄》、《伊洛淵源續錄》，以明諸儒之統續。他以周、程、張、朱得孔、曾、思、孟之正傳，故纂《濂洛關閩書集解》，以配《學》、《庸》、《語》、《孟》，名曰《後四書》；又以許、薛、胡、羅，爲周、程、張、朱之正傳，故其《文集》、《讀書錄》、《居業錄》、《困知記》皆選而刻之。又清朝陸稼書學朱子之學，爲許、薛、胡、羅之繼起，亦搜羅其書而刻之；餘如楊龜山、謝上蔡、尹和靖、羅豫章、李延平，衍程子之派者；張南軒、呂東萊，取資於朱子者也；黃勉齋、陳北溪、陳克齋受學於朱子；眞西山、熊勿軒、吳朝宗私淑於朱子；有明之學，得其正而不爲他說所搖者：曹月川、陳贕夫、崔後渠、魏莊渠、汪仁峰、蔡汶濱；清代之宗朱子學者：張楊園、汪默庵、陳確庵、陸桴亭、魏環極、耿逸庵、熊愚齋、吳徽仲、施成齋、諸莊甫、應潛齋、劉仁寶等，其所著述，皆精擇而刻之。又他在《濂洛關閩書·序》中說：

> 堯、舜、禹、湯、文、武、周公之爲君爲相；孔、曾、思、孟、周、程、張、朱之爲師爲儒，一也。一者何？曰道也。堯之授舜止於允執其中者，道惟一中也。舜之授禹，推之曰：惟危惟微。惟精惟一者，聖凡之相去，善惡之分途，直判其幾以相示，示道之不容有二也。自是道行於上爲三代之盛治，道行於下爲鄒魯之眞傳。……迨至朱子講學閩中，集諸儒之成，而其傳益廣，於是世之言學者未有不溯統於濂、洛、關、閩，而以爲鄒魯之道在是。

從這裏更清楚可見他的道統所承，也可見道統觀念在這一時期尤被重視、被強調。

綜以上所論，清初的理學特色約可歸納爲：程朱、陸王的調停與拒斥；王學化之朱學；重經書及實學；強調道統等，這數點都和本論文所要研究的李光地有極大關係。李光地雖以宗朱爲名，但也曾徘徊於朱、王之間，因此他的理學思想如「知本說」等，也受陽明學之影響；又李光地也研究經學及天文曆算等實學；且他一生仕宦於康熙朝，又出任文淵閣大學士，雖因品性節操而遭人物議，但康熙朝重要的理學家皆蒙他保薦、提拔。他編纂的《性理精義》，也重視道統的傳承。就這數點來看，由李光地的理學思想可以反映出清初理學的面貌，及他對清初理學的影響等，這些都將在後文詳敘之。

第二節　康熙帝與朱子學

清初理學大盛，和康熙帝的推獎有密不可分的關係，因此本節將論述康熙帝與朱子學的關係。首先由清初的崇儒政策說起：

一、清初的崇儒政策

清朝以異族入主中原，在開國之初，爲了使反對勢力屈服，盡速穩定國勢，也逐漸開始採取尊崇漢族文化的政策，其中自然以尊儒最能安撫知識分子的異心，如順治九年（1652）九月，便舉行了「臨雍釋奠」大典〔註95〕；隔年（1653）

〔註95〕《世祖實錄》，卷68，順治九年九月辛卯，頁538。

頒諭禮部，提出要「崇儒重道」〔註96〕；十二年（1655），再諭禮部：「帝王敷治，文教是先，臣子致君，經術爲本。……今天下漸定，朕將興文教、崇經術，以開太平」〔註97〕。十四年（1657）九月初七，舉行清代第一次經筵盛典。十月，初開日講，祭祀孔子於弘德殿，這些都是崇儒的政策。但是順治帝雖然有心推廣文教，卻受到滿清皇族的阻撓，終於未能落實。

直到康熙八年（1669），除去鰲拜集團，清聖祖才親臨太學祭奠孔子，並敕諭國子監祭酒、司業等官曰：「朕惟聖人之道，高明廣大，昭垂萬世，所以興道致治，敦倫善俗，莫能外也。……今行辟雍釋奠之典，將以鼓舞人才，宣布教化。……」〔註98〕。指出推崇儒學的目的是鼓舞人才、宣布教化。翌年（1670）八月，恢復翰林院；十月，頒諭禮部，重申「崇儒重道」的基本國策，以「文教是先」，頒「聖諭十六條」〔註99〕，此十六條聖諭的內容，多爲孝弟人倫的倫理規範，與程朱的學說並無太大關係。十一月，重開日講。十年（1671）二月，再度舉行中斷多年的經筵〔註100〕。此後每年春秋二次的經筵講學，便成爲一代定制。至十七年（1678）詔舉「博學鴻儒」；十八年（1679）開明史館，到此之時，除了顧炎武、孫奇逢等負重望的大師誓不屈服外，大批的學者都已在清廷網羅之中。因此，康熙初年「崇儒重道」的國策對於人心的籠絡、社會文化的安定，都起了莫大的影響。

二、康熙對於理學之喜好

如果說清朝初年的崇儒政策有藉由儒家學統來穩定國勢、籠絡人心的企

〔註96〕《世祖實錄》，卷74，順治十年四月甲寅，頁585。

〔註97〕《世祖實錄》，卷91，順治十二年三月壬子，頁712。

〔註98〕《康熙政要》，卷16，〈崇儒學〉，頁283。

〔註99〕聖諭十六條爲「敦孝悌以重人倫，篤宗族以昭雍睦，和鄉黨以息爭訟，重農桑以足衣食，尚節儉以惜財用，隆學校以端士習，黜異端以崇正學，講法律以儆愚頑，明禮讓以厚風俗，務本業以定民志，訓子弟以禁非爲，息誣告以全良善，誡窩逃以免株連，完錢糧以省催科，聯保甲以弭盜賊，解仇忿以重身命。」（《聖祖實錄》，卷34，康熙九年十月癸巳，頁461）

〔註100〕經筵是指儒臣奉詔入禁中爲皇帝或太子講授經典，是歷代帝王教育的重要一環。明代董傑曾說：「帝王大節莫先於講學，講學莫要於經筵。」（《明孝宗實錄》，中央研究院歷史語言研究所校印，1964年，卷14，頁356），又說：「經筵一日不廢，則聖學聖德加一日之進；一月不廢，則聖學聖德加一月之進。蓋人之心思精神有所繫屬，則自然強敏。經筵講學，正人主開廣心思，聳勵精神之所也。」（同上）

圖，那麼康熙朝的推尊程朱學，則可以說起因於康熙個人喜好的成分較重。康熙雖出身滿族，但他的雄才英略、勤謹問政，將清王朝推向全盛的高峰，可稱得上是一代英主。康熙本身是個聰明而精力充沛之人，熱心於中華文化，有多方面的興趣，也極重視自身的修養，他自己曾說：

> 朕自五齡，即知讀書，八齡踐阼，輒以學庸、訓詁，詢之左右，求得大意而後愉快。日所讀書，必使字字成誦，從來不敢自欺。及四子之書，既已通貫。乃讀《尚書》，於典、謨、訓、誥之中，體會古帝王孜孜求治之意，期見之施行。及讀《大易》，觀象玩占，於數聖人扶陽抑陰，防微杜漸，垂世立教之精心，朕皆反復探索，必心與理會，不使纖毫扞格，實覺義理悅心，故樂此不疲耳。(《康熙政要》，卷 7，〈論勤學〉，頁 127)

康熙從小便好讀書，且能審問、慎思，並常在聽政之暇披閱典籍，是一個好學的君王。他的學問興趣也很廣，曾說：「朕御極五十年，聽政之暇，勤覽書籍，凡《四書》、《五經》、《通鑒》、《性理》等書，俱曾研究」(同上，頁 130)，不只如此，瞿鴻禨在《康熙政要》序言說他「經經緯史，博極群書，上而天象、地輿、曆算、律呂之精微，三禮八政之繁賾；下至射御、醫筮、百家眾技之長，極之滿蒙回藏文字之源流，泰西各國制器考工之新法，莫不洞窮蘊奧，兼綜旁通。」這裏說的「莫不洞窮蘊奧，兼綜旁通」，可能過於誇張，但是可以確定的是康熙對於學問的興趣是非常廣泛而且能用心學習，並能時時提出疑問，深入探究。所以他也不易陷於狹隘的門戶之見中。

康熙很早就對性理學感到興趣，康熙朝初年的大臣熊賜履擔任進講官時，便經常進講性理之學，如《康熙起居注》十二年癸丑九月條，熊賜履便進講：「俯仰上下，只是一理。唯洞徹本原，擴充分量，存之心性之微，驗之事為之實，則表裏精粗，無有欠缺」(頁 118)；「聖賢本體工夫，只格物二字包括無餘。內而身心意知，外而家國天下，皆物也。物無不格，斯知無不致，而德無不明。聖經賢傳，千言萬語，無非發明此理」(頁 121)；康熙自己也曾說：「朕在宮中，博觀典籍，見宋儒周敦頤所著《太極圖》，義理精奧，實前賢所未發。」(頁 133)可見康熙對程朱之學一直都懷著濃厚的興趣。又《康熙起居注》二十一年壬戌八月條，牛鈕、陳廷敬也上奏說：

> 自漢、唐儒者頗用力於經學，以爲立身致用之本，而道學即在其中。至宋，周、程大儒倡明絕學，而朱子繼之集其成，折衷諸儒之說，

發明先聖之道，授徒講學，實爲千古道學之宗，有功於天下後世。

故元人修宋史，特爲道學立傳，不爲無見。（頁 879）

由於康熙本身的喜好，加上臣子的推薦附和，因此康熙對於理學一直都很重視，他曾手批《性理大全》〔註 101〕，對於留心理學的大臣也特爲拔擢〔註 102〕；到了晚年，他對理學的推崇更加隆盛，五十一年（1712），將朱子由孔廟東廡的「先賢」升配於大成殿東序爲十一哲；四十五年（1706）、五十四年（1715）各御敕李光地編纂《朱子全書》、《性理精義》等書；五十七年（1718）更下令科舉考試的論題專用《性理大全》〔註 103〕；此外，另編纂《理學眞僞論》、《孝經衍義》、《詩經傳說匯纂》、《書經傳說匯纂》、《春秋傳說匯纂》、《性理精蘊》等，皆宗朱子學統。足見在康熙朝，朱子的地位被提升至前所未有的高峰。康熙在御製〈朱子全書序〉中說：

至於朱夫子，集大成而繼千百年絕傳之學，開愚蒙而立億萬世一定之規。窮理以致其知，反躬以踐其實。釋《大學》則有次第，由致知而平天下，自明德而止於至善，無不開發後人而教來者也。五章補之於斷簡殘篇之中，而一旦豁然貫通之爲要，雖聖人復起，必不能逾此。問《中庸》名篇之義，則不偏不倚，無過不及之名，未發已發之中，本之於時中之中，皆先賢所不能及也。若《語》、《孟》則逐篇討論，皆內聖外王之心傳，於世道人心之所關匪細。如五經則因經取義，理正言順，和平寬宏，非後世淺見而輕義者而同日語也。至於忠君愛國之誠，動靜語默之敬，文章言談之中，全是天地之正氣，宇宙之大道。朕讀其書、察其理，非此不能知天人相與之奧，非此不能治萬邦於衽席，非此不能仁心仁政施於天下，非此不能內外爲一家。

從康熙的這一段話，可歸納他推崇朱子的原因爲以下數點：

1、朱熹的學問繼承了邵雍、周惇頤、二程以來的學問，立下萬世之一定規模，使後人能窮理以致其知、反躬以踐其實。

2、解釋《大學》有次第，由致知到止於至善，能循序漸進。《補傳》部

〔註 101〕見《康熙起居注》二十四年乙丑三月條，頁 1299。

〔註 102〕如拔擢熊賜履的弟弟熊賜瓚。見《康熙起居注》二十五年丙寅四月條，頁 1458。

〔註 103〕明代科舉論題一般泛取於《四書》、《五經》，清初爲了強調孝道，規定論題皆從《孝經》中選取。康熙二十九年（1690），則下令論題除出《孝經》外，兼用《性理大全》、《太極圖說》、《通書》、《西銘》、《正蒙》等理學著作。五十七年（1718），則下令專用《性理大全》。

分更爲豁然貫通之旨要。

3、論《中庸》篇名的不偏不倚、無過不及；未發已發之中、本之於時中之中，都有前賢所不及處。

4、對《論語》、《孟子》逐篇討論，皆爲內聖外王之心傳，對於世道人心甚有助益。

5、對於五經能因經取義，理正言順，和平寬宏。

6、具忠君愛國之誠、語默動靜之敬，是天地之正氣、宇宙之大道。

7、讀其書可以知天人相與之奧、能以仁心仁政施於萬邦之治。

康熙是個勤政愛民、謹愼篤實的君王，他好學研經，主要目的也是用以幫助於治道；而朱熹的學問有規模、有次第，能給予實際的指導，這是康熙欣賞朱子學的主要原因。所以康熙認爲讀書和他的政治理念是息息相關的，他的政治理念也受到他的學術思想所影響。他認爲帝王之學有「帝王心法」可學習，「心法」狹義是指「十六字心傳」，廣義是指「心性之學」，是聖賢的精要之傳。如說「古昔聖王所以繼天立極而君師萬民者，不徒在乎治法之明備，而在乎心法、道法之精微也。」〔註 104〕他主張「心法以爲治法之本」〔註 105〕，肯定心法對於治道的良窳之影響。而「心法」指的即是宋儒心性之學，他說「辨析心性之理而羽翼六經發揮聖道者，莫詳於宋儒。」〔註 106〕而在宋儒之中，又特別推崇朱熹，他說：

> 自宋儒起而有理學之名，至於朱子能擴而充之，方爲理明道備，後人雖雜出議論，總不能破萬古之正理。(《御製文集第四集》，卷 21，頁 1～2 上)

康熙自己也承認讀書五十載，只認得朱子一生居心行事，受益良多，不敢自祕，故亟欲公諸天下。〔註 107〕〈朱子全書序〉說：

> 凡讀是書者，諒吾志不在虛辭，而在至理；不在責人，而在責己。求之天道，而盡人事。存，吾之順；歿，吾之寧。未知何如也。

這段話眞誠地道出了他受到朱學的啓發與影響。

此外，康熙對於學問的喜好並不純只是興趣或是點綴太平而已，他對於

〔註 104〕康熙：《御製文集第一集》，卷 19，頁 1 上～1 下。
〔註 105〕同上，卷 19，頁 8 下～9 上。
〔註 106〕同上，卷 19，頁 2 上。
〔註 107〕康熙：《御製文集第四集》，卷 21，頁 12 上。

學問強調實踐性，不喜空談，他曾說：

> 明理最是緊要，朕平日讀書窮理，總是要講求治道，見諸措施。故明理之後，又須實行；不行，徒空談耳。（《康熙起居注》十二年癸丑八月條，頁 116）

又說：

> 爲學不在多言，務期躬行實踐，非徒爲口耳之資。（《康熙起居注》十六年丁巳六月，頁 310）

他強調讀書窮理的目的在於治道的實踐，希望能夠躬行實踐，而不流爲口耳之資，因此他也經常用理學的道理來自我要求，也用來要求大臣，可見康熙對於理學的推崇與要求是出於眞誠地服膺與踐履之心，並不是用以標榜或爲文飾而已。因此他強調「眞理學」，而痛斥假道學，他說：

> 日用常行，無非此理。自有理學名目，彼此辨論，朕見言行不相符者甚多。終日講理學，而所行之事全與其言悖謬，豈得謂之理學？若口雖不講，而行事皆與道理吻合，此即眞理學也。（《聖祖實錄》，卷 112，康熙二十二年十月辛酉條，頁 157 下～158 上）

他強調只有言行相顧、行事與道理相合的人，才是「眞理學」的典型。如河道總督于成龍並非講理學之人，但服官至廉，康熙說「理學無空言，如于成龍不言理學，而服官至廉，斯即理學之眞者也」〔註 108〕；又湯斌曾與孫奇逢講明道學，頗有實行，也被樹爲眞理學〔註 109〕。而康熙二十三年（1684），學陽明學的崔蔚林告病還家而干預詞訟，康熙因他好生事端，卻：「又動輒以道學自居，焉有道學之人而妄行興訟者乎？此皆虛名耳。」〔註 110〕下令加以懲治。三十三年（1694），康熙以《理學眞僞論》命題考翰林院全體官員，並對理學諸臣「挾仇懷恨」、「務虛名而事干瀆」、「在人主前作一語，退後又別作一語」的行徑加以痛斥，熊賜履、李光地首當其衝，連已故世的魏象樞、湯斌等人也未能倖免，康熙在此強調「果系道學之人，惟當以忠誠爲本」〔註 111〕。康熙以理學爲修身的準繩來要求近臣，對於朝臣結黨傾軋，言行不符的行爲甚爲厭惡。而康熙以不符「忠誠」二字來斥責結黨營私的大臣，應也有他統

〔註 108〕《康熙政要》，卷 4，頁 75。

〔註 109〕同上，頁 54。

〔註 110〕《康熙起居注》康熙二十三年二月初三日，頁 1134。

〔註 111〕《聖祖實錄》，卷 163，康熙三十三年閏五月癸酉條，頁 785。

馭群臣的考量，因爲康熙朝中不僅有滿、漢臣子的對立，甚至連漢臣之間，也各樹一幟，因此康熙辨別道學眞僞，是希望對於這些大臣有所喝阻。

康熙一朝，群臣結黨營私，互相包庇，自初年時已然。因此康熙在講論學問時，也深知此種黨爭之害，故能儘量避免以理學或道統自居，所以他到晚年時仍對大學士們說：

> 爾等皆讀書人，又有一事當知所戒，如理學之書，爲立身根本，不可不學，不可不行。朕嘗潛玩性理諸書，若以理學自任，則必至於執滯己見，所累者多。反之於心，能實無愧於屋漏乎？……昔熊賜履在時，自謂得道統之傳者。其沒未久，即有人從而議其後矣。今又有自謂得道統之傳者，彼此紛爭，與市井之人何異？凡人讀書，宜身體力行，空言無益也。（《康熙起居注》五十四年乙未十一月，頁 2222）

康熙自云潛玩性理諸書，但也警覺到若以理學自任，則必至於執滯己見，反而自陷窠臼，多所牽累。他同時也看到了朝中大臣「互相標榜，援引附和，其勢漸成朋黨」（同上）的情勢；又因自標道統，致令紛爭不斷，如熊賜履輩，自以爲得道統之傳，卻在過世後不久，譏議四起。而那些自謂得道統之傳的人，彼此紛爭，其醜狀亦如市井之人。康熙既已察覺到朝廷大臣自標門戶，虛僞矯詐的嘴臉，自然深知持道統、門戶之見的弊害，所以他推崇理學，再次強調身體力行的重要，且不以理學自任，甚至在理學專書《性理精義》的編纂時，取消「道統」標目，以免徒生端隙〔註 112〕。

康熙推尊程、朱學，但是對於陽明學並沒有嚴明地排斥，如侍讀學士崔蔚林是專宗陽明學的，《康熙起居注》十八年己未十月條，崔蔚林曾上奏曰：「臣以格物之物，乃物有本末之物，兼人己而言。身爲本，家國天下爲末。格物是格物之本，乃窮吾心之理也。朱子解作天下之事物，未免太泛，於聖學不切」。康熙答以「朱子解意，字亦不差」（頁 446）。這裏康熙對崔蔚林的看法並沒有提出反駁，但是他在之後對魏象樞說：「天命謂性，性即是理。人性本善，但意是心之所發，有善有惡，若不用存誠工夫，豈能一蹴而至？行遠自邇，登高自卑，學問原無躐等。蔚林所言太易。」（頁 452）這裏康熙認爲去惡存善的存誠工夫，是要踏實地逐步實踐，並非一蹴可幾的，而崔蔚林卻把學問講得太簡易。他後來批評崔蔚林「朕觀其爲人不甚優。伊以道學

〔註 112〕見〈性理精義凡例〉。

自居，然所謂道學未必是實。聞其居鄉亦不甚好。」〔註 113〕這些評語是針對崔蔚林人品言行不一而說的，未必是針對陽明學而發。事實上，康熙也曾熟讀陽明的書，並指其道理深微。《康熙起居注》二十六年丁卯六月條，康熙告訴湯斌：「朕常讀朱子、王陽明等書，道理亦爲深微，乃門人各是其師說，互爲攻擊。夫道體本虛，顧力行何如耳。攻擊者私也，私豈道乎？朕於古來人物從不肯輕爲評議，即於今人亦然。若人心無私，何庸攻擊？」（頁 1641）康熙本身的學問興趣很廣，且沒有明顯的門戶之見，他也讀陽明之書，對於朱子、陽明後人互相攻擊之事，認爲是私心使然，是不合乎道的，他對陽明學並不曾加以批評、嚴斥。當然，康熙在主觀的偏好上，還是傾向於程朱學，尤其到了晚年愈加服膺程朱學，因爲程朱學涵蓋了天人之學、心性修養論，及治國平天下的推拓，其學問有規模、有次第，有篤實的踐履途徑，這些都是受到康熙青睞的原因〔註 114〕。

基本上，康熙是個較有自由思想的人，他早年雖間興文字獄，但大抵都是他未親政以前的事，且大半由奸民告訴官吏緻功，未必出自朝廷授意。他本身是個豁達大度的人，不僅在政治上常懷寬仁之義；對於學問，亦有宏納眾流的氣象，試讀他所著庭訓格言，便可窺見一斑。所以康熙朝學者，沒有什麼顧忌，對於各種學說，都可以自由研究。〔註 115〕

因此，若說康熙推崇理學，是欲以理學來收攬學者大儒之心，箝制其思想，以作爲控制思想的工具，則未必是如此。因爲到康熙大力推崇朱子學時，國家已進入穩定階段，反對勢力也漸趨和緩，新一代的讀書人紛紛在清朝仕進，並沒有太大必要再作思想控制。且朱學所說的「理」，本身具有批判強權的意味，若眞欲以理學來控制思想，恐怕難以達到目的。所以康熙之尊理學，除了他個人藉之以自省惕勵外，也希望大臣以此自課。因此他到晚年時尚說：「爲君之道，要在安靜，不必矜奇立異，亦不可徒爲誇大之言。……朕自幼喜讀性理。性理一書，千言萬語，不外一敬字。人君治天下，但能居敬，終身行之足矣。」〔註 116〕且對那些貪濫、受賄、請託、徇私的大臣說道：「朕

〔註 113〕《康熙起居注》康熙二十一年六月初二日，頁 851。

〔註 114〕康熙曾說：「自宋儒起而有理學之名，至于朱子能擴而充之，方爲理明道備。後人雖雜出議論，總不能破萬古之正理。所以學者當於致知格物中循序漸進，不可躐等。」（《聖祖仁皇帝御製文第四集》，卷 21，〈理學論〉，頁 532）

〔註 115〕參見梁啓超：《中國近三百年學術史》，頁 22。

〔註 116〕《康熙起居注》，五十六年丁酉十一月，頁 2465。

爲人君，特不瑣屑深求而已，非不知也。爾等皆讀書之人，性理一書辨公私甚明，凡事一出於公，斯爲善矣。」〔註117〕康熙是個讀書明理的君王，自然深知駕馭臣下之道；他能以理學自課，足見其用心於治道，且能自我約束的一面；而要求朝臣也要身體力行，以理學的道理自我砥礪，也可見其馭下的手段之高明。但這似乎無關乎思想之箝制。

此外，康熙時代的朱學，不待政府提倡，在民間已頗流行。其流行的原因緣於明季以來學術演變的自然趨勢。從這一意義來說，康熙提倡朱學，只是順勢而然。由於王學在晚明特別強調本體，以爲眼前即是道，不假安排，於是流於「虛玄而蕩」、「情識而肆」，其勢已不能不變。高景逸、顧涇陽、涇凡兄弟對於陽明「無善無惡性之體」一語，已持異議，後來的學者也多轉向工夫的強調。自明亡以後，遺老們多追咎王學之過，因而轉宗朱學，所以說這也是學術的自然趨勢所致。〔註118〕

因此，在康熙一朝，程朱學的地位一步步地被尊尚、被強化，到了康熙晚年，程朱學的地位已被推尊至極致。然而，其結果並非是以唯我獨尊的姿態擯棄其它學術；相反地，在朝廷功令對朱學的崇尚中，各種學術仍蓬勃地發展著，並沒有受到扼制與壓抑。而理學再度興盛之後，反而未能繼續延續其旺盛生命力，而日益走向衰落之途，這些都是可堪玩味的問題。

無疑地，在康熙推崇理學的過程中，在一旁加以附和、推波助瀾，且最具影響力的，即是知康熙最甚，或說最能揣摩康熙意旨的李光地。他居於理學巨擘，與康熙聲氣相投，從他身上，也正可以看出清初理學如何在表象的極盛中邁向衰微之路。

三、康熙帝與李光地

李光地是最受康熙倚重的理學大臣，他們二人在晚年的交契中，一起將康熙朝的朱子學推至最高峰，其間李光地是爲了迎合康熙的意旨，而篤信程朱；抑或因爲李光地的影響，而使學問興趣廣泛的康熙篤信朱學益專，之間的因素可能甚爲微妙與複雜。李光地身爲人臣，且處於複雜的黨爭關係中，在官場互爲排擠傾軋的情勢中，如何取得皇帝的信任，是著實艱難的事。而李光地終能得到康熙的寵信，或許有過苦心經營的一面，但是康熙並非庸凡

〔註117〕《康熙起居注》，五十五年丙申九月，頁2313。
〔註118〕參見陸寶千：《清代思想史》，頁142～143。

之輩，對於群臣互謗詆毀的醜態也看得十分清楚，他之倚重李光地，絕非只因爲李光地善於迎合取媚，且從兩人互相討論學問的情況看來，康熙對於李光地的學問是頗爲肯定的。因此，關於李光地與康熙對朱學的推尊上，應說二人是互爲影響較爲恰當。但李光地的學思歷程確實是由徘徊朱王間，到專宗朱學的。

李光地對於朱學的篤信，是隨著年歲而日漸確定的。他在十八歲時開始講性命之學，曾效法前哲歛衣冠、謹坐起，「非程朱不可言」，還被噪爲「假道學」〔註119〕。但在廿一到廿五歲之間，也看陸王之書〔註120〕。

李光地在康熙九年（1670）中進士入選翰林院；十一年（1677），他即以理學之名推薦給康熙皇帝；是時，康熙問熊賜履是否有和他同講理學的官員，熊賜履便以李光地薦之〔註121〕。十九年（1680），李光地假滿由籍返都，帝問他在家作文若干，他回答說：「臣之學則仰體皇上之學也，近不背程朱，遠不違孔孟。誦師說、守章句，佩服儒者，摒棄異端。」〔註122〕這應是對皇帝的迎合恭維而作的回答。然他在爲官早期，並非專宗朱子學，甚至被歸爲講陽明學一派。他是在五十歲以後才完全棄王學專講朱學，如二十八年（1689）康熙曾斥李光地爲冒名道學：

> 上曰：古來道學如周、程、張、朱，何嘗不能文？李光地等冒名道學，自謂通曉《易經》卦文，而所作文字不堪殊甚，何以表率翰林？且翰林官不肯讀書，能文者少，若遇制、誥、碑、祭等大文，將若之何！（《康熙起居注》二十八年己巳五月，頁1870）

這裏康熙指斥李光地爲冒名道學，是指李光地冒爲道學之名，所作文字卻「不堪殊甚」，不足以表率翰林，並不是指他言行、道德的表裏不一。康熙是主張道德、文章二者兼重的，如在二十五年（1686），康熙曾說：

> 從來道德文章原非二事，能文之士必須能明理，而學道之人亦貴能文章。朕觀周、程、張、朱諸子之書，雖主於明道，不尚詞華，而其著作體裁簡要，晰理精深，何嘗不文質燦然，令人神解意釋。至

〔註119〕李清馥：《譜錄合考》，頁413。

〔註120〕李清馥：《譜錄合考》，頁418。

〔註121〕《康熙起居注》十一年壬子八月條：上又問曰：「漢官中有與爾同講學的否？」對曰：「學問在實踐，不在空講。近見侯補御史魏象樞、臣衙門翰林李光地、王寬茲三人，俱有志於理學。」上頷之。（頁52）。

〔註122〕李光地：《榕村全集》，卷10，〈進讀書筆記及論說序記雜文序〉，頁524。

> 近世則空疏不學之人，借理學以自文其陋。如崔蔚林本無知識，文義荒謬，岸然自負爲儒者，究其意解不出庸夫之見，眞可鄙也。(《康熙起居注》二十五年丙寅四月，頁 1459)

這裏先舉周、程、張、朱諸子之書雖主於明道，但他們的著作體裁簡要，晰理精深，文質燦然，說明「能文之士必須能明理，學道之人亦貴能文章」，道德與文章應兼重之，而李光地文字不堪，自然被指斥。後文又說當世有許多空疏不學之人，借理學以自文其陋，如崔蔚林輩，實無知識，且文義荒謬，卻岸然自負爲儒者，康熙也認爲這些人甚爲可鄙。在二十六年（1687），康熙也曾指責過德格勒：「朕觀學問淺陋者，大都假借道學之名。德格勒飾爲道學，無甚大罪，著寬免這次。」〔註 123〕這裏說德格勒學問淺陋，卻假借道學之名，飾爲道學之士。像這種沒有眞才實學，又喜歡自命爲道學或理學之士的人，在朝廷隨處可見，他們甚至趨炎附勢、暗地傷人，行徑令人可鄙。二十八年（1689）九月，康熙又說：

> 往者皆言熊賜履不好，今見朕起用，又言熊賜履好。此皆因人咳唾，動輒效尤。……且熊賜履所作《日講四書解義》甚佳，湯斌又謂不然。以此觀之，漢人行徑殊爲可恥！況許三禮、湯斌、李光地俱言王守仁道學，熊賜履惟宗朱熹，伊等學問不同。(《康熙起居注》二十八年己巳九月，頁 1902)

從這一條可以知道朝中官員因人咳唾、動輒效尤的醜態。此外，此時的許三禮、湯斌〔註 124〕、李光地常講陽明學，和熊賜履的專宗朱熹不同。康熙只是說他們的學問不同，並沒有排斥陽明學之意，但是對於這些道學家們因門戶之見而互相排擠甚爲不悅。又可知康熙屢稱的「道學」，應是指較廣義的有道之學，故也包括朱子、陽明之學。

故知，在康熙二十八年（1689）之前，李光地在朝中仍常講陽明學，尚未予人「專宗朱子」的印象，甚至不贊成過於推崇宋代理學諸子，如在二十五年（1686）時，康熙曾和群臣討論先賢先儒從祀次位的問題，分別由江南

〔註 123〕《康熙起居注》二十六年丁卯五月，頁 1626。

〔註 124〕康熙二十二年湯斌侍讀，曾說：「自周子至朱子，其學最爲純正精微，後學沈溺訓詁，殊失程、朱精意。王守仁致良知之學，返本歸原，正以救末學之失，但語或失中，門人又以虛見失其宗旨，致滋後人之議。臣竊謂先儒補偏救弊，各有深心，願學者識聖學之眞，身體力行，久之當自有得，徒競口語無益也。」(《康熙起居注》二十二年癸亥四月初九，頁 986～987) 康熙頷首認同此說。

學院李振裕、臺臣許三禮條奏兩疏，前議是周惇頤、程顥、程頤、邵雍、張載、朱熹應在先儒之上，左丘明之下；後議是應照世代序定位次。眾人對於前議、後議討論不定，康熙詢問李光地的意見，李光地回奏：「後議頗覺穩當。若論六子之功德宜在四配之下。前議處之七十二賢之列，則上下皆不得其所矣。」〔註125〕在此時，李光地尚認爲不該將六子置於七十二賢之列，即並不贊成過高地推崇六子。但自二十五年（1686）九月，李光地授爲翰林院掌院學士和值經筵兼充日講起居注之官以後，便經常和康熙皇帝研究程朱理學，他也勸康熙大興朱子學。

李光地專意於朱學是在康熙三十一年（1692），他五十一歲以後的事，那年，他撰《初夏錄》一篇，重新修正先前對朱子「理先氣後」說的質疑，《譜錄合考》說：「公嘗言五十歲以前，亦不免疑朱子理先於氣之說，至五十一歲後乃悟蔡羅諸說之差。」（頁 547）自此以後，他漸棄王學而專講朱學，五十四、五十五歲兩年，輯成《朱子語類四纂》、《程子遺書纂》。三十七年（1698）他重輯《榕村講授》，將他在二十四年所著的《文略內外編》之內編《理學略》輯入。《理學略》卷一載周、程、張、朱五子；卷二載董江都、王文中子、韓昌黎、邵康節、眞西山五先生；卷三載陸文安、王文成二先生。《榕村講授》大概皆本於《文略內外編》，但於朱子、陸子、眞西山三先生只錄兩三篇登入，不及此編之多；且此編所選王文成公的五六篇，於《榕村講授》則不登入，李清馥稱此「亦公之晚年定論」〔註126〕。李氏於六十三歲時〈寄季弟耜卿書〉說：「近以簿鞅餘暇覆點朱子文集，將取其要者，彙成數卷，庶便溫繹，須得年譜檢對先後，人來時弟可搜出封寄。覺得五百年來維時，眞是此人之功，孔子所謂民到於今受其賜也。」〔註127〕可見他愈到晚年愈感朱學對世人的助益與功效。

到了康熙四十四年（1705）以後，李光地影響康熙皇帝更深，史書稱皇帝日詔入殿切磨性理，以致於在他病故後，康熙諭群臣曰：「李光地謹慎清勤，始終一節，學問淵博。朕知之最眞，知朕亦無過光地者。」〔註128〕其間如五十二年（1713）《朱子全書》的纂修，李光地進呈皇帝的札子有數十篇，

〔註125〕《康熙起居注》二十五年丙寅七月，頁1523～1524。
〔註126〕參見李清馥：《譜錄合考》，頁453～454。
〔註127〕李清馥：《譜錄合考》，頁591。
〔註128〕《清史稿校註》，卷269，列傳49，頁8542。

其書的篇目次第，康熙有從李光地之說者，有不從其說者，二人的互動之頻繁，論學之深由此可見。又五十四年（1715），康熙委命李光地獨力編纂《性理精義》，更可見皇帝對他的倚重。

李光地發揮朱熹道統與治統合一的觀點，也和康熙之意相合。康熙在早年即有道統、治統不分之說，在《康熙起居注》十六年丁巳十二月，上親製〈日講四書解義序〉，其文曰：

> 朕惟天生聖賢，作君作師，萬世道統之傳，即萬世治統之所繫也。自堯、舜、禹、湯、文、武之後，而有孔子、曾子、子思、孟子。自《易》、《書》、《詩》、《禮》、《春秋》而外，而有《論語》、《大學》、《中庸》、《孟子》之書，……蓋有四子而後，二帝、三王之道傳；有《四子》之書而後《五經》之道備。《四子》之書得《五經》之精意而爲言者也。孔子以生民未有之聖，與列國君、大夫及門弟子論政與學，天德王道之全，修己治人之要，具在《論語》一書。《學》、《庸》皆孔子之傳，而曾子、子思獨得其宗。……道統在是，治統亦在是矣。（頁339～340）

康熙不但肯定堯、舜、禹、湯、文、武、孔子、曾子、子思、孟子以來的道統之傳，並認爲道統所在即治統之所在。而李光地在十九年〈進讀書筆錄及論說序記雜文序〉也說：「學之切於治道如此。爲學與治道爲一，皆是窮性命之原，研精微之歸，究六經之旨，周當世之務。」〔註 129〕強調要把理學貫穿於實際生活中，周究於當世之務，才能產生實際效用。此外，李光地在在二十五年（1686）回答康熙關於朱熹《續綱目》之問時，對於「正統」的看法，也深獲康熙賞識，他說：「朱子《綱目》義例所云，統者以天下無主，有以主之者，便以統歸之。……《續綱目》於元而奪之統不允，元已百年君天下矣。宋之臣子若舉兵起事，還可以忠孝解說，凡百姓有一作亂者，即謂之起兵，已爲元之子民而乃以叛民爲義士可乎？」〔註 130〕關於《續綱目》奪元之統，李光地並不以爲然，他認元已君天下百年，應該如《綱目》所說「以天下無主，有以主之者，便以統歸之」，承認元的正統。由於清與元都是以異族而君天下，最需要被認同的即爲統治的合法性，李光地此說自然令康熙大爲贊同。自此事後，康熙便常召他問事，問明珠止廿餘件，他者多不

〔註 129〕李光地：《榕村全集》，卷 10，頁 525。
〔註 130〕李清馥：《譜錄合考》，頁 469。

過十餘件，問李光地便達五十七件，而引起「舉朝震悚以爲殊異」〔註 131〕。

總之，李光地與康熙帝共創清初朱子學的全盛之高峰，二人都有廣泛的學問興趣，而更投契於性理之學，因此，他們在推崇朱子學外，同時也帶動了其它學術的發展，李光地是實際推動其事的人，且有重要事功及著作，具一定之影響力。

〔註 131〕李清馥：《譜錄合考》，頁 469。

第三章　李光地之生平、政績及著述

第一節　李光地的生平及政績

李光地，生於明崇禎十五年（1642），卒於清康熙五十七年（1718），字晉卿，號厚庵、榕村，學者尊爲安溪先生，卒諡文貞，福建安溪人。

康熙九年（1670）進士，先後擔任過以下職務：

十一年（1672）九月～十六年（1677）四月（31～36 歲），任翰林院編修。

十六年（1677）四月～十七年（1678）十一月（36～37 歲），任侍讀學士。

十七年（1678）十一月～二十五年（1686）九月（37～45 歲），任內閣學士兼禮部侍郎。

廿五年（1686）九月～廿八年（1689）五月（45～48 歲），任翰林院掌院學士兼禮部侍郎。

廿八年（1689）五月（48 歲），左遷任通政司通政使。

廿八年（1689）十一月（48 歲），任兵部右侍郎。

三十七年（1698）十二月～四十二年（1703）四月（57～62 歲），任兵部左侍郎、右副都御史巡撫直隸。

四十二年（1703）四月～四十四年（1705）十一月（62～64 歲），任吏部尚書兼直隸巡撫。

四十四年（1705）十一月～五十七年（1718）五月（64～77 歲），任文淵閣大學士。

李光地自康熙九年（1670）中進士以來，至康熙五十七年（1718）過世爲止，一生的仕進幾乎與康熙朝相終始，自康熙四十四年（1705）任文淵閣大學士後，更得到康熙的信賴，康熙曾有「惟朕知卿最悉，亦惟卿知朕最深」〔註1〕、「君臣之契，特有深焉」〔註2〕之語，君臣相得，甚是罕見。居官其間，他的決策、政績，對於康熙朝的安定與繁榮都甚有關係，以下歸納李光地一生的主要政績：

一、三藩的平定及臺灣的收復

清朝初年三藩之亂的平定和臺灣的收復，是奠定國家治平基礎的重要事件，在這兩件事上，李光地都扮演了重要的角色。康熙九年（1670），李光地中進士，以館選第一入翰林爲庶吉士。十一年（1672）散館，仍以第一改授編修。十二年（1673）五月，返鄉省親，即遇三藩亂起，被阻隔在鄉。此時的福建，北有耿精忠據福州反叛；南有鄭經勢力出沒漳泉；鄭錦據泉州。當時李光地攜親眷藏匿於荒山野谷之間，耿精忠曾多次召之。李光地爲情勢所迫，雖往見，但以計逃歸。後鄭錦遣使，勸他共復明室，他嚴詞以拒。與他同年同官的好友陳夢雷，因家住福州，爲耿精忠所逼而受官職，他們倆曾多次密議破敵之策，陳夢雷表示若清軍來攻打耿軍，願爲內應。十四年（1675）五月，李光地遣人潛出，入京上〈蠟丸疏〉建議清廷攻耿、鄭之不備，由汀州入閩，出奇制勝。十五年（1676）冬，清廷大破仙霞關南進，耿精忠投降。十八年（1679）二月，漳泉二州次第收復，鄭經潰退廈門。

十七年（1678）春夏間，蔡寅「白頭軍」起事，當時李光地因父喪守制在鄉，組織義勇軍，結寨自保。後蔡寅因內無糧餉，外有追兵，故往投鄭錦。此時鄭錦所轄劉國軒部兵圍泉州，南北援絕，泉人洶懼。李光地一面分屬親戚，前往福州、漳州乞師。一面集結族眾及地方人士，開路搭橋，以爲清軍引導。八月福建巡撫吳興祚、寧海將軍喇哈達南北合師，解泉州圍，屬縣悉平。至此，歷時六年的福建亂局宣告結束，十九年（1680）李光地奉母返京赴任，他因平亂有功，擢升爲內閣學士。康熙帝曾稱其：「李光地當閩地變亂之初，不肯從逆，具疏密陳機宜，殫竭忠貞。今又遣人迎接大兵，指引道

〔註1〕李清植纂：《年譜》，頁268～269。〈國史館本傳〉亦記載：「知之最眞無有如朕者，知朕者也無有過於李光地者。」（《國朝耆獻類徵初編》，卷10，宰輔10，〈李光地〉，頁363）。

〔註2〕同上，頁270。

路。平險隘，治浮橋，饋食物餉軍，率民兵備為糧米，供給兵眾口糧。矢志滅賊，實心為國，深為可嘉。」〔註3〕在這兩次平藩事件中，李光地都表現了對清朝的忠貞，可見對李光地來說，清朝已是他所要效忠的王朝，而亂軍所持的復明口號對他來說並無意義，反而將之視為叛亂行為；從這裏也可以看出清朝的統治已為大部分的漢人官吏所接納，所以李光地對於據守台灣欲恢復明室的鄭家，也是以平亂的態度視之。

福建亂平，鄭經退處臺灣，康熙二十年（1681）正月，鄭經病死臺灣。六月，福建總督姚啓聖疏報鄭經死訊，康熙帝作出攻取臺灣的決策，令臺灣督撫及滿漢將領「務期剿撫並用，底定海疆」〔註4〕。但群臣卻以為「自重臣宿將，至於道路之口，言海可平者，百無一焉」〔註5〕。福建總督姚啓聖、提督方正色及寧海將軍喇哈達亦紛紛言臺灣不可取。在此之時，李光地力主攻取，以為鄭經死，軍師陳永華亦死，正是攻取臺灣的好時刻，並推薦前水師提督施琅擔任統軍。十八年（1679）五月廿一日，戶科給事中孫蕙奏請緩攻臺灣，康熙帝徵詢群臣意見，李光地說：「海上惟憑風信，可進則進，可止則止。提督施琅諳於水師，料必無虞。」〔註6〕廿二年（1683）六月，施琅攻克澎湖，七月鄭氏投降。由於李光地的建議與推舉，促進了清朝的統一大業，康熙對他也大為稱賞。〔註7〕

李光地在平定三藩及收復臺灣之事上，表現出他的勇氣與洞識，自此以後他的能力受到康熙的肯定，但也因〈蠟丸疏〉一案，使得他終其一生都在是非纏訟之間難以自清。

二、治理水患

康熙三十七年（1698）十一月，李光地被任命為直隸（今河北省）巡撫，當時直隸省的子牙河和永定河經常氾濫成災。李光地上任後，便開始勘察漳

〔註3〕李清植纂：《年譜》，37歲條，，頁40～53。

〔註4〕《聖祖實錄》，卷96，康熙二十年六月戊子條，頁1213。

〔註5〕李光地：《榕村全集》，卷13，〈吳將軍行間紀遇後序〉，頁657～658。

〔註6〕《康熙起居注》二十一年五月二十一日條，頁845。

〔註7〕但李光地在臺灣收復後卻主張「空其地任夷人居之，而納款通貢」，而遭到康熙的斥責。於是李光地才又改奏曰：「今皇上德威遠播，四海歸心，臺灣彈丸之地，其敢有異志？」並在廷議駐防臺灣兵丁的更番問題時，建議三年之中，陸續更番，事覺穩便。康熙也深表贊同。（見《康熙起居注》，頁1528～1530）。

河水道，並提出周密的治河方案，三十九年（1700）二月，子牙河工完成，康熙親往巡視，並賜「御賜子牙河詩」，「公查勘漳流，了其原委，乃建議堵廣福樓決口濬閆留二庄河道，以分水入淀，築完固口以分水入衛。上報可，因以委公，公乘春作未興，遂竣斯役，濱河居民且千家，公別相基兆官爲營室以易之，民去水患得寧宇，歡聲沸然」〔註 8〕。李光地對河川的整治保障了濱河人家的身家安全。

又三十八年（1669）也開始疏濬永定河，只花了四十日便竣工，康熙亦賜以「御製永定河詩」，並賜李光地「夙志澄清」之匾額及御服衣冠。這次的工程「開河築堤自郭家務至柳坌口釘樁下埽七十餘里，大城縣西堤樁埽工七十餘里，又子牙廣福樓新河接修至賈家口等處堤工五十餘里，並雄縣民堤二十餘里，凡土工樁工二百餘里，工程並舉，不日告竣，沿河田疇涸出，二麥豐收，士民謳歌」〔註 9〕。李光地這次治水的經驗，後來也被借鑑爲治理黃河及淮河，對於人民的生計貢獻實多。

李光地在直隸直巡撫任內，還廢除了被八旗子弟所侵佔的「圈地」，歸還人民可以耕種的土地；定常平倉咨部輒發事例，在災荒之時由政府即時賑濟百姓之需；發富民之粟，「務令富家不得擅囷倉之利，庶小民不得有斗升之艱」〔註 10〕；並制定社倉法，以豐年之存糧補荒年之不足，以及減輕人民賦稅之苦等措施，對於百姓生活的改善，社會的安定都有深切影響。

三、整飭科場、禁絕捐納

早在在順治時代曾經發生過三次轟動全國的「江南科場案」，因此科場舞弊的情況一直存在著，李光地認爲整飭科場和禁止賣官是防止政治腐敗的重要事件，他曾說：「事有宜急者，有急不得者，如朝廷目下於科場作弊、捐納這兩事，眞該一刀兩斷，急急斷絕的」〔註 11〕。《年譜》說：「公寬裕休容，獨於科場請託之弊，義形於色，以爲壞人品、傷風化，莫此爲甚。」〔註 12〕他曾向康熙進言：「捐納不識字人，殘民命而滋巧僞，部院官苟且漁利，爲事卻不好。」

〔註 8〕李清植纂：《年譜》，頁 131。
〔註 9〕李清植纂：《年譜》，頁 131。
〔註 10〕李清植纂：《年譜》，頁 161。
〔註 11〕李光地：《榕村續語錄》，卷 18，頁 861。
〔註 12〕李清植纂：《年譜》，頁 101～102。

〔註13〕因此他在為官期間，對於整飭科場和禁絕捐納之事，亦不遺餘力。

康熙三十二年（1693），李光地受命提督順大學政，「北方侵尋學廢，公教以則古通經，有能誦二三經若小學及古文辭，多者稍成文，輒錄以示勸，……畿輔勢要鱗集，宿要遏抑，公一切謝絕，士氣頓伸。」〔註14〕他對於通經及古文辭者予以獎勵，且遏退權貴的干請，令士人之氣為之提升；又三十七年（1698）十二月以兵部侍郎右副都御史巡撫直隸，「考校旗籍，清嚴如一，有以貳室之令至者，公固謝曰，……於是聲實翕然，內外益相信諒，干請之徒，不遏自絕。」〔註15〕對於舞弊成習的八旗子弟，李光地也堅持己志，不稍假借，故能使干請之徒，不遏自絕；三十九年（1700）八月，他更上奏「科場學校條例」；四十八年（1709），充會試正考官，「以科場積久極，極力挽之」，且說：「公卿大夫，乃士之表也。尤不宜急急然望其子弟為速化之術，以落其學殖，而喪其志氣。」〔註16〕力申矯弊之心。五十年（1711）江南鄉試，發生了沸騰一時的江南科場舞弊案，江蘇巡撫張伯行與江南總督互相告發，也引發了滿漢間長期的積怨與仇恨，李光地曾進言：「科場情弊，人才攸關，百年因循，於今猶熾，若不卒究根株，重加懲艾，後安所療乎？」〔註17〕後更上密摺以救張伯行，在噶禮及一干人伏法後，這件喧騰了大半年的公案才告解決。〔註18〕

李光地除了努力於科場弊端的革除外，對於捐納賣官之事，也加以禁絕。三十年（1691），御史陸隴其也因激於捐納、保舉二法造成吏道不清，抗疏請停二法，被問死罪，李光地力保之，而減為流罪；其後，絹納復行，光地也持不畫押，怨者亦多〔註19〕。五十二年（1713），李光地上「請止捐納事例」之密奏，曰：「今四海升平，正慎重名器之時，而條議捐納，殊失懲納儆官邪、愛惜民生之意。」〔註20〕凡此事例，皆可見李光地改革弊端，

〔註13〕李光地：《榕村續語錄》，卷18，頁859。

〔註14〕李清植纂：《年譜》，頁114。

〔註15〕李清植纂：《年譜》，頁117。

〔註16〕李清植纂：《年譜》，頁198～199。

〔註17〕見李清馥纂：《譜錄合考》，頁626～628。又參見《榕村全集》，卷30，〈覆江南督撫互參及科場兩札子〉，頁1537～1540。

〔註18〕參見羅麗達：〈清初江南地方行政上的滿漢政治衝突——張伯行噶禮互參案研究〉（《新史學》，7卷3期，1996年9月）。

〔註19〕見李清馥纂：《譜錄合考》，頁533～534。

〔註20〕李清植纂：《年譜》，頁222。

澄清吏治的用心。

四、拔擢賢才

李光地為官期間，極留意於人才的拔擢，他曾說：

> 如今人才不生。予做學院以至今，留心人才，雖童子有知覺者，皆著心。而求成一人物者，甚少。（《續語錄》，卷18，頁851）

在〈與何焯書〉也說：

> 某平生多受友朋之累，然每諷〈蒹葭〉、〈埸苗〉之詩，念所謂舉逸民、天下歸心者，慨然永嘆，以為此太平之基、太上盛德也。輒復自磬不顧。（《年譜》，頁149）

可見他時時留意人才，為了太平之基、太上盛德，即使每受朋友之累，也不以為苦。因此無論是對童生的鼓勵，或優秀清廉人才的推舉，他都樂於從事。

據《年譜》所載，李光地任官期間所推薦的主要人物，約可歸納如下：康熙廿年（1681）四月，薦施琅為提督水師，專平水事。

廿六年（1687）三月，薦德格勒、徐元夢論易學；衛既齊、湯斌論實學；李顒論餘姚之學；楊文言論天文曆算；此外尚有學問淵博的李因篤，勵志篤行的耿介、仇兆鰲等。

廿九年（1690）五月，薦衛既齊、陸隴其。

三十八年（1999）八月，薦馬見伯為中軍游擊。

四十年（1701）十二月，薦楊名時、趙申喬、劉琰、文志鯨等。

四十一年（1703）二月，薦徐元夢；四月，荐何焯；十一月，調考北方三鎮軍政，又薦數十人。

四十四年（1706）四月，薦梅文鼎；十月，請以李發甲為天津道副使。

四十六年（1708）十一月，薦吳郡為定海總兵。「嗣是數年間所薦大帥以十計，大抵皆戢兵愛民，克舉其職，若吳陞之清操、歐陽凱之死事，尤武臣中之表表者也。」〔註21〕

四十八年（1710）二月，充會試正考官，取趙熊詔等三百三人；三月，薦蔡世遠；五月，薦陳瑸任台灣道副使。

五十一年（1712）四月，薦朱軾任光祿寺少卿；九月，薦劉謙，連擢至

〔註21〕李清植纂：《年譜》，頁188～189。

左都御史；冬十月，救方苞。

五十二年（1713）正月，薦徐用錫。

五十四年（1715）二月，薦李紱，自編修擢至庶子；三月，復薦楊名時。

李光地一生推舉和救拔的人才不計其數，較有名的有陸隴其、趙申喬、張伯行、朱軾、楊名時、劉琰、陳鵬年、文志鯨、方苞、冉覲祖、徐元夢、陳瑸、徐用錫、魏廷珍、李紱、蔡世遠、張昺、張瑗、梅文鼎、惠士奇、秦道然、王蘭生、何焯、莊亨陽、劉謙等。此外如推薦施琅而有收復台灣之舉；任台灣道副使的陳瑸曾被康熙稱道「陳瑸居官甚優，操守極清，朕所罕見，恐古人中亦不多得」〔註 22〕；武將馬見伯是收復西藏的功臣等，多能有優越的表現。另外搭救因戴名世案被牽連的方苞；在江南科場案中護衛清官張伯行等，也都表現出他的器量與勇氣。而他所選拔和扶植的人，並非私黨，有的還是反對他的，可見他是眞心爲國家扶植善類。這些人先後也都成爲康熙朝的名臣。彭紹升曾說：「公門下士楊名時、陳鵬年、冉覲祖、蔡世遠並以德望重於時；他如張昺、張瑗、惠士奇、秦道然、王蘭生、何焯、莊亨陽之徒類，有清節、通經能文章，故本朝諸名公稱善育才者，必以光地爲首。」〔註 23〕連詆毀李光地甚力的全祖望都說：「光地雖厚顏自襮，然深阻弗能如魏湯，以楊名時、李紱、陳鵬年、蔡世遠、惠士奇、何焯皆用，令聞爾雅，爲光地識拔，故死後稱譽得無衰。」〔註 24〕足見他稱善育才之名並非過譽。

五、推廣學術

由李光地的著作來看，他本人的學問興趣是很廣的，暫且先不論他的學術成就，他在仕宦期間對於學術的重視與獎勵，對當時的學風造成的影響是値得重視的。其中如：

（一）提倡實學

對於實學的重視，已經是明末清初的一股學風，無論是經學的研究者，抑或理學的研究者，莫不受此風氣之影響。李光地也曾說：

> 某督學直隸時，於文武童生中，有能背誦《四書》全經小注，及三

〔註 22〕《清史稿校註》，卷 284，列傳 64，〈陳瑸〉，頁 8692。

〔註 23〕彭紹升：〈李文貞公事狀〉（《國朝耆獻類徵初編》，卷 10，宰輔 10，〈李光地〉），頁 137～402。

〔註 24〕全祖望：〈答諸生問榕村學術帖子〉（收於《結埼亭集》外編卷 44，頁 17）。

經、五經，並有膂力武藝者，皆試之，文理粗通，便爲拔取。此是勸誘之法，久之，自然皆歸實學，六藝之風，庶幾可復。(《榕村語錄》，卷 27，頁 483)

他在童生之中，即重視研讀《四書》、經書之人才的拔取，希望藉此以爲勸誘，使之皆歸實學，恢復六藝之風。康熙五十二年（1713），他承修《周易折中》；五十三年（1714），奏對《易》義，暨修明經學，《年譜》說：「公又頻言，經學隆污，有關世運。上遂分簡大臣修纂《詩》、《書》、《春秋》，又別纂《律呂正義》，釐定韻學之書，皆命就公是正焉。」（頁 233）獎掖經學之心，至老益盛。他又曾說：「吾學大綱有三：一曰存實心；二曰明實理；三曰行實事。」〔註 25〕這裏的存實心、明實理、行實事雖然指的是體道切實有得，但是也正和當時重實用之學的精神相呼應。此外，他也推崇專門之學的研究，他說：

今耑門之學甚少，古來官制、田賦、冠服、地理之類，皆無精詳可據之處，此處必實實考究得源源本本，確有條貫方好。(《榕村語錄》，卷 24，頁 428)

這是強調致用於世的學問，他又說：

某謂四弟：「《六經》外，六藝皆當留心。文武既分途，射、御暫可不講，至禮、樂、書、數，實要緊事。……」(《榕村語錄》，卷 27，頁 486)

所以李光地極爲推崇顧炎武的音學和和梅文鼎的曆學，他說：

如今著書不錯者，唯梅定九、顧甯人兩公耳。此兩人書，必傳於後無疑。今人用心之多而勤，亦無有及之者。甯人妻不取，子不生，僕僕道路，風雨寒暑不輟。梅定九客予家，見其無一刻暇，雖無事時，掩户一室中如伏氣，無非思歷算之事。算學，中國竟絕，自定老作九種書（籌算、筆算、度算、三角形、比例法、方程論、勾股測量、算法存古、幾何摘要）。而古法竟可復還三代之舊，此間代奇人也。歷書有六十餘本，不能刻，七十二家之歷，無不窮其源流而論之，可謂集大成矣。又樂善而虛，問則必盡其底裡而告之，惟恐其不盡。人有于此一言之當者，喜出于中，採而錄之，亦此學中之朱文公也。(《榕村續語錄》，卷 16，頁 765)

音學、曆學等專門之學，能夠實際助益於民生利用，是清初大儒顧炎武、黃

〔註 25〕李光地：《榕村語錄》，卷 23，頁 410。

宗羲等所提倡，李光地受其影響，他自己也研究天文曆算、聲韻、樂律，並研究水利，指導治河等。康熙四十六年（1705），他更從坊間贖回顧炎武《音學五書》，據《年譜》記載：「顧氏是書既成，厚自珍祕，世無知者。顧氏既沒，其版沈埋於揚州坊賈間，坊賈將削其版以鐫它文，適有見者以告公，公爲贖歸傳于世。」〔註 26〕（頁 187）他也曾爲顧炎武作小傳，說：「有顧氏之書，然後三代之文可讀，雅頌之音各得其所，語聲形者自漢晉以來未之有也。……近代博雅淹洽未見其比。」〔註 27〕也爲閻若璩作小傳，說：「今之學者大抵搜華擷卉，爲文辭之用而已，至於字義故實、書文形聲，尚未有留意；講考於其閒者，若大者爲遺經源流、禮典同異，細而地名山川、史載人物、眞贋是非之跡，則豈徒以樸學置之，抑其惡賾就簡，而自恬於訛陋。……先生學極博，論極覈，間有出新意，埽沿說者，究其持辨本末，悉有所據。」〔註 28〕對於閻若璩極爲表彰推崇。這些都表示他重經學、實用之學的一面。

李光地對於梅文鼎的提攜，也開啓了當時天文曆算研究的新頁。清初是新舊曆學轉變交替的重要時期，其中主導的關鍵人物是梅文鼎，而李光地則幫助梅文鼎從事研究，並使之知遇於帝王，而得以嶄露頭角。

康熙初年，楊光先挑起反教案，和湯若望之間展開曆法之爭，雙方互爲誣告，至於死者。幼年時的康熙目睹此狀，心中痛恨，故導致他後來學習曆法。1687 年春，李光地疏乞終養，請假一年，臨走前，康熙特意召見李光地，談論曆算，特別是關於西方天文學，這是康熙和李光地討論西洋科學的首次記載。在《譜錄合考》中記載了他二人對曆法的問答，康熙問：「西洋歷法果好麼？」李光地回答：「其法現行甚精密，臣所取者，其言理幾處明白曉暢，自漢以來曆家所未發者，看來西人學甚荒唐而譚歷卻精實切當。」〔註 29〕

〔註 26〕李光地推重顧炎武、梅文鼎之學，但是仍強調禮文度數之學應以「至誠」之修養爲胚胎，否則仍只是俗學，如他在《榕村語錄》中說：「顧寧人講韻學到得意時，便曰『非達天德者，其孰能知之』；梅定九推算到得意時，便曰：『以是知隸首之爲聖人也』，實則就將顧、梅諸公并籠將來，亦未必是聖人，故曰：『君子多乎哉？不多也』。禮度文饒使件件俱理會得，而無『至誠』一段爲之胚胎，終久是朱子所謂俗學。」自明末以來，科學知識已被儒者所重視，但他們只將這些學問視爲心性學的一部分，而非獨立學科，由李光地身上正可看出這種現象。(《榕村語錄》，卷 4，頁 51）

〔註 27〕《國朝耆獻類徵初編》，卷 400，儒行 6，頁 142。

〔註 28〕《國朝耆獻類徵初編》，卷 415，經學 3，頁 647。

〔註 29〕李清馥纂：《譜錄合考》，頁 488。

與康熙的問對，可能影響了李光地對曆算的研究，他曾著有《曆象本要》二卷，也慨嘆同道難求，故一見梅氏書則讚譽不絕，並與之結爲至交。

李光地在康熙三十八年（1699）和梅文鼎結識，他的次弟李鼎徵爲梅氏刊刻《方程論》之作；李光地本人則敦請梅文鼎著《曆學疑問》，態度極爲愼重，梅文鼎曾追憶此書的寫作情形，說：「至辛未夏，移榻於中街寓邸，始克爲之。先生（指李光地）既門庭若水，絕諸酬應。退朝則亟問今日所成何論。有脫稿者手爲點定。如是數月，得稿三十餘篇。」〔註 30〕足見李氏對此書的關注之情。四十一年（1702）此書完成後，李光地將之進呈皇帝，康熙還親自加以圈點和批語，此書對於曆學的普及頗有幫助，也爲梅文鼎打響了知名度。四十二年（1703），李光地去信敦請梅文鼎到保定傳授數學，梅文鼎回信中表現了他的感激之情：

> 奉違忽復十年，每憶疇昔追隨之樂。……承先生以曆論災梨，日擬補作，以竟其緒，而迄今未就，他可知已。每於養痾之隙，勉自策勵，亦多稿本，然往往發胸中昔日難明之事，聊自遣適，山河阻修，末由就正。……私心感激，無以爲喻，有捧涵感泣而已。……且以鄙著進呈，草茆下士，姓名仰達宸聰，中心慚感。（《積學堂文鈔》，卷 1，〈答李安溪先生書〉，頁 342 下～343 上）

其後梅氏在保定撫署蓮花池畔爲李光地的學生陳萬策、魏廷珍、王蘭生、王之銳、徐用錫及兒子李鍾倫等數十人講解天文曆數之學〔註 31〕，群賢畢至，相聚問難。李又爲梅氏刊刻《三角法舉要》、《弧三角舉要》、《筆算塹堵》、《測量環中》、《黍尺交食蒙求》、《歷學駢技》等，對於曆算的推廣甚有助益。

四十四年（1705），李氏正式將梅氏引見於皇帝，康熙「召見舟次者三，皆賜坐移時，垂問道數，精微甚悉。文鼎出，上謂公曰：此學今鮮知者，當

〔註 30〕梅文鼎：《勿菴曆算書目》（《知不足齋叢書》本，出版年月地不詳），頁 14～15。

〔註 31〕梅玉汝序《歷象本要》略曰：「公開府上谷復迎先徵君至署，爲刊所撰歷算諸書，余小子實侍杖，履事校仇之役。時癸未歲也，公當世大儒，門下皆一時知名士，如景州魏公廷珍、交河王公蘭生、河閒王君之銳、晉江陳公萬策、宿遷徐公用錫咸在署。公子鍾倫以定省至，公悉令受業於先徵君，公退食即與先徵君會講，或辨晰經義、商確古今，嗀成時在坐末，獲聞一二，迄今猶歷歷在耳也。」（《譜錄合考》，頁 582～583）描繪出當時眾人在李光地府第隨梅文鼎習曆的情形。

世一人也，惜老矣」〔註 32〕，並特賜「績學參微」四大字，對梅氏讚譽有加。梅氏對於李光地的引見，也感激涕零，1711 年李光地壽辰時，曾寫詩祝賀：「誕毓中天盛，登庸大道公，贊襄仁壽溥，敷錫海邦同。燮理全經術，甄陶錄爨桐，塵霾煩拂拭，頑鈍藉磨礱。遂使寒岩朽，能邀聖主聰，一編親指授，三接對優隆。……」〔註 33〕感激之情，溢於言表。

李光地除了刊刻曆算書外，更積極培育天文曆算人才，他：「嘗出而督學皖、浙、陝西三大省，凡奇才孤學，通知陰陽曆術者，必提掇獎成之，青矜組帶之士，彬彬郁郁，莫不願出門下。」〔註 34〕在他的影響下，他的從弟李光坡，治學鄉里，對於天文、數學頗有研究，著有〈聖人作曆之原〉、〈推驗修改之實〉二文〔註 35〕。他與李光地一起爲安溪培育出李鼎徵、李鍾倫、李鍾佐、陳萬策、李鍾倬等曆算人才；且在李氏家族的影響和提拔下，陳萬策〔註 36〕子冕世、堂侄亮世，皆受學於梅文鼎，精通數學。此外門生魏廷珍、王蘭生、莊亨陽等，皆通曆算。他又推薦陳厚耀〔註 37〕，亦通天文算法。可以說，李光地對於當時科學的提倡，有著重要貢獻。從 1713 年蒙養齋開館到《數理精蘊》、《曆象考成》的編成，李光地在這一轉變中也起了重要作用〔註 38〕。李光地和梅文鼎培養的人才後來成了《律呂淵源》的重要參與者，在雍正初年刊成的《曆象考成》，參加編修、校對的人，如匯編：翰林院編修梅成；分校：原任湖南巡撫都察院右副使魏廷珍、翰林院編修王蘭生、原進士方苞等，皆曾受到李、梅二人的培養或提攜。

〔註 32〕李清植纂：《年譜》，頁 169。
〔註 33〕梅文鼎：《積學堂詩鈔》，卷 4，〈寄安溪相國〉，頁 504 上。
〔註 34〕諸可寶：《疇人傳二編》，卷 1，頁 719～720。
〔註 35〕此二文說明聖人作曆「大抵爲順天授時而已」；備考「儀」、「管」、「表」、「漏」觀天之器，「互相參質，以求天驗之詳」；重申「司天之道」「必本於實測，而不可以私術臆見斷焉」等。（阮元：《疇人傳》，卷 40，頁 500～502）
〔註 36〕陳萬策（1667～1734），字對初，號謙季，晉江人，康熙己丑進士。平生邃於經學，不墨守前人成說。著有：《易說》、《尚書私記》、《毛詩國風繹》、《春秋紀疑》、《小學疏意大全》。曾受算法於梅文鼎，作〈中西算法異同論〉；又從李光地游，講求經學，分修《周易折中》，創爲啓蒙諸圖，又修《性理精義》、《欽定詩經傳說彙纂》。
〔註 37〕陳厚耀（1648～1722），字泗源，泰州人。康熙四十五年（1706）進士。李光地薦其通天文算法，上召見，試以三角形，令求中線；又問弧背尺寸，先生具箚進稱者。
〔註 38〕當時尚有康熙的三子胤祉在《律曆淵源》的編纂過程中也起了重要作用，可見當時的科學活動參與者日多。

自梅文鼎之後，也興起一股研究天文曆算的風氣，如江蘇的潘耒、陳厚耀、惠士奇、孫蘭、顧棟高、莊亨陽、顧長發、屠文漪、丁維烈；安徽的方中通父子、江永、余熙、梅文鼐、梅文鼏、梅成等；浙江的徐發、吳志伊、龔士燕、陳訏、王元啓等；江西的揭子宣、毛心易等；湖北的劉允恭；河南的孔興泰、杜知耕；山東的薛鳳祚；福建的李光坡等；一時人才輩出，成效斐然。乾隆時代的江永，研治梅氏之學，著《翼梅》八卷。後戴震又承江永之學，校訂其書，改名《數學》，傳於後世，可見梅氏之學影響之深遠。而李光地之推闡亦有其功。

（二）選刻考試用書

李光地認爲科舉考試使用的教材，對於士人的人品心性影響甚大，所以也選刻考試用書。科舉考試，須依經立意，故稱爲制義，或制藝、經義，明清以來考試題目多取於《四書》，並規定「代古人語氣爲之」、「體用排偶」、「《四書》主朱子集註」三個條件，因此被後人稱作是束縛思想、殘害人心的作法，批評者甚多，如顧炎武（1613～1682）曾說：「昔人所須十年而成者，以一年畢之。昔人所待一年而習者，以一月畢之。成於勦襲，得於假情。卒而問其所未讀之經，有茫然不知爲何書者，故愚以爲八股之害等於焚書，而敗壞人材，有甚於咸陽之郊所坑者但四百六十餘人也。」〔註39〕這一類對於八股殘害經術、敗壞人才的批評甚多。呂留良也曾說：「夫講章制藝，世間最腐爛不堪之具也。」〔註40〕然而李光地卻對於國家取士寄以厚望，他說：「國家教育之厚，登庸之謹，非錄其一日材藝之長，苟榮其身而已。蓋將因文以觀行，緣材而攷德，必也愛其身，而後可以爲士；必也心乎國，心乎民而後可以服官矣。」〔註41〕他希望國家所用的人才除了具學識品德之外，尚要時時以國家及人民爲念。所以他除了著手於澄清吏治之外，同時也關心考試所使用的教材。他以正面的意義看待制義之學，說：「制義所以詮經，蓋箋疏之流，實通經窮理之梯逕。」〔註42〕認爲制義考試需要詮釋經學，也算是箋疏之屬，故可作爲通經窮理的梯逕。他在〈楊賓實制義序〉一文中，也主張科舉之學並非僅爲束縛天下人的心思才智，使其不得而逞；實則能率領天下人遵經學

〔註39〕顧炎武：《日知錄》，卷19，〈擬題〉條，頁476～477。
〔註40〕呂留良：《呂晚村文集》，卷1，〈答吳晴巖書〉，頁22。
〔註41〕李光地：《榕村全集》，卷11，〈戊辰武會試錄序〉，頁596。
〔註42〕李清植纂：《年譜》，頁179。

古，游於聖賢之路，他說：

> 科舉之學，識者以爲敝也久矣。蓋國家功令，使士子傳註是遵，格式是守，非固束天下之心思才智，而使之不得逞也。將率天下尊經學古，游於聖賢之路，不導以濂洛關閩之書，則不得其門而入焉。（《榕村全集》，卷 12，頁 638）

李光地希望藉由科舉之學，使天下的讀書人能夠尊經學古，且強調以濂洛關閩書作爲考試用書，目的更在改變社會風氣。他說明代嘉隆以後，因爲王學等異說盛流，師傳毀棄，取士的教材兼收子史，議論出入秦漢，甚至汲引佛老的緒餘糟粕，以至「破體壞法、踔躪顚倒」〔註 43〕，可謂雜亂無章。而反觀漢唐宋明之盛，未有不澤於經術，使其文雅馴者，所以有司士子所習之業，能使經明行修，足以轉移變化，而有沈浸醲郁之效。因此他推動制舉之學的流傳，並且認爲「取材雅馴」的濂洛關閩學才可堪取法。他說：

> 制舉之文可傳乎？曰：可。其源蓋出於義疏之流，而稍協以俳儷者也，其法雖起於熙寧之新學，然觀洛閩以來，訓義講說，用其體者多矣。蓋窮經之學，以剖析爲功，故譚經之文，亦不以櫛比爲病也。由是觀之，制舉而能發於聖賢之意，有助於儒先之說，雖與義疏注解佐佑六經可也。前代……嘉隆以後……我朝始復表章經學，尊重儒先，程朱之書，廢而復用，斯文之運，蓋將跨越前代，……是選也，得於正嘉以前者多，而隆萬理法之未漓者附焉。（《榕村全集》，卷 11，頁 587～589）

他說制舉之文也是出於義疏之流，雖然後來協以俳儷，然並不妨害談經。可見制舉之文實能發明聖賢之意，有助於儒先之說，其功能如同義疏傳記般足以佐佑六經。而通經之後則可以辨理，所以他又說：「吾所爲汲汲焉勉子弟以制舉業者，欲其藉此以通經焉爾，循是以辨理焉耳。……經尊而理明，則人心淳而世道泰。」〔註 44〕他肯定了科舉之文足以助經學之流傳並且改變社會風氣，因此對於制舉文章內容的選取特爲注重，所以李光地在康熙四十四年（1705），選刻了《名文前選》、《程墨前選》、《易義前選》等書，也獎勵這類書籍的出版。〔註 45〕

〔註 43〕李光地：《榕村全集》，卷 11，〈名文前選序〉，頁 588～589。

〔註 44〕李光地：《榕村全集》，卷 12，〈成絅齋制義序〉，頁 643。

〔註 45〕李光地所提拔的蔡世遠，在〈九閩課藝序〉中也說：「國家以制義取士，非徒李光地站在當政者的立場，能夠留意國家考試對士子心志及社會風氣的影響，極力藉由科考使風尚返之清淳，並且審愼編選考試用書，雖然以孔孟程朱之道爲宗，也可能產生褊狹之弊，但是對於以考試爲晉階的基礎而言，能夠使讀書人先立下純正的心志，其用意是很可取的。

此外，李光地也甚爲重視文化教育事業，他訪謁過全國不少書院，如江西鉛山鵝湖書院、福建武夷山仁智書院等，或爲文記之，或賦詩抒懷。他當地方官時，也多次撥款修建學堂，修復泉州府學、安溪考亭書院、興建榕陰書堂，提供資金，爲之制訂規約，親自課訓子弟；且整建先賢祠堂，如倡修蔡文莊公祠〔註 46〕、董子祠〔註 47〕等；並注意選拔教學人才，閒暇時還親臨講學，追隨請教者甚多。

第二節　李光地的學術概要及著述

一、李光地對經學的學習

李光地自幼嗜學，他的博學全來自於家傳〔註 48〕及努力不懈的學習，〔註 49〕著述種類甚多，對於學問的關注並不只在理學方面，《年譜》曾說：「公自幼嗜學，髦而益勤，雖政事鞅掌，稍暇即憑几編著，丹鉛未嘗釋手。自羽翼經傳而

使人敝精神、獵取詞華、組織文字以爲工也。蓋以從古聖賢之言無過於四子之書，讀者玩心力索，於此則內自家庭之間，以及於事君、交友、治國、平天下之道畢具於此。……陳北溪曰：聖賢學問未嘗有妨於科舉之文，理義明則文字議論益有精神光彩，躬行心得者，有素則形之，商訂時事，敷陳治體，莫非閎中肆外之餘。非虛語也。」（《二希堂文集》，卷 2，頁 680 上～下）也是對科舉制義有所肯定。

〔註 46〕蔡文莊公爲明儒蔡虛齋，爲閩地朱子學者，此事見《譜錄合考》，頁 451～452。

〔註 47〕此爲四十三年事，他曾作〈重建董子祠堂記〉記此事曰：「凡仕宦所至，首考其地之先賢先儒，以暨名臣高士，風被於來世者，爲之垣墉俎豆，使邦人有所稱思禮也。景州舊有董子祠而窄隘無規廡……」（《榕村全集》，卷 14，頁 724）

〔註 48〕《譜錄合考》記載：「贈公家傳先生，教子必備熟諸經，溥及天文、地理、六韜、九章之言，悉俾瞭然於心口，而後出帖括授之。」（頁 411）「贈公」是李光地之父，由此可見其家傳之學是極博的。

〔註 49〕李光地《榕村續語錄》云：「四家叔向二家伯等云：『人生天姿靠不得，厚菴少時，天姿平常的狠，如何比得二兄與五弟？無奈他是讀書不歇，如今定何如？』」（卷 19，頁 876）可見李光地天姿平常，端賴勤學不倦而成學。

外，凡諸子百家，下及星日命卜之流，莫不旁涉會通，以滋其神明之貫，常以晡後集，諸生講論，答問析疑，亹亹循循，漏下二、三刻不倦。每有述作，輒令諸生傳視，有能發其覆、申其義者，則喜動顏色，與相參酌，往復應時，改訂沛如也。」（頁 264～265）可知李光地的學問興趣涉及經傳、諸子百家、星日命卜等，且常與諸生講論問答，每有著作輒就教於諸生，廣納意見，勇於改錯。

以下先概述他在經學方面的學習。據《年譜》所載，李光地十三歲時即「畢誦群經」，可見他在經學方面是有根柢的。又李光地的父親李兆慶尊崇朱熹，爲李光地購置了《六經》、《性理大全》、蔡清的《四書蒙引》、《易經蒙引》，以及林希元的《易經存疑》等著作，李光地一邊讀書，一邊作筆記，因此他說：「某年十八，手纂《性理》一部；十九，手纂《四書》一部；二十，手纂《易經》一部。凡某家如何說，皆一一能記，至今以爲根基。」〔註 50〕讀書時將精要處筆錄纂集，是他奠立學問基礎的方法，他在年少時便於理學、經學打下良好基礎，所以他的著作也以這兩者爲根基，且有所衍生。李光地在經學方面的著述包括：

（一）《易》學

李光地在《易》學方面的成就是頗受肯定的，他曾自言：「某治《易》，雖不能刻刻窮研，但無時去懷，每見一家解必看。今四十七年矣，覺得道理深廣，無窮無盡。」〔註 51〕可見他對於《易》學所花費的心力之深。康熙皇帝也常和他一起討論《易》學〔註 52〕。

李光地治《易》，重視義理，贊成朱熹說《易》爲卜筮之書，也受到其鄉前輩黃道周象數學的影響，故能於諸家同異，條分縷析。他所著的《周易通論》、《周易觀象大指》被稱爲「最有推闡者」，清初理學家對這兩部書非常重視。〔註 53〕在《周易通論》中，他遵從王弼所調整的《周易》經傳，不用朱熹的《周易本義》〔註 54〕。在論陰陽之序時說：「流行者，變易也。而定位

〔註 50〕李光地：《榕村語錄》，卷 24，頁 426～427。

〔註 51〕李光地：《榕村語錄》，卷 9，頁 155。

〔註 52〕李清植纂：《年譜》載：「朕久玩羲文之易，獨窮理數之原，惟爾虛衷，隨時請益，每共研尋終始，辨析精微，嘗累日而未休，恒他人所莫解。」（頁 270）

〔註 53〕見《清代人物傳稿》上篇第五卷，頁 188。

〔註 54〕他在〈論經傳次序仍王本〉一文說：「朱子既復經傳次序，今不遵之，而從王弼舊本，何也？曰：朱子之復古經傳也，恐四聖之書之混而爲一也。今之仍舊本也，慮四聖之意之離而爲二也。蓋後世之註經也，文義訓詁而已，而又未必其得，故善讀經者，且涵泳乎經文，使之浹洽，然後參以注解未失也。

者，已具交易於其中；則交易者，變易之本也。交易者，陰中有陽，陽中有陰，互藏其它者也。變易者，陰極而陽，陽極而陰，互為其根者也。互藏其宅，故其情相求而相需。互為其根，故其道相生而相濟。」〔註 55〕以交易變易來說明陰陽的對立統一，頗有創見。李光地言《易》不同於朱熹重義理，他則強調實用性，曾說：「《易》不是為上智立言，卻是為百姓日用，使之即占筮中，順性命之理，通神明之德。」〔註 56〕。

又他主持編纂的《周易折中》，採集了上自漢晉，下迄元明的歷代諸家易說，多達 218 家，其中引用宋明理學的《易》說有 159 家，清楚顯示了從漢《易》到宋《易》的發展脈絡，可謂集歷代《易》說之大成，且打破了幾百年來專主程朱傳義的局面。李慈銘《越縵堂讀書記》說：「《易》之講象數者，漢家法也；講理蘊者，宋家法也。……近儒若惠氏棟，漢之大宗；張氏惠言，其繼大宗者矣；若李文貞，宋之嫡子；朱文端，其嗣嫡子者矣。我朝《易》學，有此四家，紹往嬗來，便足以卓立一代。」〔註 57〕肯定李光地《易》學之貢獻。當朝《易》學家如朱軾〔註 58〕、楊名時〔註 59〕皆受李之影響。

若四聖之書，先後如一人之所為，互發相備，必合之而後識化工之神，則未可以離異觀也。」是他認為應當恢復舊本的原因。(《榕村全集》,《周易通論》,卷 2，頁 4309～4310)。

〔註 55〕《榕村全集》,《周易通論》，卷 3，〈論易言陰陽之序〉，頁 4446～4447。

〔註 56〕李光地：《榕村語錄》，卷 9，頁 152。

〔註 57〕李慈銘：《越縵堂讀書記》(臺北：世界書局，1961 年 9 月)，頁 5。

〔註 58〕朱軾(1665～1736)，康熙三十三年進士，改庶吉士，散館授潛江知縣，入為刑部主事，督陝西學政、浙江巡撫，拜文華殿大學士，兼吏部尚書。高宗御極，命協辦總理事務，充纂修三禮總裁官，奉敕撰大清律集解附例。為政練達有體，忠誠為國，有古大臣之誼。與怡賢親王共治畿輔營田水利，蓄洩得宜，溉田六千頃。其學以敬為主，以致知力行為工夫，以經史為法守，以日用云為為實驗，亦為眞知力行之士。著《周易傳義合訂》，御製序說他：「平生所學專於《儀禮》，小戴《禮記》而《易》、《春秋》,《周官》亦旁及焉。所著《傳義合訂》一編，探二子所以云之義，發揮而引申之，簡而當，博而不支，鉤深探賾而不鑿，蓋玩之熟故擇言也精，體之深故析理也密，可謂善言《易》矣。」(影印文淵閣《四庫全書》，經部易類一)

〔註 59〕《四庫全書總目提要》說：「名時本李光地所取士，故其《易》學多得之光地。雖說卦傳及附論啓蒙之類，頗推衍先天諸圖，尚不至於支離附會。至其詮解經傳則純以義理為宗，不涉象數，大抵於程朱之義不為苟異，亦不為苟同，在宋學之中，可謂明白而篤實矣。」(卷 6，〈周易劄記〉，經部易類六，頁 41 上)

李光地在研《易》的同時，也研讀了道教的經典《參同契》〔註60〕、《悟眞篇》等。又曾爲《尚書・洪範》作注，著有《卜書補義》等。

（二）曆　算

李光地曾說：「某少時好看雜書，如樂書、曆書之類。」〔註61〕常：「以餘暇旁涉天官樂律，凡人所不樂爲者，則伏讀沈思，至忘寢食。博訪宿學明師，久而有得。」〔註 62〕可見他對於曆書、樂書之喜好與用心。其後他在音韻、曆算方面，頗得力於顧炎武、梅文鼎，曾說：「使某不見顧寧人、梅定九，如何得知音韻、曆算之詳。」〔註63〕他曾在康熙十年（1671）以所著《曆論》質於衛既齊，衛又示於顧寧人，寧人說：「歷之是否，吾不能知。論文字，則元人之文也。」〔註64〕

李光地在早期便已習曆算，他二十四歲時輯《曆象要義》，並在書末附上自己寫的《曆論八篇》。二十五歲那年，又集中精力研究「律呂之學」。也曾隨當時著名的學者潘耒學算，但在遇見梅文鼎之前，他的曆算知識尚很粗疏，如他曾說：「某天資極鈍，向曾學籌算於潘次耕，渠性急，某不懂，渠拂衣罵云：此一飯時可了者，奈何如此糊塗。……今日梅先生和緩善誘，方得明白。」〔註 65〕所以在康熙廿八年（1689）他始見梅文鼎後，經由梅氏的指點，他的曆算之學才較爲進步。

李光地在康熙廿八年以後積極學習曆算，一般認爲是爲了迎合康熙的喜好。那年，李光地扈從康熙南巡，二月二十七日康熙與一班大臣在南京觀星臺觀測天象，李光地記載了當時的活動：

> 己巳年（1689 年），上南巡。……予隨駕至南京，果見孝感日中而入，上摒退左右，與語，到黃昏始出。上問孝感：「李某學問何如？」曰：「一字不識，皆剽竊他人議論亂說，總是一味欺詐。」上曰：「聞得他曉得天文歷法。」曰：「一些不知，皇上試問他天上的星，一個也認不得。」孝感才出，上便卒然上觀星臺。……既登，予與京江（即

〔註60〕李清馥纂：《譜錄合考》說：「公平生好易，實於《參同》有啓發之助。」（頁415）

〔註61〕李清馥纂：《譜錄合考》，頁 527。

〔註62〕阮元：《疇人傳》，卷 40，頁 497。

〔註63〕李光地：《榕村語錄》，卷 24，頁 431。

〔註64〕同上。

〔註65〕《榕村續語錄》，卷 16，頁 775。

張玉書）相攀步上，氣喘欲絕。上顏色赤紅，怒氣問予曰：「你識得星？」予奏云：「不曉得。不過書本上的歷法剿襲幾句也，不知到深處。至星象，全不認得。」上指參星問云：「這是甚麼星？」答以參星。上云：「汝說不認得，如何又認得參星？」奏云：「經星能有幾個，人人都曉得，至於天上星極多，別底實在不認得。」上又曰：「那是老人星。」予曰：「據書本上說，老人星見，天下太平。」上云：「甚麼相干？都是胡說，老人星在南，北京自然看不見，到這裏自然看得見，若再到你們閩、廣，連南極星也看見。老人星那一日不在天上，如何說見則太平？」……上問淡人（即高士奇）：「李某學問如何？」曰：「不相與，不知。」（《榕村續語錄》，卷 14，頁 741～742）

在這件事中，李光地因奏答老人星見是天下太平的象徵，想討好康熙，卻反受到康熙的責備。且康熙在當時，頻頻詢問左右大臣關於李光地的學問，也深知當時漢人大臣之間的嫌隙黨伐，故說：「漢人傾險，可惡已極。」（同上）且康熙帝在康熙初年發生曆法之爭後，即很重視曆算，也常向周圍大臣詢問曆算知識，或向大臣炫耀自己的學習心得，並對漢人官員不識天文曆算時有批評。同年五月，李光地被調爲通政使司通政使，實權有所下降，與此次的觀星臺事件不無關係。〔註 66〕自此以後，李光地更積極學習曆算，他在康熙四十八年（1709）著成《曆象本要》，此書歷經十餘載始著成，期間李光地反覆就正於梅文鼎〔註 67〕，書成梅玉汝有序曰：

公此書之成，歷數十年，且已授之梓矣，而勤勤參訂，至再至三，務期慊於心而後止，如是以爲書，豈尚有毫髮之疑問哉！成自及公門，每見公吟批編纂，終日不倦，然不自滿，假精益求精，故著述極富，莫不可信。（《譜錄合考》，頁 621～622）

足見李光地對於此書的用心。此外他尚著有《星曆考原》六卷、《曆象本要》一卷、《曆算合要》一卷；編《月令輯要》二十四卷、《圖說》一卷。「所著書皆歐邏巴之學，其言均輪次輪之理，黃赤同升日食三差諸解，旁引曲喻，推

〔註 66〕詳見韓琦：〈君主和布衣之間：李光地在康熙時代的活動及其對科學的影響〉（《清華學報》，新 26 卷第 4 期，1996 年 12 月），頁 421～445。

〔註 67〕李光地曾說：「從來曆學，須以梅定九爲第一。曩在京師，見某所著《曆象本要》有未當處，許爲改訂，乃攜往天津。……及後訂訖寄示，觀之果如其言。此人心虛而厚，委曲從容，非見到十分的確，不肯出口落筆，故其書無一字不可信者。」（《榕村語錄》，卷 26，頁 473）

闡無遺，并圖五緯視行之軌跡，尤多前人所未發。」〔註 68〕

又他認為算學是其它科學的基礎，若「未習為方圓、勾曲、乘除之算，故其通也甚難」〔註 69〕。他學習中西數學，逐漸形成自己的數學觀點。他說歐幾里德的《幾何原本》「以點線面體，為萬數之宗」，「蓋點引而成線，線聯而成面，面積而成體。自此而物之多寡、長短、方圓、廣狹、大小、厚薄、輕重，悉無遁形；自此而物之比例、參求、附會，悉無遁理。」〔註 70〕此外，他說幾何學與三角學的關係：「必於幾何求其原，以三角定其度，較之以八線，算之以三率，則大而測量天地，小而度物計數，無所求而不得已。」〔註 71〕幾何與三角相兼，就可測量天地、度物計數了。他又認為中國古典數學和西方古典數學，由於著眼點不同，遂導致分道而行，但終究有相通之處。中國古算家關於勾股弦問題的討論，只限於由直角三角形的兩邊求其第三邊，只是邊長問題；而西方古代算法卻以直角三角形兩個銳角度數定量化為出發點，建立正矢、餘矢、正弦、餘弦、正切、餘切、正割、餘割等八個函數關係，其間互相推求，計算十分方便。他說古人常說的直、方、大，殊不知：「直即線、方即面、大即體。唯直而後可方，既直方自然大。」〔註 72〕與西方幾何原理符合。故：「凡數起于點，當初只有一點，引而長之則為線，將此線四圍而周方之則為面，又復疊之教高則成體。直、方、大即是此意。」〔註 73〕因此他認為中國古算「有待於新法以補其所未備」〔註 74〕，當肯定其價值所在。楊名時〈墓碣〉稱他「所論數律算術，皆洞徹原本，貫穿古今，一一可施於實用，利賴無窮焉。」〔註 75〕他把數學原理用到天文曆算、水利工程、音樂律呂等方面，不但施於實用，且有實際貢獻。清．阮元說：

> 文貞一代偉人，立功名于當世，其學以子朱子為宗，得道學正傳，而又多才多藝，旁及天文算術之事，尤能貫通古今，洞明根底，所著本要及論太初四分諸篇，非大覃思究極精奧，孰能與于斯乎！夫乃知大儒之學，無所不通，蓋天地靈秀之所鍾，非常人所能企及也。

〔註 68〕阮元：《疇人傳》，卷 40，頁 497。
〔註 69〕李光地：《榕村全集》，卷 10，〈曆算要書序〉，頁 560～561。
〔註 70〕李光地：《榕村全集》，卷 20，〈算法〉，頁 1020～1021。
〔註 71〕李光地：《榕村全集》，卷 20，〈算法〉，頁 1022。
〔註 72〕李光地：《榕村語錄》，卷 9，頁 166。
〔註 73〕同上。
〔註 74〕李光地：《榕村全集》，卷 20，〈算法〉，頁 1021。
〔註 75〕《國朝耆獻類徵初編》，卷 10，宰輔 10，頁 371。

(《疇人傳》，卷 40，頁 500)

對於李光地的天文算術極爲推崇。李光地不僅親自學習曆算，又提拔了一批曆算人才，提高當時研究曆算的水準，使康熙對漢人的曆算學問爲之改觀，也對李光地日益信任，甚至委以文淵閣大學士之位，其間，李光地確也曾努力以致，而非偶然或僥倖得之。

(三) 音　韻

在音韻學的研究上，李光地曾親自拜見顧炎武，「顧氏與縱談點畫聲音古今訛異之原，公心識其說。」〔註 76〕所以李光地「逮晚年所著《韻箋》及《音論》等篇，大抵皆闡明顧說，至以收聲釐韻部以五聲切眾音，則補顧氏所未發，得於國書者爲多」〔註 77〕。如他曾論到閩地保存的古音，說：

> 彼處與中州近，古時大抵全是北方的音，及五胡來，便雜之以胡音，而古音反雜。又五代，中原人多渡江，蠻音又反存有古音。如吾閩說話，有將「此」字錯去，竟不是一母一等者。若是念書，古音甚多，如有閉口、有入鼻，有輕唇，無重唇，有輕齒，無重齒之類。當日顧寧人每來訪問閩音，大稱是古音，而人不知。(《榕村續語錄》，卷 20，頁 902)

他也論清朝保存的元音：

> 元音惟本朝得之。音聲起於歌麻，反切起於影曉，本朝起於外地。徐文定及西洋人講求一度越千古之歷，而本朝用之。自古以來，韻學不知有元音，而本朝合之，非偶然者。人須知古韻，又知唐韻，又須知今所用韻。凡學問皆須如此。(《榕村續語錄》，卷 20，頁 903)

《韻箋》三卷另闡述音節轉換，古今、南北地方字音之異等。又著《榕村韻書》五卷，闡述五音生生之法。《等韻便覽》一卷，以收聲釐韻，以五聲切眾聲，並根據顧炎武音學，摘字之習用者依等韻字母編爲便覽。另有《音韻闡微》十八卷，改良了舊時反切，新作「合聲」反切，以「能生本音」的字作切上字；「能收本韻」的字作切下字，使反切的用字數量大爲精簡；並使反切的拼讀比宋以前的古反切容易，也比清代以前的反切順暢。他又利用等韻學理論來劃分音類、表類音讀等，都是他在聲韻學上的成就。

〔註 76〕李清植纂：《年譜》，頁 22。

〔註 77〕同上，頁 27。

（四）樂　論

李光地留心樂論數十年，著有《古樂經傳》五卷。此書取《周禮．大司樂》以下二十官爲經，以《樂記》爲之傳，有新見解，王瑟若曾把此書譯爲西文。又著《大司樂釋義》二卷，解說周禮、周官、大司樂及其論說，闡明樂理；此書以經文爲主，以《史記》、《漢書》、《淮南子》諸說爲輔。

李光地研治經學，尚有《洪範》、《禮》、《春秋》等。且影響其家學，其弟李光坡，宗尚宋學，曾次第治十三經、濂洛關閩書、子史；壯歲更專意三禮，著有《周禮述注》、《儀禮述注》、《禮記述記》；從弟李光墺、李光型皆受業於光地，李光墺著有《考工發明》；李光型著有《易通正》、《洪範解》、《詩六義說》等。其子李鍾倫著有《周禮訓纂》，並從梅文鼎治曆算，於「甲數乙數用法甚奇，本以赤道求黃道，鍾倫準其法以黃求赤，作爲圖論，又製器以象之。」〔註78〕

二、李光地理學的學思歷程

李光地被稱爲理學名臣，因爲他晚年專宗朱學，並藉著皇帝的寵信及居上位的優勢，大力地推行朱子學。但他本人對程朱學的宗仰也經過游移於程朱、陸王的過程，他以拒斥陽明、專宗朱學爲終；但對陸學，卻一直保有好感。

（一）對於陸學的涵容

程朱、陸王之辨是自宋明以來理學內部的重要論題，到了清代，學者對於二者的區別多半已有了清楚的認識，只是個人的取捨態度不同而已，李光地對二者也有深刻認識，因此對陸學的包容勝於拒斥，對王學則相反之，尤其從他晚年的態度可以看出。

李光地曾在〈朱陸析疑〉一文說：

> 陸氏之論躬行，必先於明理，其言窮理，必深思力索，以造於昭然而不可昧，確然而不可移，此固與朱子知行之學同歸，而其心悟身安，言論親切，雖朱子亦且感動震矜而爲之左次。然則朱陸之道，豈如一南一北之背而馳哉。（《榕村全集》，卷17，頁915）

他認爲陸象山的明理窮理之說和朱子的知行之學是相通的，他的言論連朱子都爲之感動震矜，所以朱陸二人之學並不是一南一北，背道而馳。而二人較

〔註78〕阮元：《疇人傳》，卷40，頁500。

不合之處乃在「陸氏之反約也速，收功也近，其教人之法則徑而多疏。」而朱子則「用力也漸，衛道也嚴，其教人之法，則周而無弊也。」（同上）他認爲二人的宗旨都在反之於約，只是一速一漸不同而已；所以在講學上陸較粗疏，朱較周延。他指出陸象山粗疏之點如：1、對於邵雍發明先天之學，但陸象山卻以爲此非作易之意。2、周濂溪所開啓的無極之妙、主靜之宗，陸象山卻以爲此是老子之旨。3、程氏兄弟發明性之所以善、心之所以仁、主敬之要、知行之方，陸象山以爲此和孔孟之言不相似。況且陸象山在議論舉措之間，未免精神用事，而氣不可掩，不如朱子的粹然平中，能夠極其規矩準繩而無憾。而陸氏之所以如此講學，乃是由於見世人支離沈溺，而不能自振，所以刊落擺脫，直接乎孟氏之傳。但是陸學的粗疏也影響了中明以後，士大夫自以意爲學，於是章句不足守、文字不足求，甚而典訓不足用，義理不足窮，議論行檢都爲之一變而風氣大壞。如朱子說的「今之以學自立者，門戶衰塌，唯陸子靜精神啓發，其流禍未艾也」（同上）。這是講陸象山的學問之弊。

關於程朱與陸王之學，李光地說明了他們主要的區別，他說：

> 象山之學……與朱子異者，心性之辨耳。……近日姚江之學，其根源亦如此，故平生於心、理二字，往往混而爲一。答顧東橋書、引虞書斷自道心惟微以下，而截去上一語，晚歲遂有無善無惡之說。夫心性之原既差，則志其所志、養其所養、行其所行，二本殊歸，其道使然。（《榕村全集》，卷 7，《初夏錄・通書篇》，頁 346～347）

這裏直接針對程朱、陸王的根源——心性之辨，來分判二者之學的殊異，陸王講即心即理，因爲二者心性根源不同，所以所志向、所長養、所實踐的目的也都不同，這是很根本性的分判。

此外，他也稱讚陸象山才大，及與朱子互相推稱的情況，他說：

> 陸子靜才本大，其爲荊門州，至境內無賊，路不拾遺。又明敏于事，造一城，估計五十萬人者，他用五千人，剋日而就。若不死，便大用，必有可觀。故朱子謂：「渡江以來。惟我與子靜八字著腳，做著己工夫。」子靜亦稱朱子爲「泰山喬嶽」，于立社倉法，劾唐仲友，皆稱之不遺餘力。使子靜爲相，必用朱子；朱子爲相，必用子靜。（《榕村語錄》，卷 20，頁 350）

陸象山和朱熹二人同是才華極高之人，雖然論學重點不同，但可以說是可敬的敵手，彼此之間應有著英雄惜英雄之情，後人也不應因言廢人。此外，李光地對陸象山的學問頗有稱讚，他說：

> 象山之學亦言志，亦言敬，亦言講明，亦言踐履。（《榕村全集》卷7，《初夏錄・通書篇》，頁346）

又說：

> 象山白鹿洞講義利，聞者多揮涕。何以能爾？想他皆有許大精彩，聳動得人。（《榕村語錄》，卷20，頁350）

象山曾受邀白鹿洞講義利之學，聞者多揮涕，連朱熹也讚賞象山講學能立即感發人心，可見其學問、氣象自有其精彩處，不可輕忽。但他也批評象山之學：

> 陸子靜謂「先立乎其大」者，說何嘗不是，弊在把窮理工夫看輕了，便破敗百出。（《榕村語錄》，卷4，頁71）

象山的「先立乎其大」的尊德性之說，是其學說的重點所在，但是把窮理工夫看得太輕，以致有破敗百出的弊害。但是比起王陽明來，陸學還是比較可取的，他說：

> 陸子靜只在吾道上說得過些，王陽明方可謂之「詖淫邪道」，子靜只是賢知之過。（《榕村語錄》，卷20，頁350）

認爲陸象山只是在道上說得太過些，不致於像王學般成了「詖淫邪道」。所以他在七十四歲時拜訪鵝湖書院，對於有人質疑五百年來朱陸異同爲人口實，今同堂而祀，配祔之義應如何處置的問題，李光地答以：

> 二子之相崇重者至矣，朱門誨學者以持守，每推服象山爲不可及，白鹿講章，朱子至爲避席上手謝焉；陸之於朱，則有泰山喬嶽之嘆，故朱子有言南渡以來理會切實功夫者，吾與子靜兩人而已。原其講辨豪芒之指，一則慮玩心高明之失實；一則恐著意精微之離眞，二者於末學誠皆有弊焉，雖朱子亦謂宜捨短集長，庶無墮於一偏也。……朱子敘道統淵源，並以周程邵張釋奠精舍，未嘗以其小不同者爲病，然則朱陸之共俎豆，而處閟宮也，而又何猜乎！（《譜錄合考》，頁650）

這裏他指陸學、朱學各有所偏，陸學「玩心高明」，易流於失實；朱學則「著意精微」，易離於眞。但二子本來也是互相推崇的，因此以朱子捨短集長的用心來看，本就不必是己而非他，所以朱陸共奉一祠是無庸猜疑之事。從李光地對朱陸共處閟宮這件事看來，也可以知道他到晚年盛推朱學，但並不因此而視陸學爲土苴。所以他到了晚年對陸學的態度仍是包容的，但是對陽明學則不如此。

（二）對陽明學的反省與批判

自明中葉以來，陽明學風造成的風潮之廣，連朱子學的根據地福建也不免受到影響。李光地生於福建，也曾受到陽明學的洗禮。

福建自從朱熹之後，一直都有朱子學的傳統，但在明代中葉以後，陽明學在此也形成一股風氣，如明中葉的李贄（1527～1602）在閩中地區即造成很大影響，《榕村續語錄》載有：「明末，閩中學者飲酒讀史，崇尚李卓吾書，舉國若狂。」〔註79〕又明末，福建漳浦也出現了服膺陽明學的黃道周（1585～1646），《榕村語錄》道：「當明季時，如李贄之《焚書》、《藏書》，怪亂不經，即黃石齋的著作，亦是雜博欺人。其時長老，多好此種，卻將周程張朱之書譏笑，以爲事事都是宋人壞卻。惟先君篤好之。」〔註80〕在陽明學風的襲捲之下，鮮有不受影響的，李光地的叔叔也是信陽明學的，他曾說：「先叔生平不喜宋儒學問，而視黃石齋爲聖人。」〔註81〕但李光地的父親卻是程朱之學的服膺者，對李光地也以程朱學啓蒙之，所以李光地雖受他父親的影響，很早就接觸程朱學，「先君篤好《性理》。赤貧赴考時，十金買得一部內府板《性理》，喜若重寶。歸而督予讀之，遂開子孫讀書一派。」〔註82〕但是在當時學風影響下，李光地也曾研讀陽明學，他曾說：「予十八歲看完《四書》，十九歲看完本經，廿歲讀完《性理》，廿一至廿五歲，看陸子靜、王陽明集及諸難書。」〔註83〕

李光地在翰林院學習期間，曾與魏象樞前往拜見孫奇逢，當時孫奇逢已經八十歲，然「望其神氣，清健如五六十歲人，獨耳偏塞。然有所問叩，輒酬酢如應響，蓋所謂能以目聽者，古之眞人歟！」〔註84〕康熙十二年（1673），李光地告假還鄉時，曾向孫奇逢辭行，孫贈書於光地，並說：「平生師友，盡在閩中。」〔註85〕孫奇逢的學問以陽明學爲宗，晚年則於程朱、陸王各有所長，從這句話也透露出當時閩地陽明學風之盛，而他的思想對李光地應也有所感發。

〔註79〕李光地：《榕村續語錄》，卷18，頁864。
〔註80〕李光地：《榕村語錄》，卷29，頁523。
〔註81〕李光地：《榕村續語錄》，卷18，頁864。
〔註82〕李光地：《榕村續語錄》，卷18，頁864。
〔註83〕李光地：《榕村續語錄》，卷16，頁773。
〔註84〕李光地：《榕村全集》，卷12，〈孫北海五經翼序〉，頁620。
〔註85〕同上。

所以，李光地在早年也曾接觸過陽明學，這也算是當時的一般風氣。到李光地任官後，仍然講陽明學，康熙曾說：「況許三禮、湯斌、李光地俱言王守仁道學，熊賜履惟宗朱熹，伊等學問不同。」〔註 86〕李光地專力宗奉程朱學，大約是在他五十歲以後的事，此在前章已述及。

李光地也熟悉陽明學，對於陽明其人，頗有讚語。他說：

> 王學迂腐無用，若以王姚江處其位，恐永樂未必成事。姚江滿腹機權，故是英物。其平甯王，皆教官、典史、知縣、知府驅市人而戰，眞是大才。(《榕村續語錄》，卷 8，頁 668)

> 王姚江學術雖偏，然爲朝廷辦事卻識大體，其平蠻所至，即立郡縣，便清其根。(《榕村續語錄》，卷 18，頁 823)

這是對陽明其人及其事功的推崇。他對陽明的學說也有稱讚處：

> 王陽明講「立志」，及「人放下時須振起，人高興時須收住」，皆是其自己得力處，言之親切警動，亦極好。至於說萬物一體處，言：「見路人赤子入井，惻然救之，是赤子一體也。見禽獸被傷，欲活之，是禽獸一體也。見草木摧折，欲護之，是草木一體也。見磚瓦傾欹，欲全之，是磚瓦一體也。」其論甚精。(《榕村續語錄》，卷 16，頁 764)

> 姚江之言曰：「《大學》只是誠意，誠意之至，便是至善。《中庸》只是誠身，誠身之至，便是至誠。」愚謂王氏此說，雖曾思復生，必有取焉。(《榕村全集》，卷 6，《初夏錄．大學篇》，頁 279)

他讚賞陽明的萬物一體說及誠意、誠身之說，但是他對陽明的讚語仍屬少數，大多數仍爲批評語。因朱學和陽明學最大分野在於「性即理」及「心即理」之主張，所以凡是不滿陽明學的，必會就陽明的致良知之學加以攻伐，李光地也批評陽明的「致良知」之說，他說：

> 致良知之說，謂誠意謹獨，即所以致其知也。愚以爲不然，人之稟有高下，其習有淺深，雖是非之心，人固有之，其應念而隨覺者希，即其微有覺焉，而未有親切之見，遠大之識，亦終無以發其慚忸之心，而決其勇往之力。故必窮理致思、講明開悟，然後俛焉日有孳孳而不能自已也。蓋程朱所謂窮理云者，非逐事物而忘身心之理也。心即理之心，理即心之理，合一之道也。又非今日知之，明日行之之謂也。

〔註 86〕《康熙起居注》二十八年己巳九月，頁 1902。

知愈眞而行愈力；行愈篤而知愈至，並進之功也，亦何其擇焉不精，而遽翩然反之。（《榕村全集》，卷 2，《經書筆錄》，頁 95～96）

李光地認爲，致良知之說以個人的誠意謹獨即爲致其知，是將人的氣稟、習氣看得過於單一而簡化；因爲人的氣稟有高低，習氣有深淺，能夠隨念而醒覺的人並不多，即使略有醒覺，但沒有親切的見解，遠大的識見，也沒有辦法發起慚愧羞惡之心，且奮決其勇往之力。所以應依照朱子所說的窮理致思、講明開悟的漸進過程，在日積月累之中使行爲自然合於正道。他並解釋程朱所謂的窮理並非逐物而忘身心之理，而是心即理之心，理即心之理，李光地認爲程朱之說中，也有心和理合一的部分，但這裏的「心」並非如陽明所云「心之妙」的心，而是具「理之實」的心。故若能知愈眞而行愈力、行愈篤而知愈至，知和行是互相輔助且並進的。因此程朱的窮理之說，對於千差萬別的人性，較能提供普遍的指導原則。他又說：

王氏之言致良知也，謂專務體察乎身心性情之德，志固無惡於天下。……王說之病，其源在心之即理，故其體察之也，體察夫心之妙，不體察夫理之實也。心之妙在於虛，虛之極至於無，故謂無善無惡心之本，此其本旨也。其所謂心，自仁義心，自惻隱羞惡辭讓是非，是文之以孔孟之言，非其本趣也，是故遺書史、略文字、掃除記誦見聞，以是爲非心，非道爾。（《榕村全集》，卷 8，《尊朱要旨・知行二》，頁 432～433）

這裏也肯定陽明的致良知，能夠專心致力於體察身心性情之德，對天下並無害處。但是指出其說的病源也在於心之即理，因爲說即心即理，所以體察到的是「心之妙」，而不是「理之實」。心之妙在於心的虛靈妙覺，而虛靈妙覺的極致是無，所以才會以「無善無惡心之本」爲其本旨。故而他所體會到的心，諸如仁義、惻隱、羞惡、辭讓、是非之心等，都只是假借孔孟之語，而非孔孟之本意。也因此掃除書史、文字、記誦見聞之學，以爲這些都不是心的要旨，但以程朱的角度來說，這些說法自然是不合乎道的。李光地直指朱學和王學的歧異點在於「性即理」與「心即理」，朱學的理是實理，王學的理是心之妙的虛理，二者對「理」的指涉內涵並不一樣；且王學因爲以求心之妙爲第一要務，所以忽略了記誦聞見的學習，束書不觀的結果，更使其學益加虛玄無根。其中「無善無惡心之體」引發的爭論最大，李光地說：

他的病根，在「無善無惡心之體」。但觀有道君子，于事物未交寂然

端坐時，滿腔無非善意，通身都是善氣，豈得云無善？若無善，此等氣象從何而來.？（《榕村語錄》，卷 20，頁 364）

程朱的理是實，是因爲理是善，是人本有善性的流露，凡行爲上的忠、誠、信等，都是實心實理。而王學卻說「無善無惡心之體」，違背了孔孟以來所強調人性本善的傳統，以致於所有的善意善行都沒有了根源。這的確是王學中難以自圓其說的部分。李光地也批評王學不重視經學，他說：

王姚江卻未見他講得治天下大規模，經學是其所疏忽者，故亦未能詳備。（《榕村續語錄》，卷 8，頁 667）

又說：

所惡于姚江者，爲其以《四書》、《六經》皆是閒賬，直指人心，立地成佛耳。其流毒無窮，王龍溪已不像樣，萬曆以後，鬼怪百出，姚江作俑也。（《榕村語錄》，卷 20，頁 352）

逮乎中明，士大夫自以其意爲學，於是乎章句不足守，文字不足求，甚而典訓不足用，義理不足窮，經術文字、議論行檢，胥爲之一變，而風聲大壞矣。（《榕村全集》，卷 17，頁 913）

王學不講治天下的大規模之學，又輕忽經學，甚至把《四書》、《六經》視爲閒帳，專講直指人心，立地佛之事，這些都是造成萬曆以後王龍溪等輩講學、行徑肆無忌憚的原因。因爲對於王學造成晚明風氣敗壞的痛恨，所以李光地基於對王學的檢討與反省後，最終選擇程朱學作爲他的學術信仰。他在晚年以篤信程朱、弘揚程朱爲論學要旨。雖是如此，也不能因此抹去他由陽明學走來的痕跡，他既認同陽明的萬物一體、誠意、誠身之說，肯定其身心性情之德的強調，而他的「知本」、「明性」之說，正是折衷陽明學之後的見解，這些都是受到陽明之學所影響，將在後文論及。

（三）對理學的歸趨

李光地對程朱的學習始自於他的家學，他曾說：「吾家遵程朱之教，祭自高祖以下，於官舍則立祠版，奉以行。」〔註 87〕他雖有家學淵源，但對朱學的體會卻是隨著年歲而日深的，他說：

少時只見得朱子好處在零星處，卻不知其大處之妙。如今見得他大處之妙，轉見得他小處有錯。可見知其小處，便不能窺其大，知道

〔註 87〕李光地：《榕村語錄》，卷 27，頁 489。

大處，便小處都識得。（《榕村語錄》，卷 19，頁 339）

由年少時見得朱子的零星處，到後來見到朱子的大處之妙，同時也見得朱子的小處之錯。李光地信奉程朱學，是經過了對陸王之學的反省與取捨後而建立的，且非一意以朱學爲宗而不敢有所懷疑改易，如他曾批評當時的學者如陸稼書、呂晚村、仇滄柱等拘守傳註，字字膠執，他說：

> 讀書人不思經義，株守傳註，字字膠執，牽經合傳，甚至并傳意亦失之，如近世陸稼書、呂晚村、仇滄柱等，眞村學究。名爲遵程朱，何嘗有絲毫發明？（《榕村續語錄》，卷 16，頁 785）

這種不思經義、拘守傳註的情況始自於明代理學家，「當時如蔡虛齋、林次崖、陳紫峰等，已是有病，故陽明等厭之，而有反其道以治之之弊。」（同上）可見李光地也能正視自明代以來理學家的固守經傳，不知變通的弊病，而他本身雖尊朱學，但也表現了懷疑的精神，他曾說：

> 古法之壞，不壞於無知者，而壞於一知半解者。十分中曉得九分，那一分不解，不肯闕疑，定臆造以求合。承訛襲謬，且久不知其非，而古法之眞益晦。聖人云：「多聞闕疑」，萬古讀書人，不可易此。（《榕村語錄》，卷 24，頁 429）

李光地認爲一知半解，不肯闕疑，而臆造以求合，都是造成古法益晦的原因，因此他在很多地方都強調「多聞闕疑」的懷疑精神，對於朱子學亦是，如說：

> 許魯齋云：「學問到有朱子，已經都說明，只力行就是了。」此語似是而非，恰像人已無不明白，只欠得力行。其實不能明白者儘多，乍見似淺顯，人人與知，卻中間難理會處無限，只當熟講深思而力行之，方無弊。且如堯舜以來之道，至文武已無不明確，周公又仰而思之，夜以繼日，何爲也？《易經》，文、周發明已明，孔子又「韋編三絕」，何爲也？說是前人說明，亦要在我身心上實實體會親切方好。近人不是想推程朱之案，便謂程朱發明已盡，不必措意。都不是。……夫子拈一「信而好古」爲宗，就中又開出許多方法。如所謂「闕疑」，「闕」殆擇善而從，不是見古不論是非，一概深信不疑也。（《榕村語錄》，卷 24，頁 430）

從這一段話，正可以破除信盲信權威、讀書不思的迷思。即使是對於學問宏博的朱子學，也未必可以毫無疑義地全盤接受。對於朱子的學問，仍須在力行之中不斷地熟講深思，將前人的說明，實實地在自己身心上體會親切。且在行思之中，仍須有「闕疑」的精神，擇善而從，而不是不論是非地一概接受。在李光地的《榕村語錄、續語錄》中，便可見到他與子弟、友朋們講論學問、探討各種問題的情況，所以他的學問並不是非程朱不敢講，膠執經義而不敢辨，事實上正好相反，如朱子疑《孝經》，他便不以爲然，他說：

> 朱子疑《孝經》，某便不敢從。《孝經》所說道理，實在完全。……五常之性，德也，禮、信、義、智皆統於仁，而仁之最篤處，莫過于孝。（《榕村語錄》，卷 17，頁 303）

又他也不贊同朱子的格物補傳，他認爲只要將《大學》經傳通貫讀之，則古本完全，並無所謂缺亂者。所以朱子的補傳實無必要。他在〈大學古本私記序〉一文說：

> 大學古本，自二程兄弟所更既不同，朱子考訂又異，學者尊用雖久，而元明以來諸儒謹守諸說者，皆不能允於心，而重有纂置，爲異論者，又無足述也。愚思朱子所補，致知格物一傳耳，然而誠意致知，正心誠意，其闕自若也。其誠意傳文釋體，迥異與前後諸章別，來學之疑，有由然已。姚氏古本之復，其號則善，而說義乖異，曾不如守舊者之安，欲爲殘經徵信，不亦難乎？……（《榕村全集》，卷 10，頁 540）

又他不同意《大學章句》、《中庸章句》之改編，而信守《古本大學》，曾說：「大學古本，稼書意不謂然，然觀賢者之所劈畫，不動古文章次，又不悖朱程宗指，度越姚江之說多矣。」〔註 88〕他也自行改編《中庸》。又如《周易觀象》一文，採王弼與韓康伯注以及孔穎達的疏，皆與朱注不同。另外，在《榕村語錄、續語錄》中，也可常看到對於朱子說的不滿及批評的討論。可見李光地時與門人子弟研習講說程朱學，卻不一味地遵從拘執前人之說。

三、李光地的著作

李光地的主要著作皆收於《榕村全集》，此集爲清道光九年（1829）李惟迪所輯，共三十八種，一百七十六卷，然《榕村語錄續編》二十卷未收入。此外李光地尚有《禮學四際約言》、《禮記纂編》、《文略內外編》等著作，毀於保定官署火災而不傳。其主要著作簡介如下：

（1）《周易通論》4 卷

〔註 88〕李清馥纂：《譜錄合考》，頁 539。

此書總論易理，以下各自爲篇，一、二卷發明上下經大旨；三、四卷則發明繫辭、說卦、序卦、雜卦之義，冠以〈易本〉、〈易教〉二篇，次及卦爻象傳、時位德應、河圖洛書，以及占筮挂揲，正變環互，無不條析其意，而推明其所以然。融會貫通，卓然成一家之說。此書要旨，以消息盈虛觀天道而修人事。

（2）《周易觀象》12 卷

此書用《周易》注疏本，與朱熹用《周易》古本不同。書中各卷皆發明易理，兼證以易象，而於易數則略。非爲解釋彖辭，實爲注釋全經。其大要雖與程朱二家頗有出入，而大旨則發明程朱之說，雖與程朱有異同，而無背觸。

（3）《尚書解義》1 卷

是書僅解〈堯典〉、〈舜典〉、〈大禹謨〉、〈皋陶〉、〈益稷〉、〈禹貢〉、〈洪範〉七篇，系未完稿。其書不以訓詁見長，而以解義見著。此書與朱熹見解有所不同，不以古文《尚書》爲僞，認爲古文《尚書》被孔安國所增刪，又爲東漢以後諸儒篡改。書中對《尚書》中的地名作了考證，並非據理懸揣。

（4）《洪範新舊說》2 卷

此書用天道、人道解釋《洪範》。李光地認爲，《洪範》之書文雖少而與四聖之《易》並傳，《洪範》中所講的是治國平天下的道理。

（5）《詩所》8 卷

是書大旨不主於訓詁名物，而於推求詩意；其推求詩意又主於涵泳文句得其美刺之旨而止，亦不旁徵事跡，必求其人以實之。其所詮釋多能得興觀群怨之旨。

（6）《朱子禮纂》5 卷

此書取《朱子文集》和《朱子語類》中說禮之言以類纂輯，附以己說，分爲總論、冠婚、喪、祭、雜儀五目，書中雖遺漏許多朱熹說理之言，但整理朱熹零星說禮之言，條理井然。

（7）《春秋毀餘》4 卷

李光地於康熙四十一年（1702）著《春秋稿》十卷。康熙四十五年（1706），隨康熙南巡，住在河北保定官署，因失火燒毀其書一大半。李光地故世後，其孫掇拾餘稿纂成此書。

（8）《大學古本說》1 卷

說明他使用和注釋《大學》一書之所以不用朱子本，而用漢代鄭玄注古本，是因爲鄭氏古本文從理得，且突出「知本」、「誠身」二義爲《大學》樞要。此免於與眾目混淆和爲王學之徒利用。

（9）《中庸章段》1卷

說明他使用和注釋的《中庸》一書，不用朱子原本，亦不用鄭玄注古本。他分《中庸》爲十二章，聯屬其文，使節次分明，大旨則與朱子本無異。

（10）《中庸餘論》1卷

闡發《中庸》一書之精義。

（11）《中庸四記》1卷

從不同角度說明《中庸》首章之旨。李光地認爲《中庸》首章最難，只有明白此章，才能明白全書，以至於《四書》。

（12）《讀論語札記》2卷、《讀孟子札記》2卷

系隨所見即札記之文，闡發《論》、《孟》各章要旨，解釋大體與朱熹同而有發展。每章舉經首句標明某章，然後解釋本章之大旨，發前人之所未發。

（13）《禮記述注》28卷

闡述《禮記》各章節之大意，並有考證。

（14）《注解正蒙》二卷

是書疏通證明並多有闡發張載未發之意，又於先儒互異之處，一一別白是非，使讀者曉然不疑，並改正當時流傳本《正蒙》之誤。

（15）《古樂經傳》5卷

是書取《周禮・大司樂》以下二十官爲經，以《樂記》爲之記，又有附樂經、附樂記，統爲五卷。

（16）《榕村韻書》5卷

闡述五音生生之法。

（17）《韻箋》3卷

闡述音節傳換、古今、南北地方字音之異。

（18）《離騷經注》1卷、《九歌注》1卷

根據王逸本注，所注皆推尋文意以疏通其旨，頗爲簡要。

（19）《參同契注》3 卷

論證《參同契》爲魏伯陽所撰。此書注釋分爲《周易參同契》二卷和《周易三相類》一卷，二書各分上中下三篇，又於二書之後各列「爐火說」一篇。

（20）《陰符經注》1 卷

爲注釋《陰符經》之難句。李光地注較李筌注爲順，他不以此書爲李筌所僞撰。

（21）《握奇經注》1 卷

握奇即兵法尚奇之意。此書闡述行兵布陣之法。以《周易》八卦配八陣，注釋通俗易懂。由此書可見李光地之軍事思想。

（22）《韓子粹言》2 卷

摘錄韓愈之發於理、濟於事之文章，加以己意說明，編輯成書。

（23）《古文精藻》2 卷

系李光地提督順天學政時所選錄，以教誨鄉曲諸生，使其不求盡古文之變。

（24）《大司樂釋義》2 卷

系解說《周官・大司樂》及其論說，闡明樂理。此書以經文爲主，以《史記》、《漢書》、《淮南子》諸說爲輔。

（25）《榕村講授》3 卷

此書分爲三編。上編載周、張、二程、朱子所著；中編爲董仲舒、揚雄、王通、韓愈、邵雍、胡宏所著；下編爲賈誼、匡衡、劉向、谷永、劉歆、班固、諸葛亮、歐陽脩、宋祁、王安石、曾鞏、陸九淵、眞德秀所著。多取其所以發聖賢之理者，大抵皆儒家之意。對於揚雄、谷永、劉歆等人，不以人廢言。此書爲應科舉之文，以誘掖初學者之書。

（26）《星曆考原》6 卷

分象數考原、年神方位、月事谷神、月事凶神、日時總表、用事宜忌之目。此書於《四庫全書》被歸爲「子部術數類」。

（27）《榕村語錄》30 卷

大致以經義、性理、諸儒、諸子、史書史事、治道、詩文爲類，記錄了李光地一生與門人子姪的講學問答。《譜錄合考》說明了此書的纂集：

《語錄》三十卷，下相徐先生（徐用錫）所纂記者，其中從兄清植採公遺書評語，及先從祖光坡、從父鍾旺、并兄清植所自記，各註明條下。至交河王君之銳、高陽郭君珣，皆公及門士，間記所聞，亦概附入，雍正癸丑刻於浙江使院。（頁 633）

又《語錄》中並未收錄李光地究心的律呂、算術，可能是因爲此二門爲專門之學，爲儒者所當知，而非儒者所急，故未收；或是因爲李光地將律呂之學授王蘭生，算術授魏廷珍，而清植等不及聞，所以未收。《四庫全書總目提要》云：

光地之學源於朱子，而能心知其意，得所變通，故不拘墟於門戶之見，其詁經兼取漢唐之說，其講學亦酌採陸王之義，而於其是非得失毫釐千里之介，則辨之甚明，往往一語而決疑似，以視黨同伐之流，斥姚江者無一字不加排詆，攻紫陽者無一語不生訕笑，其相去不可道里計，蓋學問既深，則識自定，而心自平，固宜與循聲佐鬥者迥乎異矣。（卷 94，〈榕村語錄〉，子部儒家類四，頁 799 中）

對於此書不拘門戶之見，詁經兼取漢唐之說，講學亦兼採陸王之義等，皆甚爲推崇。

（28）**《榕村續語錄》20 卷**

黃家鼎錄。體例仿《語錄》前編，未收錄於《榕村全集》。於《語錄》外增加本朝時事、本朝人物二大類，對著者自述生平行事、議論朝局是非，臧否大臣和三藩之亂、博學鴻儒、施姚之爭、台灣歸清、朝廷黨爭、獎廉懲貪等事件，均有詳盡記載，對於清代官私史著，有拾遺補闕之作用；所涉及的學術領域，除了理學外，博及經學、史學、文學、諸子百家、天文歷算、律呂音韻等。

（29）**《榕村全集》40 卷**

爲詩文札記之類。集中有《觀瀾錄》一卷；《經書筆記》、《讀書筆錄》共一卷；《春秋大義》、《春秋隨筆》共一卷；《尚書句讀》一卷；《周官筆記》一卷；《初夏錄》二卷；《尊朱要旨》一卷；《象數拾遺》、《景行摘編》共一卷；文二十五卷；詩五卷；賦一卷。雖總題曰全集，然不包括所有之詩文，及其所著諸書、語錄等。集中說經之書甚多，以闡明義理爲主，其他詩文亦是闡述道理之言。

（30）**《卜書補義》1 卷**

此書不合蔡沈之說，而合眞西山之說。

（31）《等韻便覽》1 卷

此書根據顧炎武音學，摘字之習用者依等韻字母編爲便覽。發展了顧氏音韻學，以收聲釐韻，以五聲切眾音。〔註 89〕

李光地著作可分類爲：

類　別	著　述
《易》類	《周易通論》4 卷、《周易觀象》4 卷、《周易直解》13 卷、《周易觀象大指》、《榕村易經語錄》、《象數拾遺》
《書》類	《尙書解義》1 卷、《尙書句讀》、《洪範新舊說》2 卷、《洪範說》
《詩》類	《詩所》8 卷
《禮》類	《禮記述注》28 卷、《周官筆記》、《大司樂釋義》2 卷
《春秋》類	《春秋毀餘》4 卷、《春秋大義》、《李光地日講春秋解義》65 卷
《樂》類	《古樂經傳》5 卷
《孝經》類	《孝經全注》
《四書》類	《讀論語札記》2 卷、《讀孟子札記》2 卷、《大學古本說》1 卷、《大學舊本私記》、《中庸章段》1 卷、《中庸餘論》1 卷、《中庸四記》
宋儒著作	《朱子禮纂》5 卷、《朱子語類四纂》、《尊朱要旨》、《二程子外書纂》、《二程遺書纂》、《注解正蒙》2 卷、《太極圖解》、《論定性書》、《西銘》、《通書》、《顏子所好何學論》、《四書解義》
語　錄	《榕村語錄》30 卷、《榕村續語錄》20 卷
韻　書	《榕村韻書》5 卷、《韻箋》3 卷、《等韻便覽》1 卷
集部注	《離騷經注》1 卷、《九歌注》1 卷、《韓子粹言》2 卷、《古文精藻》2 卷、《律詩四辨》
文　集	《榕村講授》、《初夏錄》、《觀瀾錄》、《經書筆記》、《榕村文錄》2 卷、《榕村詩選》、《浙嘐存愚》、《榕村全集》
星算類	《星曆考原》2 卷、《曆象本要》、《筆算》
道教類	《參同契注》1 卷、《陰符經注》1 卷
程墨類	《程墨前選》2 卷、《榕村制義》、《易義前選》5 卷、《名文前選》6 卷
書畫類	《榕村字畫辨訛》
歌訣類	《經書源流歌訣》、《三禮儀制歌訣》、《歷代姓氏歌訣》
其　他	《握奇經注》1 卷、《卜書補義》1 卷、《泰山脈絡記》、《篆字經文》1 卷

〔註 89〕以上參見高令印、陳其芳：〈李光地著作簡介〉，收於《福建朱子學》，頁 391～396。

此外李光地所編纂的書目有：《周易折中》23 卷、《詩經傳說》11 卷、《春秋傳說》15 卷、《朱子全書》66 卷、《性理精義》12 卷、《四經六經解說》33 卷、《音韻闡微》18 卷、《月令輯要》25 卷、《星曆考原》6 卷。

李光地所撰、纂、輯、校、編、注、刊刻之書共達七十餘種，五百餘卷之巨，其一生著述不輟，可謂學博而雜矣。

第四章　李光地對理學思想的闡述（上）

宋代理學承繼孔、孟以來的思想，不同於漢儒的訓詁解經，對於儒家重要經典予以義理性的發揮。在《易傳》、孔、孟思想中，個人道德修養的論題被宋代理學家承繼發展成爲一套兼具本體論與工夫論的心性修養之學，其中又以朱熹爲重要人物。從二程到朱熹，明確地以「理」作爲形而上的義理之源，賦予事物生成的原理原則以本質與普遍性的根據，因而衍生了理與太極、性、氣、命等命題之關係的討論，形成一套富哲學意涵的本體論；又爲了要使本然之理得以顯發，因此又發展出格物致知、主敬存誠的工夫論。藉著修養的工夫來彰顯本體的善良光明本性，便是理學系統的成聖之學。這一套學問也成爲元、明、清以來的學術主流。

宋明理學的重要範疇，從「道學宗主」周惇頤的著作《太極圖說》、《易通》來分析，有：道、無極、太極、陰陽、五行、動靜、性命、善惡、誠、德、仁義禮智信、主靜、鬼神、死生、禮樂、無思、無爲、無欲、中、和、公、明、順化等。朱熹的學生陳淳在《北溪字義》中所列，則有二十五個條目，即：命、性、心、情、才、志、意、仁義禮智信、忠信、忠恕、誠、敬、恭敬。（卷上，十三條目）；道、理、德、太極、皇極、中和、中庸、禮樂、經權、義利、鬼神、佛老。（卷下，十二條目）宋明以來，理學家所討論的論題，大抵不出這些範疇。李光地在《尊朱要旨》中，以「理氣」、「心性」、「氣質」、「智仁勇」、「知行」、「立志」、「主敬」作爲尊朱之要旨。此外他在《榕村語錄、續語錄》中，對於其它條目也多有探討。但是他雖尊朱卻不僅於述朱，在某些問題上也敢於和朱熹持相反意見。

然理學所關切的論題固多，但最關注的仍在於個人的道德修養，李光地就曾懇摯地道出這種關切，他說：

> 某在涿州病發時，公私之事俱不在心。惟讀書一生，到底不曾透亮，糊糊塗塗，虛過此生，此念纏攪不已。乃知「朝聞夕死」一章，喫緊喚醒人也。人生功名富貴，過去輒了。子孫昌熾，固有定數，若加意營謀，必更得禍敗。只於我生道理明白透徹，有可信心處，少少許便足。當下能到一箇是處，是要緊事。(《榕村語錄》，卷 23，頁 415～416)

這一段話當是李光地在政治上受到中傷誹謗，又疾病纏身時所發的一段感慨語，話中頗懇切地道出他在面臨疾病與死亡的心情感受，同時也可以看出他對志道、求道的肯定。李光地自稱在病發時，公私之事俱不在心，所關心者唯讀書不曾透亮，以致虛過此生，益覺孔子所說「朝聞道，夕死可矣」之語警醒人心。且人生的功名富貴，過去輒了；子孫的昌熾，亦有定數，皆無須加意營爲。唯有於病死之前，能夠當下有一明白的道理足以依恃，便是「朝聞夕死」意之所在了。話中雖對死亡未必能以從容之心看待，但也是極爲懇摯而切身的感慨。也可知凡是講求身心性命之學者，無論道理講得如何周延透亮，終究須將道理貫徹於心志言行之中，用以修身養性，變化氣質，而能否當下受用，終是自欺不了的。李光地到了晚年曾經有多次以病爲由請辭歸鄉，但都不爲康熙所准，因此他到病故爲止，都一直忙於公務，並且著述不斷，據年譜記載，他到死前一日仍在改定《洪範》。因此也可知他一生以程朱理學爲己身修養的指導，且不間斷地致力於學術著述之精神。

理學思想自宋儒開啓，到朱熹的集結諸家之說，元、明以後更是弦誦不絕，此間數百年，學者研習講論，以此學爲心性修養的指導原則。雖然其間有人打著理學的旗幟，實以之作爲功名利祿的梯航，或進行私意之圖謀；但是，總而論之，理學對於道德修養及心智文化的提升，貢獻實不可泯。

李光地一生著述不輟，且研究範圍極爲廣泛，但是以理學思想作爲心性修養的準則，仍是他所關切。他早年出入程朱、陸王，最後以程朱學爲依歸，因此對於程朱理學所探討的思想範疇、德目，及《論》、《孟》、《學》、《庸》等主要經書，都有研究，且能融會貫通，並提出自己的心得與看法，對於程朱學有繼承、有修正，並非只是附會之詞。

在李光地的理學思想中，他對「知本說」和「明性說」有相當的闡發，故本章即先由這兩個論題探究起。

第一節　知本說

一、反對朱子格物〈補傳〉

李光地對於朱熹《大學》章句的觀點，甚有異議，他在〈大學古本私記舊序〉說：

> 地讀朱子之書垂五十年，凡如《易》之卜筮，《詩》之雅、鄭，周子無極之旨，邵氏先天之傳，呶呶紛拏，至今未熄，皆能燭以不惑，老而愈堅。獨于此書亦牽勉應和焉，而非所謂心通而默契者。間考鄭氏注本，尋逐經意，竊疑舊貫之仍文從理得，況知本誠身二意，尤爲作《大學》者樞要所存，似不應使溷于眾目中。(《榕村全集》，卷10，頁538)

他主張恢復王陽明之《大學》古本，說：「餘姚王氏古本之復其號則善。」〔註1〕「大學初無經傳，乃一篇首尾文字。」〔註2〕「今但不區經傳，通貫讀之，則舊本完成，無所謂缺亂者。」〔註3〕他並認爲「知本誠身」爲《大學》的樞要，這是他不能與《大學章句》「心通而默契」的癥結所在。他在解釋「明明德」時，亦說：

> 明德，指性不指心；明明德，合知性養性而言。(《榕村語錄》，卷1，頁7)

李光地認爲「格物致知」是爲了要「知本誠身」及「知性養性」的。而朱熹在《大學章句》「此謂知本」句下，程注云：「衍文也。」把「知本」視爲多餘文字；在「此謂知之至」句下，朱熹以爲有缺文，特補了〈大學格物致知傳〉一篇。此傳云：

> 所謂致知在格物者，言欲致吾之知，在即物而窮其理也。蓋人心之靈，莫不有知，而天下之物，莫不有理。惟於理有未窮，故其知有不盡也。是以大學始教，必使學者即凡天下之物，莫不因其已知之理而益窮之，以求至乎其極。至於用力之久，而一旦豁然貫通焉，則眾物之表裏精粗無不到，而吾心之全體大用無不明矣。此謂物格，此謂知之至也。(《四書章句集注》，《大學章句》，頁6～7)

〔註1〕李光地：《榕村全集》，卷10，〈大學古本私記〉，頁540。
〔註2〕李光地：《榕村全集》，卷6，〈大學篇〉，頁281。
〔註3〕李光地：《榕村全集》，卷10，〈大學古本私記〉，頁541。

〈補傳〉開端明言，「致知格物」是在「即物窮理」，是通過「格物」的認識方法，而達到「窮理」的目的，即由「物」而返歸於「理」。朱熹提出的格物、致知、窮理，是一套認識方法論，目的在於由千差萬別的「物」返回「理」之本體所在。格物一詞源於《大學》，二程皆訓「格」爲「至」〔註4〕，即到達也，朱子從此說〔註5〕〔註6〕。

這是有關朱子格物有名的一段話，但是這一章〈格物補傳〉卻引起了很多的爭議，李光地也不贊成〈格物補傳〉之說，他說：

> 《大學》一書，二程、朱子皆有改訂，若見之果確，一子定論便可千古，何明道訂之，伊川訂之，朱子又訂之？朱子竟補格物傳，尤啓後人之疑。若格物應補，則所謂誠意在致其知，正心在誠其意，皆當補傳矣。(《榕村語錄》，卷1，頁11)

朱熹在〈記大學後〉一文中說《大學》:「簡編散脫，佚文頗失其次，子程子蓋嘗正之。」程顥有〈明道先生改正大學〉，程頤有〈伊川先生改正大學〉〔註7〕，兩兄弟各改各的，彼此不同。後來朱熹的《大學章句》，既不同於程顥，又不同

〔註4〕二程雖皆訓「格」爲「至」，但二字所賦予內涵不同。程顥說:「『致知在格物』。格，至也。或以格爲止物，是二本矣。」(《二程全書・遺書》，卷12，頁106上）他反對訓格爲「止」(「止」字在《明道學案》作「正物」；在《二程全書》有的版本也作「正物」)，認爲「止物」將使心物兩分，他說「至物」，要達到物我一體。程頤則說:「『致知在格物』。格，至也，如「祖考來格」之格。凡一物上有一理，須是窮致其理。」(《二程全書・遺書》，卷19，頁145上）又說:「『致知在格物』。格，至也。物，事也。事皆有理，至其理，乃格物也。」(《二程全書・外書》，卷31，頁269下）二程訓「格」爲「至」，格物致知即是至物窮理之意。但程顥的至物有與物一體無間之意，而程頤的至物則是透過事物的現象到達本體之意。朱熹的解釋是偏向程頤的。

〔註5〕朱熹:《朱子語類》，卷15，第九條，頁453；第三十三條，頁462。

〔註6〕《朱子語類四纂》卷二記載了朱熹對諸「格物」說的評論:「呂與叔謂凡物皆出於一，固是出於一，只緣散了，千岐萬徑，今日窮理所以要收拾歸於一也。◯上蔡說窮理只尋箇是處，以恕爲本。窮理自是我不曉這道理，所以要窮，如何說得恕字，他當初說恕字，大概只是說要推我之心以窮理，便礙理了。龜山說反身而誠，卻大段好。須是反身，乃見得道理分明，如孝如弟，須見得孝弟我元在這裏，若能反身，爭多少事。他卻又說萬物皆備於我，不須外求，此卻錯了。身親格之說，得親急迫。◯以今日格一件明日格一件爲非伊川之言者和靖也，和靖且是深信程子者，想是此等言語，不曾聞得耳。謝氏尋箇是處之說甚好，與與叔必窮萬物之理同出於一爲格物，知萬物同出乎一理爲知至，其所見大段不同。」(〈學語孟庸二〉)

〔註7〕見《二程全書》，卷50，頁451。

於程頤。李光地也針對這點，說二程、朱子既然都曾改訂過《大學》，究竟定論為何，已難確定，而朱子補格物傳，更啓後人疑竇。況且如果「格物」應補，那麼其他如「誠意在致其知」等也應補傳，所以他並不認同朱子〈補傳〉的作法。

二、恢復古本《大學》的知本說

李光地認為朱子不應作〈補傳〉，最重要的原因在於，〈補傳〉一章所說的內容在《大學》本文中已具足其義了。古本《大學》中已提到知本、知至之說，而其中的「知所先後」，正是朱子〈補傳〉所說的「即凡天下之物，莫不因其已知之理而益窮之，以求至乎其極」的工夫。例如有人問他，古本《大學》已經提到知本、知至之說，而其中難道沒有朱子〈補傳〉所說的「即凡天下之物，莫不因其已知之理而益窮之，以求至乎其極。」這段的工夫嗎？李光地回答：

> 曰：「此工夫即在知所先後內。事物皆格，至本末始終俱透，方為格物之全功。《大學》恐人疑惑『知至』『至』字，為當窮天下之物，始謂之至，故又曰：『以脩身為本。』本亂未有治者；厚者薄，未有薄者厚者。『此謂知本，此謂知之至』。朱子說『極』字，即是『本』字，一物皆有一物之極，即此一物之原本。今人說『極』字，像四面都到的一般，非也。緣格物致知之義，首章已說明，故下面直接誠意說去。首章亦非致知之傳，《大學》如《中庸》，只是一篇文字，一片說去。（《榕村語錄》，卷 1，頁 10～11）

他認為朱子〈補傳〉中最重要的這段話，其實從「知所先後」句便可看出。他在《大學古本說》提出了先要「知止」，即知所嚮往歸宿，而後能意志堅定（定）、心不外馳（靜）、所處而安（安），之後則能進入格物致知（慮），及意誠（得）之事。而能慮能得已達入德之門，接著要分辨的是「物有本末」之分及「事有始終」之序，不知這二者則會失去用力的要點所在，而離道益遠。知本末始終即是要明白萬物之所以分殊而理一，然後能識得本末之歸；觀察萬事之異條而同貫，而後達始終之義。這些都要經過博學、審問、謹思、明辨的工夫，所以才有以下的致知格物之功，這也是能慮而能得之謂。而格物者，乃是：「知天下國家以身為本，則知身心之不可放縱、苟且自私。」〔註 8〕由初近人倫的身心

〔註 8〕李光地：《榕村全集》，《大學古本說》，頁 3705。

做起，而至於家國天下。格物的全功亦在於事物皆格，到達本末始終俱透，即「知之至」的境地。但所謂「知至」並不要指窮盡天下之物的意思，而是要明白由「知本」做起，依著本末始終之道而行，才可能有知之至的一天。所以他的格物知本說並不是如朱熹所說窮究事物的道理，而只是強調出《大學》所說「以脩身爲本」的重要性而已。所以他又說：「學問全要知本，知本之學，所學皆歸於一本。」〔註 9〕「學問須將大頭腦處通透方得。」〔註 10〕凡是學問都要歸於脩身爲本，這便是學問的大頭腦。他說古人之博文精義者，都只期於得其本而已，然後世之役耳目、勞心思幾過於古人者，於返己則疏，於辨物則舛，制理則參而不一，陳事則亂而無緒，這些都使得道不明〔註 11〕。

他解釋朱子說的「極」，應該是「本」，也就是在窮天下萬物之理，以至其極時，並不是像一般人所解釋的四面都到的極盡、極致之意〔註 12〕，而是歸回此一物的原本，而此一原本也是《大學》所說的「誠意」，可以說把「脩身」再加以聚焦，便是「誠意」一事了。所以他又說：「明善即格致，是誠意中事。到得誠意，則正心、修身功夫皆到，只隨時加檢點耳。古本原明明白白，特提誠意。」〔註 13〕格物致知的最終目的是明善，這些都是「誠意」之事；能以誠意爲本，只要隨時加以檢點，則正心、修身的功夫自然能到。而「誠意」之意在《大學》古本已說得明白，所以不需要再補傳。故總而言之，「孔門相傳心法，曰誠身而已。而欲誠身者必先明善，蓋善者性之實理，即所謂誠也。明之則知性而可以反身而誠矣。誠則必動而有以成己成物，齊治均平之效可致矣。」〔註 14〕所以他在詮釋《論語》「子游曰子夏之門人小子章」說，子游有見於道體之高，子夏有見於道體之實，但二人對於物有本末

〔註 9〕李光地：《榕村語錄》，卷 1，頁 9。
〔註 10〕李光地：《榕村語錄》，卷 23，頁 408。
〔註 11〕李光地：《榕村全集》，卷 1，頁 13。
〔註 12〕實則朱熹解釋「極」爲「至」，即終、窮、盡、竟之意，如他說：「因其極至，故名太極。」（《朱子語類》，卷 94，第 22 條，頁 3765）又「太極只是極致，更無去處了。至高至妙，至精至神，更沒去處。」（同上，第 18 條，頁 3762）朱熹以「太極只是一個理字。」（同上，卷 1，第 4 條，頁 2）太極的涵義主要是理。並說「人人有一太極，物物有一太極。」（同上，卷 94，第 21 條，頁 3765）故知朱熹的「太極」除了形而上「理」的內涵外，更延伸至萬物各自稟受與俱全的理，是爲了說明「理一分殊」之理。因此，這裏李光地顯然沒有採用朱熹的意思。
〔註 13〕李光地：《榕村語錄》，卷 1，頁 11。
〔註 14〕李光地：《榕村全集》，《大學古本說》，頁 3706。

而知所先後的主旨不明，所以孔子沒而微言絕。

李光地的知本說是爲了解決朱子格物說的不足，因爲朱子所說的格物，若要窮盡物理到極處，容易有逐物而不返及支離之弊，且如此格下去，何日才能到達知之至的一天呢？李光地關於知本之說，他在《榕村語錄》中也有提及，他說：

> 學問全要知本，知本之學，所學皆歸於一本。格物之說，鄭康成是一說，司馬溫公是一說，程朱是一說，王陽明又是一說。自然是程朱說得確實，但細思之亦有未盡。如云格物也，不是物物都要格盡，也不是格一物便知天下之物，累積多時，自有貫通處。（《榕村語錄》，卷 1，頁 10）

知本之學是李光地較爲強調的見解，在紛紜的格物之說中，他以程朱之說爲宗，但是認爲程朱的格物說仍有所不足，所謂的格物不是物物都要格盡；也不是格一物便知天下之物，累積多時，自有貫通處。所以他提出知本之說以補充之，他說：

> 聖人說出「格」字、「物」字，已包盡各種條件，但其歸必以知本爲知至。朱子之說，與此頗異。然不昭著他說，終不能知本。其言或考之事爲之著，或察之念慮之微，或求之文字之中，或索之講論之際。又謂如身心性情之德，人倫日用之常，天地鬼神之變，禽獸草木之宜，實盡格物之義。陽明攻之，非也。朱子原以身心性情居首，並非教人於沒要緊處用心。其實身心性情之德，果能窮本極源，人倫日用能外是乎？天地鬼神、禽獸草木，能外是乎？只是經文已備，不消補傳耳。（《榕村語錄》，卷 1，頁 11～12）

他主張以知本爲知至，以此和朱子立異，但是他又說此說不盡然和朱子不同。他說朱子的格物之說，如考之事爲之著、察之念慮之微、求之文字之中、索之講論之際，又如身心性情之德、人倫日用之常、天地鬼神之變、禽獸草木之宜，皆已包盡格物之義。又其實朱子教人原是以身心性情居首，而不是教人在沒要緊處用心的，只要能夠掌握身心性情之德，便能夠窮本極源，自然涵蓋人倫日用、天地鬼神、禽獸草木，而這些在經文中已具備，並不須要再特立補傳，所以他的知本說和朱子又不違背。

所以知本乃是將身心性情放在格物的第一位，以此爲根本，就可以避免窮天下之理，卻逐物而不返的缺點，也更易於見到天性之本，這也是對朱子學說支離的補救，他說：

> 如何便爲知之至？不知要知得到，非見得天性之本者不能。惟吾之性，即天地之性，故能自盡其性，則能盡人物之性，參贊位育，都不外此。（《榕村語錄》，卷1，頁10）

知之至即是見得天地之本，因吾人的本性即是天地之性，能自盡其性，則能盡人物之性，參贊化育，所以才說「知本」即「知之至」。由此可見，李光地所說的知本類似陸象山所說的「先立乎其大」，但是與象山所說又不同，因爲：

> 朱子爲學，先立志主敬，以爲學問之地，而又加以學問之功。象山只先立乎其大者，把心養定，便無欠闕，讀書亦只檢切於身心者讀之，只要借書將治心功夫鞭策的更緊些，不是要於書中求道理，所謂「六經注我，我注六經」也。他看朱子不拘何書都不放過，於文義細碎處，皆搜爬一番，便道是務外逐末，都是閒賬，耽擱工夫。……他是要心定，則靈明無不貫徹，不消零碎補湊。不知天地間無一非道理，只守一心，則理有未窮，性便不盡。……故君子既要尊德性，又要道問學，存心、致知，一面少不得。象山不可謂不高明，只是少「道中庸」一邊耳。（《榕村語錄》，卷1，頁5～6）

朱熹和陸象山二人因爲入聖的方法不同，所以對讀書態度也不一。朱熹主張即物窮理，所以在爲學上除了先立定志向、常持敬心外，也重視學問之功，他對於任何書皆不放過，於文義細碎處亦加以爬疏。象山在入聖方法上則主張先立乎其大，所以讀書只是爲了鞭策治心的功夫，因此只撿切於身心者讀之，而不是要在書中求道理。所以李光地的基本立論仍是站在程朱格物窮理的立場說的，他只是在程朱所說窮天地萬物之理，以至其極之說中，特別強調以身心性情爲本，將程朱格物的對象由物理、宇宙界拉回自己的身心來，主張以此爲根本，所以說「『道問學』不過是要『尊德性』，然非『尊德性』以爲基本，又將何者去『道問學』？」〔註15〕。道問學終究要以尊德性爲歸向，如此才能使格物不流於夸多務博、徇外爲名，這也才是眞正的爲己之學。故他又說：

> 聖人重切己之學，好古敏求，多聞多見，都要歸到身心上。所謂「自得之則居之安，居之安則資之深，資之深則取之左右逢其源」。有此源頭活水，則取給不窮，與那一知半解者不同。聖人一面不欲人落

〔註15〕李光地：《榕村語錄》，卷8，頁142。

於虛空，一面不欲人滯於口耳，要人步步蹈實地，滴滴歸到源頭上來，故屢屢指點人。(《榕村語錄》，卷3，頁44)

所謂聞見學習都到「歸到源頭」上來，也就是要「歸到身心」上，如此才能自得而居之安，居之安而資之深，資之深而取之左右逢其源。

其實朱子本身也有類似知本的說法，李光地也說：

《語類》(指《朱子語類》)中「窮理只就自家身上求之」一段，說格物甚精。王陽明因格物致病，遂疑朱子之說。豈知朱子原未嘗教人于沒要緊處枉用心思也。人與物本同一性，禽獸眞心發現處，與人一樣。或止一節，比人更專篤，這箇是萬物一源的，所謂本也。(《榕村語錄》，卷1，頁11)

朱熹的格物窮理，雖然是窮盡事事物物之理，但最終仍要回到身心性情，也就是道德人格的完成，朱熹之學終究仍是成聖的道德之學，因此也有近於知本的說法。但是以知本爲入學第一手的，仍屬陸、王，李光地也說：

以知本爲格物，象山之說也，與程、朱之說相助，則大學之教明矣。(《榕村全集》，《觀瀾錄・學》，頁14)

又說：

姚江之曰：「《大學》只是誠意，誠身之至，便是至誠。」愚謂王氏此言，雖曾、思復出，必有取焉。(《榕村全集》，《初夏錄・大學篇》，頁280)

在「知本」的觀點上，無疑地，李光地是受到陸、王的影響。但是就李光地所言之「明性」說來看，陸、王之失也在於此。他在評論陸、王之爭時說：「吾學本天，彼學本心。」〔註16〕即朱學的「性」是天之所賦；而陸、王以「性」爲心所固有，因爲陸、王只守一心，只說「先立乎其大」，把窮理工夫看輕了，以致於「破敗百出」〔註17〕。因此李光地在「知本」論上雖受陸、王影響，但在涵養工夫上，仍是遵從朱學之主敬、存誠之工夫的，所以說：「蓋即洒掃、應對、進退，小心謹慎，中規合矩，便是培養其良心，久而自然知本。……蓋窮理工夫甚大，與主敬、存誠並重。……窮理格物，而良知乃致也。」〔註18〕在朱子強調的下學工夫上，舉凡洒掃、應對、進退、小心

〔註16〕李光地：《榕村全集》，卷8，《尊朱要旨》，頁465。
〔註17〕李光地：《榕村語錄》，卷4，頁71。
〔註18〕同上。

謹愼等，都是培養良心的工夫，所以只要遵守朱學的踐履工夫，便能使言行規範於禮，也能避免王學流於肆蕩之弊。〔註 19〕

第二節　明性說

上一節言李光地的知本說，是要將身心性情放在第一位，因此將「知本」再明確說明，即爲「明性」，其「本」即是「性」，二者是一體的。而對於「明性」的詳細說明，莫過由《中庸》一書加以闡發。因此李光地重編《中庸》，以闡發他的「明性」思想。以下即由他重編《中庸》說起。

一、重編《中庸》以詮釋明性寓於庸言庸行

朱熹以「虞廷十六字心傳」爲道統之所自，他在〈中庸章句序〉中說：

> 其見於經，則「允中」者，舜之所以授禹也。堯之一言，至矣，盡矣。而舜復益之以三言者，則所以明夫堯之一言，必如是而後可庶幾也。〔註 20〕

說明了「十六字心傳」的重要。他編定《中庸》爲三十三章，便是根據「孔門傳授心法」這一定理來編次的。他又在正文之前說：「其書始言一理，中散爲萬事，末復合爲一理，『放之則彌六合，卷之則退藏於密』，其味無窮，皆實學也。」〔註 21〕解釋「天命之謂性」則曰：「性，即理也。天以陰陽五行化生萬物，氣以成形，而理亦賦焉，猶命令也。」〔註 22〕皆強調「理」的重要性，並認爲「理」貫穿《中庸》首尾，將之置於第一位。

〔註 19〕李光地的《大學》古本說，也受到後人的肯定，如清・郭嵩燾說：「安溪李文貞公《大學》古本說，直以首章總論大意，而歸重格物之指；次章申釋誠意之意，所見又各不同。要之《大學》本無經傳之分，而致知誠意二者，實爲入學之要，經文分別兩節詳論之，而先於篇首略舉其大要，當以安溪之說爲斷。」(《大學質疑章句》，上海：上海古籍出版社，《四庫全書》本，頁 421 下）又清・成瓘於〈春暉載筆〉也說：「國朝李文貞光地有古本《大學》說，語極純粹。獨知止而後有定，詮義大異於朱子。……我朝李文貞公實能篤信朱子，而不爲苟同者也。其《大學》古本說，純粹和平，余竊信爲學者所不可少之書。」(《篛園日札》，卷 8，臺北：世界書局，1963 年 4 月，頁 486～487)。他們皆肯定李光地《大學》古本的恢復之說。

〔註 20〕朱熹：《四書章句集注》，頁 14。

〔註 21〕朱熹：《四書章句集注》，頁 17。

〔註 22〕朱熹：《四書章句集注》，頁 17。

而李光地則編定《中庸》爲十二章，稱爲《中庸章段》，他雖自言其義「皆竊取朱子平生之意」，但是「於章段離合之間頗有連斷」，「首一章全起，末一章全結。中間前五章申明性、道、教之源流；後五章申明致中和之功用」〔註23〕，並未提起十六字心傳之心法，且不遵從《中庸章句》的分章方式。

又他在解釋「天命之謂性」時，雖也說：「如受天之命者，是之謂性。性者生理之具於心者也。」〔註24〕也是把性解釋爲「理」。但是他又曾說：「中庸二字，程子以不偏不倚、正道正理詮解，固妙。但只就道理上說，尙該補出個頭來，人性便是道理的頭。」〔註25〕認爲「人性」才是「正道正理」之頭，只要「明白得天命之謂性」，《中庸》一書所講的道理「全部便可豁然」，所以他在《中庸章段》第一章說：「首節性道乃理義之源，性具於心，道具於事」〔註26〕，仍強調具於自心的性道方爲理義之源。反觀朱熹總結《章句》的第一章則說：「首明道之本原出於天而不可易」〔註27〕，強調的是道的由來是出於天的理，二者的著眼點並不相同。所以李光地是以「明性」來詮釋《中庸》一書的。因此他對《中庸章句》的注文也作了訂正。如朱熹解釋「道也者，不可須臾離也，可離非道也」，爲「無物不有，無時不有」，李光地則說：

> 「無物不有，無時不然」，今人都說成無物不有當然之理，如桌有桌之理，椅有椅之理；無時不有當然之理，如說話有說話之理，飲食有飲食之理。卻是錯了。「無物不有」，乃是說性之德我固有之，凡人皆然。因物亦有性，故不言人而言物耳。其曰「無時不然」，乃是言心之體無一刻不流行也。人人有之，時時有之，所以不可須臾離。須臾離之，則性于是斷，天命于是息矣。（《語錄》，卷7，頁114）

他認爲「無物不有，無時不然」，說的不是存在於萬事萬物的「當然之理」，而是指性之德我固有之，凡人皆然，以及心之體無一刻不流行之意。也是強調「性」人人有之、時時有之。所以他認爲「至誠盡性一章（指《中庸章句》二十二章）以下，朱子分天道、人道都是硬派，不甚貼合。」〔註28〕即朱熹以性爲天道，唯聖人能盡之，而無人欲之私；以教爲人道，乃賢人通過教化，

〔註23〕李光地：《榕村全集》，〈中庸章段序〉，頁3729。
〔註24〕《中庸章段》，（收於《榕村全集》），頁3731。
〔註25〕李光地：《榕村語錄》，卷7，頁111。
〔註26〕李光地：《榕村全集》，頁3734。
〔註27〕朱熹：《四書章句集注》，頁18。
〔註28〕李光地：《榕村語錄》，卷8，頁132。

推致其善端而至於善的說法，區分了聖人、賢人，天道、人道，並不能盡《中庸》之意。他說：「性者，天地所賦于我，與民、物共之者也。」〔註 29〕又說：「仁固性之德，而知亦性之德也。是及合物我內外無二道也。」〔註 30〕再次強調「性」乃天地所賦，是物與我之所共；而「仁」與「智」皆是性之德，是合物我、內外爲一的。

李光地將人性置於第一位，以此說明「中庸」乃是無高遠難行之事、無新異可喜之跡，是至中至常的道理，因此他也特別舉出「誠實無妄」之心，以此心之貫徹而能成始成終、盡性盡物。所以《中庸章段》一文總結道：

> 此書以中庸名篇者，此理原於性命，行乎道教，惟其誠實而無妄，是以至中而至常。學道者以誠實無妄之心求之，則內無隱怪之慕，外無功利之貪，淡泊平常，無聲色臭味之可娛悅，然後可以明庶物，察人倫，而返乎性命之眞矣。故無聲無臭者微妙之至，即中庸之極也。(《榕村全集》，頁 3779～3780)

由切於身心的性命出發，而行於當行之道與教化之事，因爲其心誠實而無妄，內不鶩於高遠之事，外無功利的貪著，所以能得至中至常之理。而眞實的道是淡泊平常的，因天命之體純粹以精，其心則普萬物而無心，其用則利天下而不言，所以是無聲無臭的。但依於此中庸之道，卻足以明庶物、察人倫，返之於性命之眞。而此無聲無臭的微妙之至，即中庸之極也。

李光地對於《中庸》的理解有不同於朱熹之處，且更強調寓於庸言庸行中的道理，及至誠無妄的行爲踐履。如他所說「平淡乃自深微」〔註 31〕，凡是高遠渺冥玄虛之理，並不是他所認定的實理實事。

二、強調性爲理之總名

在朱熹的思想中，理和性是分不開的，朱熹說：

> 性即理也，天以陰陽五行化生萬物，氣以成形，而理亦賦焉，猶命令也。於是人物之生，因各得其所賦之理，以爲健順五常之德，所謂性也。(《四書章句集注》，《中庸章句》，頁 17)

陳淳在《北溪字義》中也說：「何以不謂之理而謂之性？蓋理，是泛言天地間

〔註 29〕李光地：《榕村全集》，《中庸章段》，頁 3761。
〔註 30〕李光地：《榕村全集》，《中庸章段》，頁 3763。
〔註 31〕李光地：《榕村語錄》，卷 8，頁 149。

人物公共之理；性，是在我之理。只這道理，受於天而為我所有，故謂之性，性字從生從心。是人生來具是理於心，方名之曰性。」〔註32〕故知「性」是「理」之在我，我身上之理。所謂人性，是人的本性或本質，既然是得之於理，因此也是至善的，故說：「性即理也，當然之理，無有不善也。」〔註33〕理是善，性當然也是善。朱熹也論性之惡的部分，他將性區分為天地之性與氣質之性，天地之性是純粹至善的理，但由於「氣」的關係，理與氣雜，故有氣質之性，他說：「論天地之性，則專指理言；論氣質之性，則以理與氣雜而言之。」〔註34〕因為氣有清濁偏正之殊，所以氣質之稟受也有淺深厚薄之別。李光地也解釋程朱性即理、理即性，是怕人混於氣質以言性，他說：

> 自漢以下，儒者以氣質為性，故程子為之說曰性即理也。言氣之中有亙古今不易之理，是之謂性，不可以氣為性也。自是至今日，雖人能言理，實未免於以氣為理，故宜為之說曰理即性也。言氣之中，有亙古不已之性，是之謂理，不可以氣為理也。（《榕村全集》，卷7，〈人心篇〉，頁375～376）

無論是言性即理，或言理即性，都是為了說明在氣之中當有一亙古不變的性、理在。至於理與性，分別而說，理散於事物，性統乎人心。知道的人以為萬物皆備於我，則性與理一；不知道的人，求理於外，其於性也日遠矣，尚推言為程朱所說，因此一般人皆犯了求理於外的毛病。〔註35〕

李光地說性，也是以性善言之，他說：「性即理，理則善而已矣。……今之言性，乃指其原於天命純粹至善者言之。……豈能有所加損於性哉？無他，性善故也。」〔註36〕又：

> 性與生俱生，故其字從心、從生，非生則不名性。生者，氣也，而性在焉。……言既「生之謂性」，則人生所稟之氣當有善惡。然善惡差殊，非性也，氣也。性即理，理則善而已矣。氣稟用事，而理之具于是者，或過不及焉，善之反為惡，非其初相對而有也。……繼者，繼續之意。「繼之者善」，謂天命流行，無有不善，即元亨利貞之德，太極之縕是也。其理在人，則為仁義禮智。雖不離乎氣稟，

〔註32〕陳淳：《北溪先生字義詳講》，卷上，〈性〉，頁30。
〔註33〕朱熹：《朱子語類》，卷4，頁67。
〔註34〕朱熹：《朱子語類》，卷4，頁67。
〔註35〕李光地：《榕村全集》，卷1，頁43～44。
〔註36〕李光地：《榕村語錄》，卷18，頁317。

而有不雜氣稟者存。故謂今之言性，乃指其原于天命純粹至善者言之，孟子所謂性善，蓋主此耳。(《榕村語錄》，卷 18，頁 316～317)

性是與生俱生的，但萬物都是由氣而生，所以性也在其中。又人所稟賦的氣有善惡，然惟性是純善而無惡，因爲性即是理，是純粹至善的天命之性，在人身上則發爲仁義禮智，這些也都是至善的。而人之所以會有善惡，都是緣於氣的關係，並非性使之然。所以說：「性也，理也，一而不二，故原其所自來，則粹然至善而不雜矣。」〔註 37〕這些說法和朱熹一樣。

但是朱熹理學思想的最高範疇是「理」，李光地則強調「性」爲理之總名。關於性與理，他說：

性爲之主，理者其流也。(《榕村全集》，卷 2，《經書筆記》，頁 65)

性者，理之總名爾。(《榕村全集》，《正蒙注》，頁 10060)

萬物散殊，無非完其性之所固有。(《榕村全集》，卷 6，《初夏錄·誠明篇》，頁 267)

朱熹說性之理在我，他則反過來強調「理」是「性」在事物上的體現，它是由「性」所規定的事物的「條理」，故「理」是屬於「性」的。所以他主張以「理即性」代替「性即理」之說。他說：「程子言『性即理也』，今當言理即性也。」〔註 38〕如果說「性即理」，是以「性」爲「理」的體現，以「理」爲主體；反之，說「理即性」，則以「理」爲「性」的體現，所以說「理即性也，實實有個本體在，即乾之元而人之性也。」〔註 39〕認爲人性才是本體之所在。他又說：

不知性之即理，則以習爲性，而混於善惡；以空爲性，而入於虛無。不知理之即性，則求高深之理，而差於日用；溺泛濫之理，而昧於本源。性即理也，是天命之無妄也；理即性也，是萬物之皆備也。(《語錄》，卷 26，頁 457）26

說「性即理」，固然而可避免把習氣當作是性，而使性混於善惡，以及把空當作是性，而流於虛無的弊病。但如果不明「理即性」，只求高深之理，而不明於日用；沈溺於泛濫之理，而不明於本源的弊害。因此說性即理，只能知天命的無妄不欺；說理即性，則可以知道性是萬物皆備的。李光地再次強調，

〔註 37〕李光地：《榕村語錄》，卷 18，頁 321～322。

〔註 38〕李光地：《榕村語錄》，卷 26，頁 457。

〔註 39〕李光地：《榕村語錄》，卷 26，頁 457。

突顯日用之常及性備於萬物的重要。

三、天地之性、人性和物性的關係

關於人性、物性，朱熹在註《孟子》時說：「以氣言之，則知覺運動，人與物若不異也；以理言之，則仁義禮智之稟，豈物之所得而全哉？此人之性所以無不善，而為萬物之靈也。」〔註40〕以氣來論，人與物皆是氣所形成，並無不異；但由理來論，則人得仁義禮智之稟，而物僅得其偏，所以人性無不善，而物性則不可以言全善。〔註41〕

李光地大抵承朱熹之說，把「性」分為天地之性、人性和物性。其中「天地之性」是產生人性、物性的本原。說「天地之性」，也是要重申「吾儒本天」的宗旨。所謂「天地之性」，他說：

> 從古及今，不知其千萬年也。天地之為天地，無有他事，生萬物而已。生生也不生，則成其所生而又以為生生之地也。觀天地之為天地者，天地之情之心可見矣，觀天地之情之心者，天地之性可識矣。（《榕村全集》，卷7，《初夏錄二・太極篇》，頁351）

《易》曰「天地之大德曰生」，天地生生不已的特質，一直是儒家的重要思想之一，李光地所說的天地之性即具此生生之德，萬物皆為天所生，天生萬物又不宰為己有。而天地之性的發現則又可從人的性善驗證之，所以唯有人可以感知天地之情之心。天地之性當然是善的，故說：

> 性之所以為性者，善而已矣，性之所以為善者，仁而已矣，在天地則為生物之本體，所謂大德曰生者也。（《榕村全集》，卷7，《初夏錄二・人心篇》，頁378）

天地之性之所以為性，是因其為善；天地之性之所以為善，因其為仁，此善此仁在於天地則為生物的本體，所以此本體是具生生之德的。又天地之性也是所謂的「太極」，他說：

〔註40〕朱熹注：《四書章句集注》，《孟子集注・告子上》，頁326。

〔註41〕朱熹在註《中庸》「天命之謂性」時，說「性，即理也」，又提出「理一分殊」之說，以理作為一普遍原理，是不分人與物所共有的共理。而此理亦即是性。但卻又分人性、物性，以人性得理之全，而物性得理之偏。二說有其矛盾之處。人性、物性的問題成為韓國朝鮮時代性理學論爭的根源之一，影響韓國儒學甚鉅。詳見李愛熙：〈朱熹的人物性論～兼談韓國朝鮮時代性理學論爭的根源〉（收於《國際朱子學會議論文集》，頁483～495）。

極也者，純粹以精之理，至眞而無妄，至善而無惡，其爲物也不二，其爲道也不息，此所謂天地之性，而萬物得之，亦各一其性，有若以之爲根氐標準者然，比之兩儀四象，則無聲無臭爲之主宰綱維，至極而無所加于其上，故曰太極也。(《榕村全集》，卷 7，《初夏錄二・太極篇》，頁 349～350)

天地之性即是所謂「極」，是至眞無妄、至善無惡的。天地萬象皆源之於天地之性，故其性皆一；天地之性有如無聲無臭的主宰綱維，是最高之主宰而無所復加，所以又稱「太極」。此「太極」也具生生的作用，所以說「太極即種也」。而「天地之性在人，故人心渾然太極，而獨肖于天地，自是而發之，形神交、五性感，萬事生焉……如成實之後，又自爲種，而生生不窮。」〔註 42〕人心的純粹至善是同於太極的，而由人之性善感於萬事萬物，如播種成實，實又各自爲種，即爲生生不窮的延續。

萬物皆由天地之性而生，故人性、物性也是承天地之性而生。但人性是得「天地之性」的「正」，而物性只得「天地之性」的「偏」。他說：

偏正者，人物之分也。曰性，人物所同也，故曰盡人之性，盡物之性。曰中，人所獨也，故曰降于下民，民受天地之中以生也。(《榕村全集》，卷 1，《觀瀾錄・性》，頁 37)

孟子終謂人之性善不與物同者，物明于一而暗于他，不能與天地相似則不足以言善，不足以言善者，非謂無一端之善，不足以語純粹至善之本而得乎天地之性之全也。(《榕村全集》，卷 7，《初夏錄・人物篇》，頁 366)

上文提到李光地特爲強調「性」是萬物皆備的，因此無論人與物都具有「性」。但是人性與物性並非同樣地純粹至善，只有人性是稟受天地之中才可說至善，而物則得天地之偏。「中」是指精而粹，中則全、精則明、粹則美；「偏」則是粗而駁，偏則不備，粗則不通，駁則成惡〔註 43〕。因此物性仍有善，但並非全然的純粹至善，他舉例說道「虎狼則但知父母而不知有君臣」、「蜂蟻則但知君臣而不知有父母」，皆是得其一偏之證；而唯人之性完具五德，具有仁義禮智信之善性，是得其全。所以「唯人，雖才質不同，皆可反求擴充而

〔註 42〕李光地：《榕村全集》，卷 7，頁 356～357。

〔註 43〕李光地：《榕村全集》，卷 1，頁 37。

得其全」〔註 44〕，人即使有不善的行爲，仍然可以藉由反求擴充的工夫而得到善之全。但是物性也有靈而善者，謂之「偏之中」，且如禽獸之善，因爲無習化之變及所偏稟而專，所以能終古不移；而人也有濁而惡者，謂之「中之偏」，所以人也不可因其性完具便怠惰因循。甚至人一旦爲惡，也非萬物可比，因爲：「凡不善之端皆緣善而反，草木不能相害亦不能相利。……若人則自五倫親愛，推之可以睦族黨，恤鄉鄰，其大者至於澤天下，其功用幾與天地並，豈可與血氣之屬一日而語哉。惟其全能之備，故擴而充之，貴於萬物；而逆而反之，則其惡亦非萬物比也。」〔註 45〕

以上是說明人性與物性之不同，同時也強調了人性在萬物中是極尊貴的。且唯有人以至誠之性，能夠以此心加諸彼，使人皆得其所而盡人之性，並推恩以同仁，使物咸若而盡物之性，進而贊天地之化育，使陰陽皆得其理而和。這些都是物性所不能者。

朱熹等理學家將人性分爲「天地之性」和「氣質之性」，把不善的根源歸於「氣質之性」。李光地卻反對此說，他認爲人性只有一個，就是由天地之性所賦予的純粹至善之性，人性中實無不善之成分在。他批評程朱等人說：

> 程朱分理與氣說性，覺得孟子不是這樣說。孟子卻是說氣質，而理自在其中。若分理氣，倒象理自理，氣自氣一般。……大約天地之氣本於天地之理，何嘗有不善？鼓之以雷霆，雷霆是好的；潤之以風雨，風雨亦是好的；只是人物如何稟得全似天也？惟人也，具體而微，到底不能如天地。但氣質雖或偏駁，而天地之性無不有，如銀子之成色，雖不等，然饒使極低，畢竟陶錬得銀子出。（《榕村語錄》，卷 6，頁 99～100）

他說區分「天地之性」與「氣質之性」易使人產生錯覺，以爲有兩個性。實則孟子說氣質而「理自在其中」，在駁雜的氣質中，亦存有天地之性。所以人性皆善，只是所稟受不同，故有偏有駁，但就如同銀子的成色雖不同，仍能陶錬出銀子來；所以人所稟受雖亦不等，但本質是不變的，而性也只有一個，即是善性。

然李光地雖主張「氣質」不是性，但也認爲氣質能影響性，使人爲不善。他說：

〔註 44〕李光地：《榕村語錄》，卷 6，頁 104。
〔註 45〕李光地：《榕村全集》，卷 7，頁 364～365。

張、程補出氣質之性，其實熟看《孟子》，亦不必補。……人之才質不同，有偏於仁者，有偏於義禮智者；有不足於仁者，有不足於義禮智者。要未有全無仁義禮智，及仁義禮智之闕一者。如五味調和之不鹹，是所入之鹽少，非全無鹽也。不酸，是所入之梅少，非全無梅也。人雖才質稍遜，奮勵擴充，自不可限。(《榕村語錄》，卷6，頁103)

他認爲人之才質不同，使得性之善各有所偏重與不足，但並不妨礙本質之爲善，所以只要在才質上奮勵擴充，加以努力克服與改正，便可以使愚昧變爲聰明、使柔弱變爲剛強。

四、性和氣的關係

氣是什麼呢？氣是天地間的「陰陽、動靜，明晦、出入，浮沈、升降，清濁、融結」〔註46〕，充盈乎天地之間，交雜而降。氣依其表現形態又可分爲形、象、數、神、理。李光地說：「盈天地之間者氣也。氣之凝聚成質者謂之形；氣之著見流精者謂之象；其節度分限謂之數；其靈機妙用謂之神；而其自然不可易者謂之理。」〔註47〕象形、氣數、神理都是一物而已。但象形可以觀察，氣數可以推知，神理可以窮至，這是指在天地間的氣；在人身上的氣又可表現爲神、心、情、意、志。神是氣之精英；心是神之聚會；情是心之發用；意是情之營度；志是意之趨向。凡是情之中節、意之誠、志之正者，都是性；非是如此，則是氣拘物蔽而使性情有所遷移〔註48〕。所以，本質的性仍是正當行爲發生的根源，而氣則會影響人之不善行爲的產生。所以說：「天地之氣有光輝者有幽暗者，有精純者有夾雜者。萬物殽命於其閒，宜其昏明美惡不能齊矣。」〔註49〕因爲氣的純雜不同，所以影響萬物的昏明美惡之齊。這也是說明了人既然稟天之理而生，爲何會有才質美惡、清濁之不同的原因。

又如何證明氣中有理呢？如觀天地間的陰陽動靜、出入明晦、浮沈升降皆振古而然，至於今不異，「不異之爲常，有常之爲當然，當然之爲自然，自然之爲其所以然」〔註50〕，此當然、自然、所以然，即是皋陶說的「天」，伊

〔註46〕李光地：《榕村全集》，卷8，《尊朱要旨》，頁415。
〔註47〕李光地：《榕村全集》，《經書筆錄》，頁89。
〔註48〕李光地：《榕村全集》，《經書筆錄》，頁91。
〔註49〕李光地：《榕村全集》，《經書筆錄》，頁91。
〔註50〕李光地：《榕村全集》，卷10，《尊朱要旨》，頁415～416。

尹說的「命」，劉子說的「天地之中」，孔子說的「道」，或稱「太極」，程朱說的「理」。故可知氣中有理的存在。而既然理氣皆存在於天地萬物間，那麼二者的關係如何呢？因此理氣之關係也不得不辨。

李光地從四十歲著《尊朱要旨》起，即致力於研究「性」和「氣」的關係，以後又用十多年的時間對程、朱、羅欽順、蔡清、薛瑄等人的觀點進行比較和論述。在「性」和「氣」的關係上，李光地認爲「性爲本氣爲具」、「性先氣後」。他說：

> 性者，生物之本也；氣者，生物之具也。由此觀之，道器安得謂無上下。陰陽有終始，天地有混闢，而其性終不移，故混兮闢兮，終則有始。由此觀之，理氣安得謂無後先。（《榕村全集》，卷 7，《初夏錄二・太極篇》，頁 352）

這裏的「性氣」之說，相當於「理氣」、「道器」之說。性、理、道都是超乎形之上的；而氣、器皆指存於形之中。性是本質，氣是現象。有性之本質爲依據，才能產生氣的陰陽、動靜、明晦、出入、浮沈、升降、清濁、融結等各種現象，從這個觀點來看，性爲本而氣爲具、性在先而氣在後。故又說：「氣者，性之所生，因而爲性之用。」〔註 51〕

李光地對於明代羅欽順、蔡清、王守溪等人的理氣之說頗不認同。他說：

> 余少讀虛齋《蒙引》，見其拘拘焉，疑於朱子理氣先後之說。大指蓋曰：天地間皆氣也，無始無終者也，安有所謂理先氣後者哉！至求其所謂理者，蓋曰：凡氣之運行無過不及者是也。朱子《圖說》曰：太極者所以動而陽、靜而陰之本體也。則欲更之曰：所謂動而陽、靜而陰之全體也。意以爲言全體則運行不偏勝之意可見，而云本體則不可知也。後又得觀羅整庵《困知記》，其疑與虛齋同。其大指亦曰：氣之外無所謂理者而已。而又曰：觀理者，觀於氣之曲折而已。至其果於自信，遂訾朱子而上及濂溪，則與虛齋之退然存疑者，又未可同日論也。夫整庵當日號爲直諒姚江者，而其說乃如此，則其所以失者何也？曰：失皆在於不敢離氣而論性。王氏以氣之靈當之，蔡與羅以氣之跡當之也。吾之所謂性者，非靈非跡，雖離氣言之而未嘗無，此則所謂本體，所謂大原。實驗之在陰陽五行之中，默識之則超乎陰陽五行之上者也。守溪之論性曰：天地間偪塞充滿

〔註 51〕李光地：《榕村全集》，卷 7，《初夏錄二・太極篇》，頁 353。

> 皆氣也，氣之靈則性也，人得氣以生而靈隨之也。姚江之傳，守溪舉是爲首。夫釋氏之說，尊靈覺於無上，守溪以爲隨氣而有，其陋必爲佛所嗤也。（《榕村全集》，卷22，〈書後・書王守溪性善對後〉，頁1147～1148）

又：

> 先有理而後有氣，有明一代雖極純儒，亦不明此理。蔡虛齋謂：「天氣間二氣滾作一團，其不亂之處即是理。」羅整庵謂：「理即氣之轉折處，如春轉到夏，夏轉到秋，自古及今，何嘗有一毫差錯，此便是理。」某初讀其書，只覺得不帖然，不知其病在何處。及讀薛文清《讀書錄》，有「性即氣之最好處」，頗賞其語而未暢。至五十一歲後，忽悟得三說之差，總是理先氣後不分明耳。先有理而後有氣，不是今日有了理，明日才有氣。如形而上者爲道，形而下者爲器，豈判然分作兩截？只是論等級，畢竟道屬上，器屬下；論層次，畢竟理在先，氣在後。理能生氣，氣不能生理。……明乎此，則知天地雖氣化遷流，萬端雜糅，亦有不能自主之時，卻有萬古不變的一箇性在。（《榕村語錄》，卷26，頁455）

綜以上所論，蔡、羅、王三人的理氣觀爲：1、蔡清認爲天地間皆爲氣，氣是無始無終的，不該有理先氣後的說法。而所謂的「理」是指氣之運行無過不及之謂，譬如天地間二氣滾作一團，其不亂之處即是理。他將朱熹《太極圖說注》以太極爲「本體」，改爲「全體」，因爲說「本體」似不可知，說「全體」則可表現運行周流之意。2、羅整庵的《困知記》也是說氣之外無所謂理。又說觀理者應於氣之曲折處觀，譬如春轉到夏、夏轉到秋，自古及今無一毫差錯，這便是理。3、王守溪論性則說，天地間所逼塞充滿的都是氣，氣之靈則爲性，人得氣以生而靈隨之。

李光地對於三人的批評是：他認爲三人的過失皆在於不敢離氣而論性，及他們都否定理先氣後的說法所致。他認爲 1、太極是氣的本體，而非全體，因爲是本體，所以才能說「性爲本、氣爲具」。2、他認爲理氣的先後是等級與層次的問題，而非判然的兩種分別。以等級來論，如同形而上的道在上，形而下的器在下；以層次來論，理在先、氣在後。氣是「然」，理是「所以然」，而「所以然」是「然」的最終原因。所以理能生氣，氣不能生理。〔註52〕3、他認爲羅

〔註52〕如他也曾說：「有自然不容已的，故有當然不可易的。……如人忠孝之人，有

欽順等「失在不敢離氣而論性」，他們都只說到「發而中節之和」的現象部分，而不曾見得「未發之中」的本體部分（同上），也就是他們不曾見得「誠」「中」「極」「性」之本體所在，而只就氣運而成的品彙萬象而論。4、針對王守溪所說，他認為「性」不是氣之靈，即非氣所產生的靈機妙用，因這是釋氏的說法。故不能說以「心」為性。因此，李光地認為性先氣後，並無疑義。

五、性和心的關係

關於性和心，李光地說：「性實心虛。心只空蕩蕩底，言性則道理鑿鑿實實，心方有憑據。」〔註53〕所謂「心」，一是指「心之室」，即「血肉之心」〔註54〕，是「可指其處所而言」〔註55〕；一是指「心之神」，是「無所而不在」〔註56〕的。前者是指生理器官而言；後者則為心的思維功能、狀況，在修養上所講的「心」多指此。性是指本質的性善而言；而心則混有後天各種因素的影響，易於放失。但心和性是一體的，卻又有別：

> 心者性之郛廓。心如物之皮殼，性是皮殼中包裹的，故言心必合性言，方是本來的心。（《榕村語錄》，卷25，頁450）

這裏說「心」必須以「性」為根本、以性為根源，故說：

> 人心所以能周物而不遺者，以性大無外故也，故心之量無不該，必性之源無不窮。至天者又性所從出也，知性則知天。（《榕村全集》，《讀孟子劄記》，4062）

強調「心」必須以「性」為根源，才能周物而不遺、廣大而無不該。但因「心」易於放失，所以須時時防其陷溺，故說：

> 人莫能盡其性者，則以心有存亡得失故也。是故必防其陷溺，必謹其梏亡，求之於既失，收之於已放，庶幾存其心者而性可養矣。（《榕村全集》，《讀孟子劄記》，4056）

一段不可解處，是自然不容已：纔有陳善閉邪，視無形，聽無聲，種種當然之事。與其從氣上說理見於此，不如從理上說氣於此出為是。」（《榕村語錄》，卷26，頁457）他也認為說「氣」（種種當然之事）出於「理」（自然不容已），「理」是「氣」的原因，方為妥當。

〔註53〕李光地：《榕村語錄》，卷20，頁350。

〔註54〕李光地：《榕村語錄》，卷25，頁450。

〔註55〕李光地：《榕村語錄》，卷11，頁204。

〔註56〕同上。

這便是孟子常說的「求放心」。須將散失的本心收回，才能盡其性，因此在修養上又有「存心養性」之說，「存」和「養」是有別的。

> 心是出入無時，莫知其鄉的，故須存；性是無爲的，故須養。「敬以直內」，倒是存心；「義以方外」，倒是養性。養性不是空空守靜之謂。大概寡欲是存心；充無穿窬、充無欲害人、擴充四端，卻是養性。(《榕村語錄》，卷 6，頁 105)

心和性的特質不一樣，心具有活動義，時時出入無時、莫知其向，即是易於散渙、放失，所以須用「存」的工夫，即是收放心，使其專聚之意。而性是無爲的，自己無法有所作爲，所以須要「養」的工夫，即是推拓、擴充之意。故而「敬以直內」，在心中時時存以敬謹之心，是存心；「義以方外」，在行爲上要合宜合善，是養性。「存」是重內心的修養；「養」則爲外在善行的推拓，所以寡欲是存心；擴充無穿窬、無害人，及擴充本有的仁義禮智四端，則爲養性。〔註 57〕又：

> 心性亦一物也，以操存言之則曰心，蓋言心則屬乎神明，所以必持守以嚴其幾也。以長養言之則曰性，蓋言性則純乎義理，所以必擴充以盡其分也。(《榕村全集》，《讀孟子箚記》，4047)

這裏說心是屬於神明不測的，也就是如上所言，經常出入無時而莫知其向，所以必須加以操存，「操」是指持而守之，如此才能使心在幾微的判斷之間不會踰矩。而性因是純善的、純乎義理的，因是無爲的，所以重在長養擴充的工夫。這便是「存心」與「養性」的區別。

六、心性情的關係

朱熹對於心、性、情的區分，說：「性是體，情是用。」〔註 58〕陳淳解釋道：「情與性相對，情者性之動也。在心裏面未發動底，是性；事物觸著，便發動出來底，是情。寂然不動是性，感而遂通是情。」〔註 59〕性是未發的；情是已發的，而「性情皆出於心，故心能統之。」〔註 60〕「統是主宰，如統

〔註 57〕《榕村語錄》有云:「存爲收斂寧靜之意；若養則當致其滋培充擴之功矣。……蓋心性是一是二，未有不存其心而能養其性者；亦未有能養其性，而心有不存者。」(卷 23，頁 418) 亦清楚地解釋了存、養之意。

〔註 58〕朱熹：《朱子語類》，卷 98，頁 2513。

〔註 59〕陳淳：《北溪先生字義詳講》，卷上，〈情〉，頁 55。

〔註 60〕朱熹：《朱子語類》，卷 98，頁 2513。

百萬軍。心是渾然底物，性是有此理，情是動處。」〔註 61〕這是朱熹的心、性、情之關係。

李光地則先說明之所以要區分心、性、情的原因，他說：

> 心、性、情一一分析，是宋儒因異端邪說混為一區，牽纏支離，學術大亂，不得不如此分析明白，孔孟時無此也。大概孟子說心即是說性，如「良心」「仁義之心」「求放心」「仁人之心」「惻隱、羞惡、辭讓、是非之心」都是如此說。人心得其正，便是道心。(《榕村語錄》，卷 6，頁 110）

他說心、性、情的分析是宋儒為了避免和異端學說混在一起，以致牽纏支離、學術大亂而作的區分，在孔孟時代並沒有區分心與性，甚至說心即是說性。到了宋儒，才區分了心、性、情等，然它們的關係又是如何呢？

> 心者性之郛廓，心如物之皮殼，性是皮殼中包裹的，故言心必合性言，方是本來的心。(《榕村語錄》，卷 25，頁 450）

心和性是不分的，且要合著性來說才是本來的心。但說「心」時範疇較廣，性是心所包含，情也是心所包含。故說：

> 「心統性情」，形生神發後，便著如此說。若論自來，須先說性，而後及心，心亦性之所生也。及有此心，則性具於中，感物而動，而情生焉。(《榕村語錄》，卷 25，頁 450）

「心統性情」，性是本然的善性；情是有感於物而產生的情感、情緒。所以說「心」的範疇較廣。但是「心統性情」是就人已具形體與精神而後說的，如果要論三者發生的因果關係，則性是放在第一位的，因為性是本具的良善之性，所以也可以說心也是由性而生的，即是心之中必然有性為因子之意。而區分心和性，是為了避免誤解二者之意。

> 人多將心性混說，以性為心，將性說成知覺；以心為性，將心說向虛寂。大抵理、神、氣、形，原有分際。形是至粗的；運於中者氣也；氣之精者神也；神亦由於理。如心之不息，亦理之不息，畢竟說不得心即是理。(《榕村語錄》，卷 19，頁 327）

心性的區分也是為了避免和陽明學及佛教的心性說混在一起，因為不明心性之義，所以有人以性為心，將性說成是知覺，這是指陽明的心學而說的；陽明合心與性說，以心為良知，這是和程朱學極不同之處。又有人以心為性，

〔註 61〕同上。

將心說向虛寂，指的是佛氏而言，佛教所主張的去執著的心，在儒家看來，成了虛寂之說。所以區分心和性，可以避免與陽明學及佛氏之說混雜。

此外尚有理、神、氣、形之分際，形是指至粗的形體；在於人的形體之中運作的是氣；氣之精聚即是神；神是由理而來。

> 須知氣不過運動，神不過知覺，而所發之理乃性也。如見孺子入井而惻隱，能惻隱者氣也；知惻隱者神也。而惻惻然發於不自覺，動於不得不然，此處非氣非神，乃情之正而性之眞也。（《榕村語錄》，卷 25，頁 444）

這一段話又更清楚地說明了氣、神、理的分別。氣不過是一種運動，是不具任何意識分別之能力的；而神是知覺，已能夠了知分別；至於行爲發動時的背後原理即是性，是人的至善天性。例如看見孺子入井而生惻隱這件事，具備惻隱之能力的是氣；而知道要去惻隱的是神；至於其背後惻惻然發於不自覺，不得不然而動的，即是理、是性。這三者之中，理是恆存的，即使氣與神不存在，也不妨礙理之存在。

心除了統性、情之外，其作用又可細分爲念、慮、意、志等。

> 本然之理，性也；性之發見，情也；統之者心也。心之起處爲念，引之爲思，熟思爲慮，念短而思長，思淺而慮深。心之所主謂之意，所向謂之志。念有善有惡，意不能皆善無惡，故爲善爲不善，皆意先定。（《榕村續語錄》，卷 1，頁 554）

性是本然之理，情是性之發見，心是統二者之說。念是心的起處，思是心的牽引思考，慮是熟思。念短思長、思淺而慮深，是其分別。而意是心之所主，志是心之所向。念有善有惡，是無主的念頭；意則爲好善惡惡之意，是有主的主意。

宋儒爲何要精細地區分心、性、情、神、理、氣、念、慮、意、志等，因爲理學是一種心性修養之學，其精密的區分有助於人在修身養性時可以時時察覺自己起心動念時的各種心理狀態，及時扼止不善的念頭，讓自己時時保持著天理純全的狀態。但是這些精細的區分若不能達到幫助心性修養的目的，便可能淪爲名目的探究或成爲支離割裂的分心析性之說，反不如陽明直指良知之直截簡易。當然，這些區分也有助於突顯程朱學派的心性說和陽明學、佛教的不同，因爲對於心性的性質定義不同，關乎其修養的方法，以及修養所指向的方向及境界等，故不可不辨。

第三節　論天理

一、何謂理

「理」是朱熹理學思想的核心，也是程朱在哲學上重要的創發。「理」以作爲本體的觀念被提出，其來源於天，或說天即是理；理又內在於萬事萬物，而心性修養的目的便是要恢復人內在的天理。有了此一超越的本體，心性的修養才有根據及指向的目的。因此，朱子可以說將孔孟以來心性部分的道德倫理修養，也就是內聖之學，作了更爲精密的理論建構。

朱熹對「理」下的定義爲：「天下之物，則必各有所以然之故，與其所當然之則，所謂理也。」〔註 62〕「所以然之故」說的是原因，指之所以會如此的原因。「所當然之則」是當然會如此的原則。又說：「既有是物，則其所以爲是物者，莫不各有當然之則而自不容已。是皆得於天之所賦，而非人之所能爲也。……所謂理也。」〔註 63〕因爲萬物都有它當然會如此的原則在，所以就順勢發展爲不得不如此的樣子。而這一原則乃是得之於天，不是人力所能爲。天，是理的超越性的根據，朱子說：「性則心之所具之理，而天又理之所從以出者也。」〔註 64〕陳淳說：「理無形狀，如何見得？只是事物上一個當然之則，便是理。則是準則、法則。有個確定不易底意。只是事物上正當合做處便是當然，即這恰好無過些亦無不及些便是則。」〔註 65〕陳淳更明確地解釋「當然之則」是一種準則、法則；而此一準則、法則，當然是不可變易的。且此一「當然之則」必然是恰當的、無過與不及的。

由以上所說，理可以歸納爲三義，發生的順序爲：1、當然，即萬事萬物的發生之前先有一原理、法則在，萬事萬物皆依此而發生。2、所以然，說明萬事萬物之所以會如此的原因所在，其主要原因是指當然之則。3、自然，由當然、所以然發展出來必然是如此的情況。例如，朱子說：「灑掃應對之事，其然（自然）也，形而下者也。灑掃應對之理，所以然也，形而上者也。」〔註66〕又說：「當然之理，無有不善。」〔註67〕可知，「自然」是果；「所以然」是因。有灑

〔註62〕《大學問》，（《近代漢籍叢刊》本），經文，頁 7 上，總頁 13。

〔註63〕同上，第五章，頁 39 上下，總頁 37～38。

〔註64〕《四書章句集注》，《孟子集註》，〈盡心〉第七上，第一章，頁 349。

〔註65〕陳淳：《北溪先生字義詳講》，卷下，「理」，頁 143～144。

〔註66〕朱熹：《論語或問》，〈子張〉，第 19，頁 658。

〔註67〕朱熹：《朱子語類》，卷 4，第 49 條，頁 108。

掃應對之理，才會有灑掃應對之事。又當然之理，皆是善的。本來，如果理指的是萬事萬物必然的道理或規律，應無所謂善不善可言，但是依朱子之意，理所具的倫理性質的成分較重；或可以說，理的提出，本來就不是要去探究客觀事物的原理原則，而是爲了使道德修養的成聖有所根據而設立。

程朱的天理觀念，爲他的後學以及元明清以來的程朱學者所承襲，在理論上並沒有太大不同，然其中較爲可議的應是在實踐工夫上，如何使天理可以闡發出來，在這一方面較有不同的討論。大抵上李光地對於「理」的論述並不多，因他對於人身上的天理較爲關切，如他說：

> 所謂理者，只是吾身喜怒哀樂與天地通。其性仁義禮智，其道君臣父子，內而天德，外而王道，天地位，萬物育，何等功用，何等精義！（《榕村語錄》，卷 19，頁 329）

他以個體爲本位，說所謂的「理」只是吾身的喜怒哀樂與天地相通，其性質是仁義禮智之善性，表現出來的是君臣父子的關係；因此理是內在於人心的天德，推之於外則爲王道的表現，甚而可以天地位、萬物育。所以他對於理的理解是重在由內在天德而通向外在的各種道德法則的表現，是以直指人心之善爲著重點。

二、理與天的關係

朱子以理來訓天，他說：「天之所以爲天者，理而已。天非有此道理，不能爲天。故蒼蒼者即此道理之天。」〔註 68〕他所指的天並非自然意義的天，而是義理之天，故稱天理。而天理又是善的根源，所以說：「父子、兄弟、夫婦皆是天理自然，人皆莫不自知愛敬；君臣雖亦是天理，然是義合。」〔註 69〕父子、兄弟、夫婦間的愛敬之心皆是天理自然的表現，而君臣之間的關係也是天理，但爲道義的相合。「蓋天理者，此心之本然，循之則其心公而且正。」〔註 70〕天理在於人心，也是本來如此之謂，只要循著天理而行，其心便能大公至正，所以只要：「不爲物欲所昏，則渾然天理矣。」〔註 71〕要使內心的天理明白朗現，必須不爲物欲所昧。

〔註 68〕 朱熹：《朱子語類》，卷 25，第 83 條，頁 1001。

〔註 69〕 朱熹：《朱子語類》，卷 13，頁 233。

〔註 70〕 朱熹：《晦庵先生朱文公文集》，卷 13，〈延和奏札二〉，頁 192 下。

〔註 71〕 朱熹：《朱子語類》，卷 13，頁 224。

李光地也說：

> 無私之至，純乎天理。（《榕村語錄》，卷2，頁33）
>
> 「明德」者，人之所得夫天之理，具於心而昭明不昧者也。（《榕村語錄》，卷1，頁7）

心能夠大公無私，即能得天理；而所謂的「明德」，正是要恢復天理之心，且此天理之心是昭明不昧、無私無欲的。他也說到私欲對於天理之間隔，他在解釋《論語》「子路曾晳冉有公西華侍坐章」說：

> 凡人心有私欲，則無論役於名利，即竟日讀書講藝，終未到灑然處。若拔出人欲之外，則天理自流行于日用之間，食息寢興，無非是者。頌詩讀書，領其趣也；老安少懷，樂其眞也；即至泳味日月，嘯傲山水，無所不可，此其學之自得處也。（《榕村全集》，《讀論語劄記》，頁3905）

人要合於天理，仍須拔出於人欲之外，使天理流行於日用之間，如此才能學有自得，眞正體會得頌讀詩書之趣、樂於老安少懷之眞，並泳味日月、嘯傲山水，無所不可。然要如何拔除人欲呢？則須靠居敬、明理的工夫，他說：

> 吾心之德，必居敬以持之，明理以克之，則人欲有日消之勢。（《榕村全集》，《讀論語劄記》，頁3923）

常持以居敬、明理之心，自然能使人欲日消。又：

> 天人理一而分殊，形氣所隔，難與天通故也。乾坤之心，至易至簡，在人惟至誠之道，與之默焉而相契；上天之載，無聲無臭，在人惟不顯之德，與之泯然而同歸。（《榕村全集》，《讀論語劄記》，頁3929）

人因形氣所隔，所以難與天通，無法得天之理，唯有至誠之道，能貫通天人，使天人渾合爲一、泯然同歸。

人欲是人生來必然存有的，過度的欲望泛濫自然會使心有所陷溺，但怎樣的尺度才是太過，自朱熹以來，理學家常常被誤認爲是扼止人欲、不通情理的。實則朱熹說：「飲食，天理也。要求美味，人欲也。」〔註72〕又門人問：「前輩多云道心是天性之心，人心是人欲之心，今如此交互取之，當否？」朱子答曰：「既是人心如此不好，則須絕滅此身而後道心始明。……人心是此身有知覺，有嗜欲者，如所謂『我欲仁』、『從心所欲』、『性之欲也，感於

〔註72〕朱熹：《朱子語類》，卷41，第22條，頁1671。

物而動』，此豈能無？但爲物誘而至於陷溺則爲害爾。……且以飲食言之，凡饑渴而欲得飲食以充其飽且足者，皆人心也。然必有義理存焉。有可以食，有不可以食。……此道心之正也。」〔註 73〕可見朱熹也承認心必有所欲，但要求循理而行。

李光地對於人欲也說「人欲者，耳目口鼻四肢之欲，是皆不能無者，非惡也；徇而流焉，則惡矣。」〔註 74〕這裏說到耳目口鼻的各種欲望，是人所不能沒有的，而且並非不好之事；但是一旦徇此欲望，泛濫流失，便成爲惡。所以人欲並不盡然全是惡，甚至：「卻離這箇，道心亦無發見處。」〔註 75〕所以只要對人欲加以疏導，使得其正，其正面的功效亦大不可言，因此他又說：「能盡飲食男女之道，則導親疏之懽，通上下之志，廟焉而人鬼享，郊焉而天神至。」〔註 76〕飲食男女是人之大欲之所存，但過於沈湎其中則邪心易生。這裏李光地則正視了飲食男女對於人生的重要性，並認爲盡其道則可以導親疏之懽、通上下之志。足見去人欲當不是去除所有的欲望，而是給予人欲合理的滿足與疏導，並去掉過度的欲望。

故知，理即是天，天理是善，人心的大公無私即是天理的表現。但是人心常爲私欲所隔，所以必須靠居敬、存誠、明理等修養工夫，使心回復天理之明。一旦人心能回復天理之明，便是與天合一。

三、理與氣的關係

朱子言理，必與氣相輔而行。他說：「理離氣不得。」〔註 77〕「天下未有無理之氣，亦未有無氣之理。」〔註 78〕朱子在答黃道夫也說：「天地之間，有理有氣，理也者，形而上之道也，生物之本也。氣也者，形而下之器，生物之具也。是以人物之生，必稟此理然後有性，必稟此氣然後有形。」〔註 79〕

〔註 73〕同上，卷 62，第 41 條，頁 2361～2363。
〔註 74〕李光地：《榕村全集》，《經書筆錄》，頁 92。
〔註 75〕李光地又說：「然人欲亦未是不好底字。如耳目口鼻之於聲色臭味，俱是人欲，然卻離這箇，道心亦無發見處。但溢於其節，方見病痛，故曰『惟危』耳。又如一條山徑，上面靠山，下臨不測之淵也，行得到通達去處，但不可不謂之危。」（《榕村續語錄》，卷 3，頁 593）
〔註 76〕.李光地：《榕村全集》，卷 2，頁 71。
〔註 77〕朱熹：《朱子語類》，卷 4，第 65 條，頁 116。
〔註 78〕朱熹：《朱子語類》，卷 1，第 6 條，頁 2。
〔註 79〕朱熹：《晦庵先生朱文公文集》，卷 58，〈答黃道夫第一書〉，頁 4 下。

理是形而上之道，是萬物形成背後的原理原則；氣則是形而下之器，是實質構成萬物之具，所以二者應是一而二，二而一的。但是理與氣孰先孰後？關於此問題，在《朱子語類》卷 1 與卷 95，有多條討論；《朱子文集》中，與友生書札中也多有討論。陳來認爲朱子早年主張理氣無先後；南康（1179～1181）之後，經過朱陸辯論太極，逐漸形成其理先氣後的思想；至晚年走向邏輯路線，以邏輯而言，則理在氣先。〔註 80〕

朱子之後，關於理氣先後，也引起學者的質疑與討論，李光地自稱：「某五十歲以前，亦不免疑朱子『理先於氣』之說。」〔註 81〕自五十一歲以後才辨得理氣分明，因此他在論到理氣時，多半是對明代儒者的理氣之說予以批評。關於理氣問題，他強調理爲本體，氣由理出，如：

> 一日某問之曰：「理是何物？可是萬事萬物有當然而不可易，即見得有自然而不容已者否？」曰：「看來卻須倒轉來。有自然而不容已的，故有當然而不可易的。」此言殊有味，如人忠孝之心，有一段不可解處，是自然不容已，纔有陳善閉邪，視無形、聽無聲，種種當然之事。與其從氣上說理於此見，不如從理上說氣於此說爲是。（《榕村語錄》，卷 26，頁 457）

對於有人問道：理是否爲萬事萬物之「當然而不可易」，而見得的「自然而不容已」。即是氣由所表現在萬事萬物中的「理」，推論有一個自然不容已的本體的「理」來。李光地則認爲應該先有「自然而不容已」的理，而後才有種種「當然」之事。如引文所說的「忠孝之心」的「一段不可解處」，指的正是未經後天教化的本然之善。由此一自然而不容已的本然之善，而形成的種種當然之事。所以應該由理上說氣較爲恰當。關於這一點的說明，是爲了批駁蔡虛齋、羅整菴等人不明理先氣後說而提出的。關於其辨說已於上文「性與氣」一節中討論。

四、重實理

由於明末泛談良知，不務實踐，導致學風空疏，爲人所詬病；因此自清初以來，學風趨於崇尚實用之學，即使在理學的研究範疇也是如此，無不特

〔註 80〕參見陳榮捷：《朱熹》第五章〈朱子論理氣〉，頁 53～66。陳來：《朱熹哲學研究》（臺北：文津出版社，1990 年 12 月），頁 29。書中也有近三十頁討論理氣先後問題，可供參考。

〔註 81〕李光地：《榕村續語錄》，卷 17，頁 794。

別強調學問的切實與可行性。李光地在講學問時，也是如此，他說：

> 吾學大綱有三：一曰存實心；二曰明實理；三曰行實事。……聖人之道便從孝弟做起，終則與天地一般，或有助天地所不及處，故曰「參、贊」。……故惟聖人之道謂之中庸，過此即爲隱怪。此是實理、此是實事。(《榕村語錄》，卷23，頁410)

他以存實心、明實理、行實事爲學問大綱，強調學問應由近及遠，由人倫最基本的孝弟做起，擴而參贊天地之化育。這種平實的日常之道即是中庸，也就是實理、實事。他又說：「誠即實理，道即實事。」〔註 82〕可見實理、實事是概括的基本道理，而實心也是指實理，但是說實心較切實，說實理則較泛。如說：

> 聖人論學，先要「忠信」，無此便諸事無根。然既有實心爲本，倘不博學考問，推廣擴充到盡處，孔子亦放他作第二等人。(《榕村語錄》，卷23，頁410)

這裏便是以「忠信」爲實心，以忠信爲諸事之本根，尚要進一步博學考問，並推廣擴充到盡處。此外諸如「孝弟」等能切近而實際地付諸行動的，皆是實心，而一切作爲皆當由此實心出發，方才有根，也才有達「道」的一天。

又實心也是相對於佛教的清寂而說的，他說：

> 若不在道上逐一細加切實工夫，與佛氏之清寂何異？故上言實心，則曰誠、曰性、曰至誠、曰至聖、……。既尊德性矣，而又必道問學；既致廣大矣，而又必盡精微；既極高明矣，又必要道中庸；既溫故敦厚矣，又必要知新`崇禮。以及議禮、制度、考文、考三王、建天地、質鬼神、俟聖人，世爲道、世爲法、世爲則。至此然後能盡其道也。(《榕村續語錄》，卷2，頁571)

從這一段話可以更清楚地知道，所謂「實心」是在盡其爲道的過程中，以切實工夫實踐之，能有切實工夫便能貫穿尊德性與道問學；能致廣大，亦能盡精微；能極高明，又能道中庸；能溫故敦厚，又能知新崇禮；乃至議禮、制度、考文等，都能作爲世間的道、法、則，然後能盡其道。這裏強調了《中庸》的思想，甚至程朱的思想，之所以有體有用、有廣大有精微、有高明有中庸，都是源於切實工夫的實踐。所以聖人所體會的道，絕不是空空之理〔註 83〕。他又說：

〔註 82〕李光地：《榕村語錄》，卷 8，頁 136。

〔註 83〕《榕村語錄》說：「佛氏之心，清淨寂滅，了無用處。吾儒之心，寂然不動，

> 行道而有得於心之謂「德」，所謂有德，非泛泛之謂。直似有一物吞入腹內，不可復出，夢寐依之，死生以之，任世間可喜可懼之事，再不能奪去換去，才是有得。……然「德」又不是空空存在這裏便了，須見之於實事。凡日用之間，無非「忠信」之心之所流注，以致「言顧行，行顧言」，則所行所言，處處皆實理實事，可依可據，而誠立矣。（《榕村語錄》，卷 9，頁 160）

這一段話對於行聖人之道而能有得於心的「德」，作了生動描述。他認爲眞正能體道有所得的人，就好像吞了一物在腹內，夢寐依之，死生以之，任何世間可喜可懼的事情，都再也不能奪去換去，這是一種身心徹底的轉化，無論思想、言論與舉手投足，都不同於以往未見道時。且他所得的道又不是空空地存在著的，而是必須見之於實事的，而所謂見之於實事，便是在日用之間，皆有「忠信」之心的流注，所言所行，處處皆是實理實事，有所依據，這也即是「誠」了。

李光地這裏所說的實心、實理、實事，其實正是儒家踐履精神之所在。儒家思想向來不尙空談玄虛之學，無論是孔子的「仁」、孟子的「性善」，乃至於宋儒所說的「理」，都是發於身心的道德實踐而見之於行事的踐履之學；由下學到上達，都可在庸常生活中眞切體會，這也是向來學者認爲儒學與佛教的空之最大不同處。李光地處於清初重實用之學的時代，對於此一儒家本質應有更深的體認才是，如他在〈中庸章段序〉一文也說：「惟受天地之中以生，而有常而不變，故其發見於事物、流行於日用者，莫不肖其本然之故。因性之中也，故道亦中而無高遠難行之事也；因性之常也，故道亦常而無新異可喜之跡也。聖人之道所以建人極而萬世不能易者，豈不本於是哉！」說明了稟受天地而生的中道絕非高遠難行之事，也沒有新異可喜之跡，而儒家的聖人之所以建人極而萬世不能改易，不過是本於這種庸常可行的道理而已。所以「程朱二子生於數千百年之後，躪《中庸》之庭而入其室，於是二氏之道寖息，而孔子之道漸著。」（同上）因程朱能得《中庸》的平實精神，闡揚儒家的性命之學，而抑制佛老之說，彰顯孔子之道，這也是李光地推崇程朱的原因。

感而遂通天下之故，至天地位，萬物育，總是一團生意。闢佛之精透，無過於此。」（卷 5，頁 81）對於宋明以來的儒者來說，他們體會的心是能夠通天下萬物，至於參贊天地萬物的化育，而不是佛氏的清淨寂滅，了無用處之心。

第四節　論涵養工夫

在朱子的學說中，認爲「心具眾理」，但心不見得會把這些理順暢地表現出來。因爲「心」是屬於氣的，會隨著氣質，而有偏有雜。心不能表現理時，心是心，理是理，心與理如同二物，但心雖昏蔽時，理仍在那裏，必須經過「格物窮理」和「涵養用敬」的工夫，內外合一，去除偏蔽，才能見到「理」原來在自己心中，才是「心與理一」。因此在道德踐履的過程中，工夫的實踐是極重要的事。而在實踐工夫上，格物致知當爲首要。

一、格物致知

「格物」一詞來自《大學》，程頤更改《大學》本文，改「親民」爲「新民」。朱子採用「新」字，又將《大學》分經傳，作了「格物補傳」一章，這在前一章已經敘及。

歷來對於「格物」的訓說，眾說各異，李光地曾描述這種情況，他說：

> 自宋以來，格物之說紛然。扞禦外物而後知至道，溫公司馬氏之言也；必窮萬物之理同出於一爲格物，知萬物同出於一理爲知至，藍田呂氏之言也；以求是爲窮理，上蔡謝氏之言也；天下之物不可勝窮也，然皆備於我而非從外得，反身而誠，則天地萬物之理在我，龜山楊氏之言也；物物致察，宛轉歸己，又曰即事即物，不厭不棄，而身親格之，武夷胡氏父子之言也；格，正也；物，事也，去其不正以歸於正，則又近年姚江王氏之說也。古注之說不明，而諸家又紛紜若此，此古人入德之方，所以愈枝也。程、朱之說至矣。司馬氏、王氏，不同道而姑舍是，餘諸子皆學程門者，宜乎各有所至矣。然朱子之意，猶謂程子之言，內外無間，而本末有序，非如諸儒者，見本則有薄末之心，專內則有遺外之失，又或以外合內，而不勝其委屈之煩，皆未能得乎程氏明彼曉此、合內外之意，及積累既多豁然貫通之指也。雖然程子之說，則眞聖門窮理之要矣，而施之《大學》則文意猶隔。……象山陸氏之言曰：爲學有講明、有踐履。《大學》格物致知，講明也，修身正心，踐履也。物有本末，事有終始，知所先後，則近道矣。……愚謂陸子之意，蓋以物有本末，知所先後，連格物致知以成文，其於古人之旨既合，而警學之理尤極深切，視之諸家，似乎最優，未可以平日議論異於朱子而忽之也。就諸家中，則龜山之說，獨爲渾全，蓋

雖稍失《大學》淺近示人之意，而實聖門一貫之傳也。（《榕村全集》，卷 7，《初夏錄・通書篇》，頁 342～346）

這是李光地綜述諸家之格物說，約可歸爲：

1、司馬溫公：扞禦外物而後知至道。

2、呂大臨：以窮萬物之理同出於一爲格物；知萬物同出乎一理爲知至。

3、謝良佐：以求是爲窮理。

4、楊時：天下之物不可勝窮也，然皆備於我而非從外得，反身而誠，則天地萬物之理在我。

5、胡安國、胡宏父子：物物致察，宛轉歸己；又說即事即物，不厭不棄，而身親格之。

6、姚江王氏：格，正也；物，事也，去其不正以歸於正。

以上諸說，李光地以朱熹之意，批評呂大臨、謝良佐，以及胡安國、胡宏父子，說他們：「見本則有薄末之心，專內則有遺外之失，又或以外合內，而不勝其委屈之煩。」他們不是有本無末就是專內遺外，不能內外兼致。而對於二程、朱熹之說，李光地則認爲「程、朱之說至矣」，但是他們以格物爲窮理，不能直接闡明知本即格物之旨，於《大學》「文意猶隔」。另外是楊時、陸象山之說，他認爲陸說「蓋以物有本末，知所先後，連格物致知以成文，其於古人之旨既合，而警學之理尤極深切」，是諸家之「最優」；楊龜山之說，則「獨爲渾全」，只是「稍失《大學》淺近示人之意」。綜合以上對諸家的取捨，李光地認爲「格物」之意應爲：

蓋《大學》所謂格物者，知本而已。物有本末，而貴乎格之而知其本。末者，天下國家也；本者，身也；知天下國家不外乎吾身之謂知本，知本則能務本矣。此古人言學之要，《大學》之首章，《學記》之卒章，其致一也。（《榕村全集》，卷 7，《初夏錄・通書篇》，頁 344）

所以李光地的「格物」乃是「知本」之意，即是知天下國家不外吾身之謂。對於「格物」，他又有詳細解說。首先，「格物」之「物」是何意呢？他說：

心身、家國、天下是物也；修身、齊家、治國、平天下，是事也，本即修身，故曰：「壹是皆以修身爲本，其本亂而末治者否矣。（《榕村語錄》，卷 1，頁 9）

物事即物也，本末終始即物中之理也，格之則知所先後。（同上）

物是身心、家國、天下；事是指脩身、齊家、治國、平天下之事。而「格」

即是要明辨修身、齊家、治國、平天下的本末先後是以修身爲本，而「不是物物都要格盡，也不是格一物便知天下之物，累積多時自有貫通處」〔註 84〕，所以他又說：

> 事物皆格，至本末始終俱透，方爲格物之全功。《大學》恐人疑惑「知至」「至」字，爲當窮盡天下之物，始謂之「至」，故又曰：「以修身爲本，本亂末未有治者；厚者薄，未有薄者厚者。「此謂知本，此謂知之至」。（同上，頁 10）

故知本是知以修身爲本，而能由修身推至家國天下，便是知至。更明確地說，「格物」之意爲：

> 格物者，知天下國家以身爲本，則知身心之不可放縱、苟且、自私。（《全集》，《大學古本說》，頁 3705）

「格物」是知道身心家國都以「身」爲本，這便是「知本」，能知本方能知道身心之不可放縱、苟且、自私。又修身即爲誠身，能「誠」則可以成己成物，明德、新民、止至善之道皆在我，即所謂「明善格物」。故說：

> 性者，善而已矣。物之性，猶人之性，人之性，猶我之性，知其性善之同而盡之之本在我，此所以爲知性明善也。（《榕村全集》，卷 6，《初夏錄・大學篇》，頁 288）

> 擇善而後能明善，見得此理內外無間，天地萬物，與我同一仁義禮知，便是格物、致知，便是明善、知性。（《榕村語錄》，卷 1，頁 12）

誠身又是將自己本有的善性發揮出來，知道性善之理可以通天地萬物，與我同一仁義禮智，進而能明物之性，「知其性善之同而盡之本在我」，所以格物又可說爲「知性明善」。

以知本代替程朱之以窮理言格物，是否恰當？有人提出了質疑，李光地則回答：「夫窮理而至知本，然後其理窮；致知而至於知本，然後其知至。」〔註 85〕故知他仍遵循程朱的格物窮理之說，但強調格物窮理須以「知本」爲本，能「知本」才算理窮、知至，而不是一味地往外格物而去，不知收束。李光地於康熙五十六年（1717）時，在鼇峰書院爲諸生講學時，也強調程朱的格物窮理爲當，但「必就要緊處格將去」〔註 86〕，他舉例道，如去思索子

〔註 84〕李光地：《榕村語錄》，卷 1，頁 9～10。
〔註 85〕李光地：《榕村全集》，卷 6，〈大學篇〉，頁 287。
〔註 86〕李光地：《榕村全集》，卷 23，《鼇峰講義》，頁 1172。

孝臣忠，如何方是孝，如何方是忠？其中大有事在。又如思索物物各有一性，性即理，物性猶吾性。例如物各有牝牡雌雄，是其夫婦之性；海燕哺雛，雌雄代至，飲食之恩也，羽毛稍長，引雛習飛，教誨之義也，是其母子之性；同巢鳥獸，無不相倡相和，是其兄弟之性等等，由此而推「物雖殊而性則一，此處窮盡，便見得萬物一體，廓然有民胞物與之意」（同上），且知道生之有道，便知取之有節，是出於其心之不容已處。他又批評陽明因見一竹子推格不去，於是不以程朱之言爲然。實則格物並不是只留心於一草一木間，而欲其忽然頓悟；如果因此而廢卻格物工夫，則何處可以著心？所以他又強調：「格物只是明箇善，明善只是知箇性。」（同上）

所以李光地的認識論是屬於向內的省察，如他說：

> 人者，具天體之體而微，凡天地間所有，皆吾性之所有也。其大者爲三綱五典，其自然之心，當然之則，我固有之也；其顯者爲禮樂政教，其所以然之理，亦吾固有之也。從此而推之，則陰陽變化，鬼神屈伸，昆蟲草木之榮枯生息，遠近幽明，高下巨細，亦無有不相爲貫通者矣。（《榕村全集》，《讀孟子札記》，4071～4072）

藉由格物致知的工夫，便能體察到天地間的所有，無論是自然之心、當然之則、所以然之理，都是我之所固有。甚至可以推而與天地間的陰陽變化、鬼神屈伸、遠近幽明等貫通爲一。所以他又說：

> 萬物皆備於我矣，何則？其性與我同出於天也。是故盡其性則能盡人物之性，是能大其心以體天下之物也。人之不能體物者，由其不能知物之皆我也，不能知物之皆我，由梏於見聞，而不能知其性也。能盡心以知性，則能盡性而大其心以體物矣。（《榕村全集》，《正蒙注》，頁 10078～10079）

如能盡其心、知其性，便可體得「萬物皆備於我」。但其前提是必須能不爲見聞所梏，即在各種見聞知識的學習外，更要能返歸自心。李光地並不排斥見聞之學的重要，如他稱讚顧炎武、梅文鼎的見識之廣，且鼓勵門生弟子學習各種藝能，但是對於他們未能知性命之理，仍有遺憾，如他說：

> 近時如顧甯人之韻學，梅定九之歷算，皆極精奧，又確當不易，雖聖人復起，弗能易者。蓋有聲有數，可得捉摸，所謂專家之學也。若夫性命之理，無聲無臭，下學上達，與造化爲徒，能造其閫奧如程朱者，有幾乎？（《榕村續語錄》，卷 16，頁 775）

故知，李光地固然提倡各種專門之學，但他對學問的期望仍是以通達性命之理爲最高理想，所以他也說：

> 亭林十三經盡皆背誦，……耜卿亦能背誦十三經，……但記誦所以爲思索，思索所以爲體認，體認所以爲涵養。……必以義理爲先，開卷便求全體大用之所在。(《榕村語錄》，卷 24，頁 422～423)

記誦、思索、體認、涵養，正是進德工夫的歷程，而求學問的全體大用之所在，便是他主張的「知本」之學。除了學問要知本之外，任何事爲的進行也都要知本，如說：「知本亂而末不得而理，則知天下國家之不可以智力權數相馭矣。」〔註 87〕由脩身而不使身心放縱、苟且自私，推之以治國平天下之事，也不可不由本心之善出發，不能徒以智力權數爲控制之術。由此來看，李光地肯定聞見之知，也企圖藉由聞見知識的學習達到德性之提升，如說：「以道體言之，則性命身心爲本，威儀文辭爲末；以功夫言之，則小物細行，乃所以爲大德之基。」〔註 88〕但是否所有的聞見之知皆能成爲德性的一部分，恐未必如此。所以，儘管他將技藝、專門學問的學習視爲儒者所當學的一部分，但在尊德性的前提要求之下，知識性的學問仍未能被獨立地看待，這是宋明理學一直未能解決的問題，即使是李光地，也未能跳脫這種侷限。又程朱派的心是屬於氣心，李光地所謂的「盡心知性」，盡了心能否知性，亦是一問題所在，也是他未能注意到的。

二、存誠、持敬

在修養的態度上，誠與敬是極重要的條目。持敬是程朱學派中重要的涵養工夫。《朱子語類》云：「『敬』字工夫，乃聖門第一義，徹頭徹尾，不可頃刻間斷。」〔註 89〕又說：「大凡學者，須先理會『敬』字。『敬』是立腳去處。程子謂『涵養須用敬，進學在致知』。此語最妙。」〔註 90〕李光地也強調「誠敬」的重要，他說：

> 聖人之學，唯知與行，知行之本在立志與持敬，然立志持敬者，亦主於誠而已矣。(《榕村全集》，卷 6，《初夏錄・仁智篇》，頁 305)

〔註 87〕李光地：《榕村全集》，《大學古本說》，頁 3705。
〔註 88〕李光地：《榕村全集》，《讀論語箚記》，頁 3957。
〔註 89〕朱熹：《朱子語類》，卷 12，頁 210。
〔註 90〕同上，頁 215。

知行之本在立志和持敬，所謂「志」是志其趨向；「立志」是無時而不存之意。「主敬」則是植了志之根，再加以培壅之謂〔註 91〕。「立志」與「持敬」又都是誠之之事。敬和誠之意有別，「敬」是「心虛而無邪」；誠是「心實而有物」〔註 92〕。對於「誠敬」他又說：

> 若不端厚深穩，則不能莊敬嚴威，雖有所學，既不著己，又不關心，必不能得之堅固也，此居敬爲學問之本也。「主忠信」，則毫無外飾，豈肯臨深爲高，護過而飾非乎？此存誠爲躬行之本也。然誠敬又自相爲表裏，非敬則誠亦虛，非誠則敬亦僞。聖人爲學者言之，則須從矜持收斂處起，制於外所以養其中也。（《榕村語錄》，卷 2，頁 22）

人在學習過程中，態度上必須端厚深穩與莊敬嚴威，如此才能使所學堅固，那即是敬的工夫，因此「居敬」乃爲學問之本。沒有敬的誠是虛，沒有誠的敬是僞，存誠是躬行的根本，故誠與敬又是互爲表裏的，在矜持收斂中，才得以制其外並養其中。又他在釋「子曰德之不修章」，曰：

> 德中誠敬二字又是知行二者之根。敬則志氣清明，培養深厚，而其講學也有深造自得之功；誠則立志眞切，存心篤實，而其力行也有敦行不怠之效。（《榕村全集》，《論語劄記》，頁 3869）

誠與敬指的是內心的態度，內心持敬能使志氣清明、培養深厚，於講學則能得深造自得之功；存誠則能立志眞切、存心篤實，於力行上則有敦行不怠之效。故說二者是知與行的根本。

對於敬的意思，李光地說：「敬說『喚醒』二字最好。」〔註 93〕又說：「朱子說『敬』字，是『畏』字意。」〔註 94〕這些皆不離朱子之意〔註 95〕。朱子又說：「敬有死敬，有活敬。若只守著主一之敬，遇事不濟之以義，辨其是非，則不活。若熟後，敬便有義，義便有敬。……須敬義夾持，循環無端，則內外透徹。」〔註 96〕是說持敬若不能濟之以義，則會太拘謹、太嚴厲，在遇到事情時，反而不能辨別是非，合宜地處理。所以應和「義」字合用，

〔註 91〕李光地：《榕村全集》，《經書筆錄》，頁 95。
〔註 92〕李光地：《榕村全集》，《初夏錄・誠明篇》，頁 271。
〔註 93〕李光地：《榕村語錄》，卷 23，頁 418。
〔註 94〕李光地：《榕村語錄》，卷 23，頁 419。
〔註 95〕《朱子語類》有：「心只是一箇心，非是以一箇心治一箇心。所謂存、所謂收，只是喚醒。」（卷 12，頁 200）又「敬，只是一箇『畏』字。」（卷 12，頁 211）
〔註 96〕朱熹：《朱子語類》，卷 12，頁 216。

朱熹說敬是「守於此而不易之謂」；義是「施於彼而合宜之謂」〔註 97〕，一者是主於內，一者是施於外，而二者必須並行，故要「敬義夾持」，才能使敬活用。李光地也提出了當時學者不知「活敬」，以致做來形狀可畏的情形，他說：

> 「敬」字被後人講不明白，做來形狀可畏。湯潛庵、陸稼書皆中此病，竟有不近人情之意，令人望而去之。敬是怕人，不是要人怕我，如見大賓，如承大祭，無眾寡、無小大、無敢慢、戰戰兢、臨深履薄，還是自己怕人？還是要人怕己？至於敬人者，人恆敬之，自然儼然人望而畏，威可畏而儀可象。(《榕村語錄》，卷 23，頁 419)

所以「敬」是收束身心的重要心態，但也要能夠舒泰自得，若是表現出道貌岸然，令人不可接近的形貌，便是不知活用敬了。「敬」最終所要達到的是內心純誠、天理流行的境界。

敬和義又可合著戒懼、愼獨來說，李光地說：

> 「戒懼」是「敬以直內」，「愼獨」是「義以方外」。當「戒懼」時，只是敬而已，初未別出邪正、公私、是非、善惡。至一念之動，便須是自省是公，是私，是邪，是正。應一事，便須自省正當否，有差錯否。大抵心貫動靜，事有終始。靜時「戒懼」之心，至應事時依然以此爲本。「愼獨」則自發念時始，至於事已，此心便休。存養省察，便是如此。(《榕村語錄》，卷 7，頁 112)

敬是「生於耳目形神之交，故言睹聞者，知其爲說敬也」；義則是「存乎立身行事之實，故言隱微顯見者，知其爲說義也」〔註 98〕。所以「敬以直內」是心念未發之前的狀態，並未分出邪正、公私、是非、善惡；而「義以方外」是心念已發之後的合宜正當，而所謂的存養省察，便是在動時仍以靜時的「戒懼」爲本；在發念而動到事情結束時，皆能「愼獨」處之。一般「戒懼」是以心言，是要時時提醒此心，不使昏放，因爲發之於外的事易於察覺，而不睹不聞時的心則容易昏放，所以能做好「戒懼」之功，在不睹不聞的須臾剎那之處，無不透徹，方是眞正的修養之功。至於「愼獨」通常是指事言，是在事爲之時，方動而交於事物之始，介於獨知之時，便須謹審善惡之分，故謹獨便是察乎隱微之間。但修養是貫乎動靜語默之間的，不可分動靜而說，

〔註 97〕同上，頁 216。
〔註 98〕李光地：《榕村全集》，卷 6，〈中庸篇〉，頁 295。

所以他說：

> 「戒懼」、「愼獨」，講家多分動靜，朱子實無此說。靜時可云未須省察，動時豈得全無存養？存養不過將心提起，存在這裏，不獨靜時爲然，動時亦須提醒以爲省察之根。直內、方外亦然。內，心也，敬以直其心，徹上徹下，無所屈撓。外，事也，到得處事，均齊停當。義是有首尾的，敬是無首尾的。（《榕村語錄》，卷7，頁112）

朱子雖然也說「存養是靜工夫」，「省察是動工夫」〔註99〕；但朱子亦說「大抵已未發，只是一項工夫，未發固要存養，已發亦要審察。遇事時時復提起，不可自怠，生放過底心。無時不存養，無時不省察。」〔註100〕強調未發的靜與已發的動只是一項工夫，不可強分動靜。上一段話，李光地也清楚地說明了動靜交養的修養之功，例如應酬一人，處置一事，以至一坐立言動之微，皆須存心在此，這便是「直內」；而他所以能合宜地應之處之，在動容周旋上務盡道理，便是「方外」。動靜皆須提醒此心以爲省察之功，因此無論是敬以直其心的「直內」；處世均齊停當的「方外」，都不是孤立而行的。敬和義的關係有如「知」和「行」一般，例如人在靜中之時，雖然沒有致知之事，但能炯然常覺，便是知之體；雖然沒有力行之跡，但能肅然就檢，便是行之基。所以敬義知行就像目視足履，一時並用，有此則有彼。其間敬雖然稍先於義，知雖然稍先於行，但就好像目與足，先後的差別只在幾微毫髮之間而已。如果要強分二者，則可能「放神冥寂以爲敬，空言講論以爲知」〔註101〕，這些都已不是儒家思想的眞義了。

「誠身」又被李光地稱爲孔門相傳心法〔註102〕，他說：

> 誠意之實用功處，只是徹底爲善，以不自欺其好善惡惡之初心，……推其本則是平時涵養本原，故所發者好惡皆得其正，而有以爲省察之地。究其流，則君子終身之學，求以自慊而已，既不自欺，又豈有作僞欺人之弊哉！是故去其妄念者，主敬之事，誠意之原也。實用其力者，所知之切，誠意之功也。不揜著以徇人者，所發之眞，誠意之效也。（《榕村全集》，《大學古本說》，頁3725）

〔註99〕朱子云：「存養是靜工夫。靜時是中，以其無過不及，無所偏倚也。省察是動工夫。動時是和。才有思爲，便是動。」（《朱子語類》，卷62，頁1517）

〔註100〕朱熹：《朱子語類》，卷62，頁1511。

〔註101〕李光地：《榕村全集》，卷6，〈中庸篇〉，頁301。

〔註102〕李光地：《榕村全集》，《大學古本說》，頁3706。

誠意的「意」是心之所主，因爲人性皆善，所以其心之所主沒有不好善惡惡的，但因爲物欲所奪，所以參雜於念慮之間、牽制於事爲之際，而使意虛而不實〔註 103〕。所以誠意便是要藉由平時涵養本原，恢復好善惡惡之初心，使所發之好惡皆得其正。而主敬是誠意的本原，眞實地用其力，則是誠意的功效；誠意既發，能不因人而有所掩蔽和顯揚，使所發皆眞，便是誠意的效用。

總之，爲了提起、把持容易爲欲望習性所轉而時時渙散馳逐的心，李光地也提挈了立志、主敬、存誠、戒懼、愼獨等工夫的重要性，無論在未發、已發，動之與靜，皆不可放逸。但是他雖也常和弟子討論動靜存發之事，除了要闡明程朱之意，避免混於他說外，也是提醒門弟子在作修養工夫時須注意各種起心動念及行爲的善惡。但他同時也說，對於這些細節也不可過於絞繞，如他說在看《四書》時最不可苦纏動靜存發等字，因爲孔孟口中並無這些分別，「若論心中頓放，則頓放許多父子、君臣、兄弟、朋友便是道；頓放一團仁、義、禮、智便是性；頓放一派元、亨、利、貞的全體便是天。是天也，吾與子莫不有之，而能如聖人之浩浩否也，然則其所知可知矣。」〔註 104〕經過了長期的累積修學之後，這種「頓放」的工夫，可以直見本然的道、性、天，若和各種存養工夫並用之，則能免於過於拘謹、生硬之弊，以致學不見道，枉費精神。

〔註 103〕李光地：《榕村全集》，《大學古本說》，頁 3707。
〔註 104〕李光地：《榕村全集》，卷 21，〈答鍾倫兒問目三條〉，頁 1119。

第五章　李光地對理學思想的闡述（下）

本章主要論述李光地論學、論宋學六子、論治統與道統合一的部分。

第一節　論　學

學習是獲得學問義理的第一步，「德性中原有許多道理，只是離了問學，卻亦不能成就。」〔註1〕程朱學派認爲人性中的德性雖本自具足，但仍須藉由學習，才能將美好的德性闡發出來，所以學習的態度與方法也關乎一個人學習的成果。他在論學上，有幾點須特別注意：

一、學問要有源頭

讀書要能夠不支離渙散，便須時時掌握學問的源頭，他說：

> 人的學問，總要不斷，這是一點眞源。有源之物，便會大。陸子靜於此卻有所得，故云：「易簡工夫終久大，支離事業竟浮沈。」但只是眞源不息矣，又有他水來會，豈不更好？到得眾水合流，不得謂此水非他本來水也。（《榕村語錄》，卷23，頁410）

所謂學問要有眞源，有源之物便會大，這是陸子靜所深深體會的，其曰：「易簡工夫終久大，支離事業竟浮沈。」便是掌握學問之源的重要，因爲「有源頭的物事，他物入其中，皆成自己的物事。」〔註2〕如此才能使所學有根本，如眾流得以匯集成海。而要掌握眞源之要，便是要能夠得之於心，他說：

〔註1〕李光地：《榕村語錄》，卷7，頁129。
〔註2〕李光地：《榕村語錄》，卷23，頁411。

> 記問之學，不能心得，都不濟事。得之於心，就是不得工夫讀書，亦日日進，禁他不得。「逝者如斯夫，不舍晝夜」。他心道流行，所謂「源頭活水」也。（《榕村語錄》，卷24，頁421）

「源頭活水」即是心道流行，凡所學之記問之學，皆能得之於心，如此即使不能常有工夫讀書，也能日有所進，故云：「讀書只要心裏明白，便是『源頭活水』。」〔註3〕其意和返之於約是一樣的，所以說：

> 學問先要有約的做根，再泛濫諸家，廣收博采。原亦不離約的，臨了仍在約的上歸根復命。（《榕村語錄》，卷24，頁423）

學問要先有「約」作根，凡有所學，皆在「約」上歸根復命，亦即要以「心」爲本；讀書若不以心爲本，雖勤無益，他舉了佛家語譬喻之，說：

> 讀書以心爲本，心不在，雖勤無益。佛家所謂「如磨麵驢，身雖行道，心道不行」是也。心裏通透一點，便爲功甚大。心爲諸事之根，然諸事又自有根，所謂「派頭」也。（《榕村語錄》，卷24，頁424）

凡所讀書皆能在身心上體會受用，才是讀書的要義與眞諦，否則在繁瑣的學問領域裏，一旦逐而不返，便枉費問學之功，因此讀書問學首重返歸眞源，即時時要於心上體會之，這便是程朱學派的心性之學所重視的。

二、讀書要立志行之

凡做任何事，欲有所成，「立志」必是第一要務，李光地在朱子言學之敬知行三事外，另加「立志」一事，說：「立志所以植其本也，居敬所以持其志也，窮理所以致其知也，躬行所以蹈其實也。」〔註4〕因爲求知而不敬，則心昏然不能須臾；但敬而非志，則又安得日強之效。且志而非敬，則此志何以常存；敬而非知，則措其心於空虛之地；知而非行，則理皆在我而無行。所以志敬知行四事須並行之，而四事又以立志爲其根本。他又引了佛家語及朱子語來說明立志的重要，他說：

> 鋭峰僧議論極有好處，常說偈云：「學道必須鐵漢，用力心頭便判。直證無上菩提，一切是非莫管。」此彼學所謂「發大願力」，即吾儒之「立志」也。願力發得大，即悟亦悟得快，脩亦脩得到。朱子有云：「書不說，熟讀可記；義不精，細思可精。惟有志不立，直是

〔註3〕李光地：《榕村語錄》，卷24，頁421。
〔註4〕李光地：《榕村全集》，《經書筆錄》，頁276。

無著力處。」即是此意。（《榕村語錄》，卷 23，頁 413）

如同佛家所云，欲直證無上菩提，須發大願力，有一切是非莫管的精神，方能證得；願力發得大，要悟即悟得快，要脩也脩得到。儒家的「立志」意思也是一樣，朱子說：志不立則無著力處。凡人不立志，則心志渙散無歸，苟安逸樂、怠惰因循，凡事皆無著力處，也事事皆不可成。因此，立志之後，心便能安，他說：

> 人若閒散度日，過後未免悔恨，惟用工讀書，便心無不安處。可見人只是求心安爲主。佛家云：「我視禪定如須彌柱。」心非須彌柱，心安處便是須彌柱也。你看不過一些子，卻頂天立地是這箇。（《榕村語錄》，卷 23，頁 420）

心能安於一處，做事方有著力點，有方向有目標，才能有所成事。所以能立志讀書，則心無不安。而立志又以寬大爲主，他說：

> 人須是立心寬大，若褊急，縱使耿介特立，亦是自了漢，不能成大人物。要有陶鎔人一團熱氣，方是聖賢的派。（《榕村語錄》，卷 24，頁 432）

凡人立志有大有小，立志褊急者，即使耿介特立，也只是自了漢，不能成爲大人物；須立聖賢之志，才能陶鎔得了人。而「聖賢之學，非有一段毅然專致之誠，安能有得」〔註 5〕，聖賢之學不易得，立志之後須不斷地實踐履行，若能有數十年的工夫，聲光氣燄自然便不同，如說：

> 達磨一老瞿，對著壁坐了九年，幾奪吾儒之席。胡安定在泰山讀書十餘年，其後學徒之盛遍天下。……凡人有十年著緊工夫，其聲光氣燄斷然不同。（《榕村語錄》，卷 23，頁 413）

因此，一個讀書人，立大志且加以實踐，是極重要的事。

三、要有懷疑精神

在學習過程中，懷疑精神也是很重要的。有懷疑才能提出問題，對於經典反覆思索，無論是否有新解，都有助於繼續深入學習，甚至能有新的理論創發。李光地說：「讀書最怕是無疑，道理本平常，看去不過如此，其實進一步，又一層。」〔註 6〕一般人容易忽略平常的道理，以爲本是如此而不加以

〔註 5〕李光地：《榕村語錄》，卷 23，頁 413。

〔註 6〕李光地：《榕村語錄》，卷 1，頁 14。

懷疑，然實際上所理解的恐怕是錯誤的；或者因爲因循舊說，而失去了深入探索的機會。因此，李光地也痛批一知半解者，或承訛襲謬者，以爲古法之壞，皆因於此，他說：

> 古法之壞，不壞於無知者，而壞於一知半解者。十分中曉得九分，那一分不解，不肯闕疑，定臆造以求合。承訛襲謬，且久不知其非，而古法之眞益晦。聖人云：「多聞闕疑」，萬古讀書人，不可易此。（《榕村語錄》，卷 24，頁 429）

這裏正提出「多聞闕疑」的重要性。他又說：

> 說是前人說明，亦要在我身心上實實體會親切方好。近人不是想推程朱之案，便謂程朱發明已盡，不必措意。都不是。……夫子拈一「信而好古」爲宗，就中又開出許多方法。如所謂「闕疑」，「闕」殆擇善而從，不是見古不論是非，一概深信不疑也。（《榕村語錄》，卷 24，頁 430）

他說即使前人已經說明白的，也要在自己身心上實實體會，要有不盲信的精神。如孔子雖說「信而好古」，但也強調「闕疑」，闕即是擇善而從的意思，並不是以爲古人之說便是定論，而深信不疑。孔子尚且如此，更何況是後學。因此，在「無味處致思，至於群疑並興，是超凡入聖關頭」〔註 7〕，唯有時時抱以懷疑精神，才是超凡入聖的關頭。

四、要熟讀一部書

讀書時要有好的記性，但如何訓練記性呢？李光地提出熟讀一部書的方法，他說：

> 讀書要有記性，記性難強。某謂要練記性，須用精熟一部書之法。不拘大書、小書，能將這部爛熟，字字解得道理透明，諸家說俱能辨其是非高下，此一部便是根，可以觸悟他書。……領兵必有幾百親丁、死士，交友必有一二意氣肝膽，便此外皆可得用。（《榕村語錄》，卷 24，頁 425）

以一部書作爲根本，不拘是大書或小書，將一部書爛熟，字字的道理都解得透明，對於諸家說法都能分辨其是非高下，所以說：

〔註 7〕 李光地：《榕村語錄》，卷 24，頁 424。

> 讀書只贊其文字好，何益？須將作者之意發明出來，及考訂其本之同異，文義之是否，字字不放過，方算得看過這部書。（《榕村語錄》，卷 24，頁 428）

在細節上能考訂文本同異、文義之是否，字字不放過，才是眞正看過這部書，如此對於他書也才能觸類旁通。所以他又說：

> 若是要有所得，精熟一部經書，儘可用之不盡。若要醞釀深厚，畢竟是多讀多通方得，「沈浸醲郁」四字最妙。（《榕村語錄》，卷 24，頁 426）

所謂「讀書千遍，其意自見」，用功到千遍，自然醞釀深厚，而能「沈浸醲郁」。又，讀書要在心上磨過：

> 看書要逐條想一遍，不但爲書，且將此心磨得可用。不然遇大事，此心用不入，便做不來。（《榕村語錄》，卷 24，頁 424）

書熟讀之後，也須將道理思索消化，而非只是用以誇奇炫博，他舉了《參同契》的內丹、外丹爲例，他說：

> 治《參同契》者，皆以爲有外丹。某謂即有外丹，亦須內丹就，方能服得外丹，不然消化他不得。……若不消化，便都成病。讀書亦然，須要融洽，不然撐腸拄肚，便爲害。（《榕村語錄》，卷 24，頁 422）

他在課弟子時也說，每藝一經，必須盡自家分量，務令徹底方休。課藝之法，除了先熟誦經文之外，第二要盡參眾說，而別其同異、較其短長；第三在精思以釋所疑後，尚不敢自信；第四要明辨以去其所非，而不敢自是之。如果能於一經得其門而入，則諸書皆如同室而異戶，可以類推而通。〔註 8〕

而在博學強記之後，其消化的過程便是再加以思索、體認、涵養。他舉了顧亭林及他的四弟耜卿爲例，說：

> 讀書博學強記，日有程課，數十年不斷，當年吳下顧亭林，今四舍弟耜卿，皆曾下此工夫。亭林《十三經》盡皆背誦，每年用三箇月溫理，餘月用以知新，其議論簡要有裁剪，未見其匹。……但記誦所以爲思索，思索所以爲體認，體認所以爲涵養也。若以思索、體認、涵養爲記誦帶出來的工夫，而以記誦爲第一義，便大差。必以義理爲先，開卷便求全體大用所在，至於義理融透浹洽，自然能記，

〔註 8〕李光地：《榕村全集》，卷 31，〈答王仲退問目四條〉，頁 1115。

即偶然忘記亦無害。程朱亦然。(《榕村語錄》，卷 24，頁 421～422)

顧亭林於《十三經》皆能背誦，但仍每年用三個月溫理，其他時間用以知新。但是，記誦要用以思索，思索要用以體認，體認要用以涵養，一切須以義理爲先，一開卷便要先求全體大用之所在，等到義理融貫浹洽，自然能牢記書中所說，如此才是讀書的要義。

讀書的目的在於實用於身心，但是由於外在的誘惑太多，所以若心思散馳，即使經年背誦，也終身無成。因此在熟讀經書之外，仍須時常思想書義，便能將散馳的心奪回。他說：

蓋人讀書不怕身頑，怕心頑。有聲色貨利，終身沈溺其中，一肯回頭，便能直入者。若口不絕吟，足不出户，經年背誦，終身無成者，以其坐馳也。……始知看書，初覺心難收，後有法以收之，無事他便散馳，時常思想書義，便是奪回。……蓋讀書心有不在，思想則無不在矣，以思想爲收心之法可也。(《榕村續語錄》，卷 16，頁 771)

這些都是他在論學上的重要看法。可見他論讀書，重點仍要歸於收束身心，而非僅是爲了知識的累積。

第二節　論宋學六子

李光地對於宋六子的學說也有其見解，如他推崇周惇頤（1017～1070）說：「人能將《太極圖說》、《通書》句句明白，看《四書》、《五經》都有入處。」〔註 9〕他對於《太極圖說》和《通書》是極推崇的。《太極圖》是根據《周易》而建立的宇宙體系，根據解釋《太極圖》的《太極圖說》所說：

無極而太極，太極動而生陽，動極而靜；靜而生陰，靜極復動。一動一靜，互爲其根，分陰分陽，兩儀立焉。陽變陰合而生水火木金土。五氣順布，四時行焉。五行一陰陽也，陰陽一太極也，太極本無極也。五行之生也，各一其性。無極之眞，二五之精，妙合而凝，乾道成男，坤道成女，二氣交感，化生萬物，萬物生生，而變化無窮焉。

其宇宙圖式大約爲太極 —— 陰陽 —— 五行 —— 萬物，而李光地說《太極圖》：

《太極圖》直發千古所未發，從來人不敢圖理，而周子圖之。天下

〔註 9〕李光地：《榕村語錄》，卷 18，頁 307。

> 惟圓者方滿，凡圓物，中間積實便飽滿。如其大而方之，便少。又三角之，更少。此上圈之妙。天下道理俱包在太極內，十分滿足也，若動靜不相生，則有息時，而太極亦破。雖分動靜，而中圈自若。此第二圈之妙。至下二圈，一是氣化，一是形化，人只到父母生身，當全而受，全而歸，不知一步步推上去，其初生者爲誰，非氣化而何？既爲氣而生，則乾坤非吾大父母而何？亦當全受而歸。（《榕村語錄》，卷 18，頁 309）

以《太極圖》上圈的圓最能代表積實飽滿。第二圈以動靜相生，說明生生不息之理，然動靜之相生，又不礙太極之自若。下二圈一指氣化，一指形化，人雖是父母所生，但也是天地間之氣化所成，所以乾坤實吾之大父母，人當全受而歸。他在論「太極」時，又說：

> 「太極」打一圓圈最好，陰中有陽，陽中有陰，質如是氣，亦如是五行。交繫於上，一陰陽也；交會於一，一太極也。氣化、形化，分而二之，實引而親之也。人知成形于父母，而不知受氣於天地。使知以星辰河嶽自處，則立於天地之間卓然矣。（《榕村續語錄》，卷 5，頁 624）

「太極」的圓圈代表著陰陽的交會，陰中有陽，陽中有陰。底下又分氣化、形化，表人受氣於天地，當知卓然地立於天地之間。此外，他也論到「無極」的成立，說：

> 《易》有太極，原不須說無極。因老莊諸人，將太極說似形像未分、精氣渾然之時之謂，未免落有朕兆，故加「無極」二字，以明不有朕兆者。這是因時立言，看下言無極之眞，不更言太極，可見太極即無極，非有二也。（《榕村語錄》，卷 18，頁 310）

他認爲在「太極」之上加上「無極」，只是因時立言的方便說法，實則太極即無極。其因是老莊諸人將太極說得如形像未分之前，渾然之時的形狀，不免落於朕兆之跡，所以爲了避免此朕兆之跡，故加上「無極」二字。實則二者並非截然之二分。他又說：

> 看來「無極」二字之義，不是謂無之極，亦不是謂無之曰此極。蓋言他物以有爲極，而「太極」以無爲極也，如此，方於「無極之眞」四字說得順。「無極而太極」，言以無爲極者，天下至大之極也。（《榕村續語錄》，卷 5，頁 624）

「無極」之義，不是無的極盡，也不是無此極盡。是相較於他物以有爲極，而說「太極」以無爲極。「無極而太極」就是以無爲極，也就是天下至大之極。

對於周惇頤的《通書》，他作有〈通書篇〉，提挈各章大意，並總述說：

> 《通書》四十章，豈徒發明圖說之蘊，蓋學、庸、語、孟、孔、顏、曾、思、孟氏不傳之絕學。(《榕村全集》,《初夏錄·通書篇》，頁 335)

他並推崇《通書》的〈誠上〉章，以爲程朱說性命的許多話，尚不如此章，他說：

> 程朱說性命許多話，似還不如《通書·誠上》章爲盡。聖人盡性，而性者自然之實理。故曰「聖人之本」。既云聖人，以在人言，不以在天言。「誠之源」，言在人之實理所從出。如「天命之謂性」,「大哉乾元」，是乾始一點至潔淨、無所爲之心，萬物資之以始者，這就是「誠之源」。云「萬物」，則自聖賢、庸愚，以至昆蟲草木，皆得此理，無有彼此厚薄之意。……「乾元」只是生理，至云「乾道」，則有陰陽矣。有陰陽便有變化，錯綜交互，無所不有。「各正性命」，正不對邪，猶云成也。……「繼之者善」,「繼」字妙，說予偏屬天，說受偏屬人，惟「繼」字，恰是天人之間相授受處。……「仁者見之謂之仁，知者見之謂之知，百姓日用而不知。」以此說「各正性命」最明白。(《榕村語錄》，卷 18，頁 313)

他說程朱說性命的許多話，都還不如《通書》誠上章爲盡，因爲此章主要在說聖人盡性，是在人言，而不是在天言。而盡性的「性」是自然之實理，也就是「誠之源」。如「天命之謂性」、「大哉乾元」，是乾始一點至潔淨、無所爲之心，是萬物資之以始者，這就是「誠之源」。凡「萬物」者，包括聖賢、庸愚，以至昆蟲草木，也都能得此「誠之源」，而無有彼此厚薄之意。「乾始」說生生之理，至「乾道」，則有陰陽變化，錯綜交互，無所不有。得此誠之源則「各正性命」，萬物皆得以成。因爲性命之學的成就，是人重於天的，這一章的「誠之源」最能說明人如何盡人之性而後盡物之性，這便是理學家所謂的實理。合而言之，李光地對周惇頤的讚賞是勝過邵雍、二程的。〔註 10〕

李光地也推崇張載（1020～1077）的《西銘》，他說：

〔註 10〕李曾說：「周子眞不可測，過數年更覺見得其書妙處，又進過幾年復然，總無隙縫可乘。至邵子之書、程子《易傳》、《朱子本義》，皆不能無遺義。」(《榕村續語錄》，卷 5，頁 623)

《西銘》是一部《孝經》縮本，縮得好。……《孝經》是就孝上說全了爲人的道理，《西銘》是從孝上指點出一箇仁來，知乾坤一大父母，則天下一家，生意流通矣。所以孟子說擴充，說善，推其所爲，即人異于禽獸處。（《榕村語錄》，卷 19，頁 326）

李光地極重視《孝經》一書，他認爲仁孝之理得之最先，所以施由親始；統之最全，所以事無終窮。且孝是仁義之宗、道德之要，孟子能距墨翟，韓愈、程朱能闢釋氏，其源本之差皆在於此。而《孝經》一書闡明仁孝之理，且尋繹職分之所當、成效之所至，可謂昭白無疑。〔註 11〕而《西銘》更從孝的道理指出一個仁來，並能推父母以及於天地，盡其性而至於命；知乾坤爲一大父母，天下一家、生意流通的思想，更是《孝經》思想的擴充。他又說：

《西銘》……張子作書之意，慮人與天地不相關，曰「胞」，曰「與」，曰「宗子家相」，以見一家之中，不可隔形骸而分爾汝。推之一鄉、一國，亦不可隔形骸而分爾汝。所以不能如此者，總由工夫欠缺。（《榕村續語錄》，卷 5，頁 626）

他認爲《西銘》「民胞物與」的思想是由個人而推之一鄉、一國，以至於天下，只要工夫純熟，自有達到的一天。

此外，他肯定二程言理學之功，說：「聖學埋沒於訓詁中，禪家傲兀爲大。故二程揭出上一層道理，號召學者回來。」〔註 12〕他說明道（1032～1085）：

明道作《定性書》，纔二十多歲，未必擬議經書，出語自然吻合。所云「天地之常以其心，普萬物而無心；聖人之常以其情，順萬事而無情」。便與「乾始能以美利天下，不言所利」一般。（《榕村語錄》，卷 18，頁 314～315）

明道二十多歲作《定性書》，便能闡發《易傳》中「乾始」的精義，甚爲可取。

李光地又主張將周惇頤的《太極圖說》、張載的《西銘》、程明道的《定性書》、程伊川（1033～1107）的《好學論》放在一起看，他說：

《太極圖說》、《西銘》、《定性書》、《好學論》四篇，相連看去。《太極圖》最下兩圈，與太極一樣圓滿，此理未曾暢發，卻得《西銘》一滾說出。《西銘》事天功夫實際，即是《定性書》中「大公」、「順應」二義。然必細分知行始密，又得《好學論》發之。四篇相足，

〔註 11〕李光地：《榕村全集》，卷 18，〈孝經〉，頁 943～944

〔註 12〕李光地：《榕村續語錄》，卷 5，頁 625。

聖學備矣。(《榕村語錄》，卷 18，頁 306～307)

又：

《四書》、《五經》後，有三篇文字，《太極圖説》、《西銘》、《定性書》，缺一不可。《太極圖説》明天人之道，尚渾渾淪淪；《西銘》從父母之生，説出天人合一，廣大切要，然尚無下手處；《定性書》則指明一體一用，動靜交養，廓然大公，物來順應。程子他日恐人錯會，自解云：「廓然大公，敬以直內也；物來順應，義以方外也。自修之事畢矣，第能於怒時遽忘其怒。而觀理之是非，何以能忘其怒？非敬以直內何以能此。」(《榕村續語錄》，卷 5，頁 622)

他指出《太極圖說》已說明天人之道，但是仍渾渾淪淪，所以《西銘》的從父母之生，說出天人合一，可以相應。《太極圖說》是由天人往下說，《西銘》是由父母之生往上說，「周是順流下來，張是逆推上去」〔註 13〕，正好可以互補。但是《西銘》雖然從知化窮神，直說到厚生玉成，所謂「窮理盡性，以至於命」，工夫皆備，又「定之以中正仁義而主靜」，但是何以定？何以靜？亦未明言。所以明道的《定性書》正好闡之，明道有「所謂定者，動亦定，靜亦定」。又「廓然大公」者，仁之所以爲體；「物來順應」者，義之所以爲用。體在於大公，即所謂主靜也。但工夫節次尚未詳密，所以又得伊川《好學論》補之。《好學論》說：「眞而靜」，靜即「主靜」之靜，眞即「無極之眞」的眞，實本於《太極圖說》以立言。到下文「明諸心，知所養，然後力行以求至」，指出「知」「行」二字，而塗轍具矣。所以「四書合首尾完備，代造化而爲言，非偶然也。」〔註 14〕這一看法也可以代表李光地對宋代理學的總體了解。

在宋六子當中，他對邵雍（1011～1107）是較有意見的，他認爲邵雍談象數，不如周子、二程之言理，他比較周濂溪的「理」和邵康節的「數」，說：

邵子所謂無極之前，陰含陽也，其旨頗與濂溪異。濂溪以徹始徹終言無極，所謂上天之載，無聲無臭也。此其學所以主於理。康節以方動未動者言無極，所謂動靜之交，三才之妙也。此其學所以主於數。(《榕村全集》，《經書筆錄》，頁 106)

因爲周、邵二人對於無極之前的陰陽理解不同，以致二人的學說宗旨有異。

〔註 13〕李光地：《榕村語錄》，卷 18，頁 309。

〔註 14〕李光地：《榕村語錄》，卷 18，頁 307。

周濂溪的無極是徹始徹終、無聲無臭的，其已至乎其極，且無形象、渾沌一片，並以此爲理之源。而邵康節的無極是方動未動的動靜之交，是以他的學說以「數」爲主，而「數」是不如「理」的，他說：

> 康節之數，不如程子之理精。……康節將五行參錯配搭，大而天地人，細而昆蟲、草木，形形色色，無不融貫聯合。要之將以何爲？不過要見得透，得以安靜快活，不犯手耳。程子便不須此，只是講理，所謂理者，只是吾身喜怒哀樂與天地通。其性仁義禮智，其道君臣父子，內而天德，外而王道，天地位，萬物育，何等功用！何等精義！便覺數爲皮殼，無所用之。（《榕村語錄》，卷 19，頁 329～320）

他認爲邵雍的象數學運用五行的參錯配搭而能將昆蟲、草木等形形色色的世間物融貫聯合，因爲其心虛明靜細，算數又精熟，更以所值時勢參斷，所以算來自然不差，並非別有奇怪也。而程子只言理，將吾身的喜怒哀樂與天地相通，即可通達內聖外王之道，位天地、育萬物，方才是眞正的精義，所以他認爲理是勝於數的。又「理者天之意，天之意當知者也；數者天之事，天之事者不當知者也。」〔註 15〕因爲天之事是指至幽的天機，不該妄加論斷，否則會有蠱惑人心之嫌。這也是程朱不尊尚邵康節的原因。但他對邵雍的襟懷節操卻加以讚美，說：

> 邵子竟是胸中快樂，一毫不掛，看當時政事之得失，賢否之進退，一點浮雲過太虛。其遇禍患而不怡者，如避霎時風雨，不得不然耳，心中實不相關。（《榕村語錄》，卷 19，頁 330）

此外，也認同邵雍《先天圖》能合於孔子《大傳》：

> 邵子《先天圖》出，時人罵之，南渡後罵之。至今，浙東萬氏罵之不休。惟朱子表章推服之，人亦不敢廢之。吾讀《易》三十餘年，見得惟此班班駁駁，與孔子《大傳》合，卻亦有不盡合處。然除卻先天圖，再求一件與《大傳》彷彿，則絕無。乃知此書正未可輕議也。（《榕村續語錄》，卷 5，頁 626）

在宋代六子當中，唯朱熹能夠吸納各家的優點，故能集其大成：

> 程子不請教邵子的數學，邵子不請教程子的道學，其所講論都不見，這是公案可疑者。到朱子大開城府，你有一點好處，我便收來，我

〔註 15〕李光地：《榕村全集》，卷 24，〈至誠之道可以前知章〉，頁 1239。

有一點好處，便思公之于眾，洞然無可疑者。(《榕村語錄》，卷 18，頁 308)

李光地推崇朱熹的原因，在前文已詳述。由此節所述，可見李光地對宋六子仍有其精要看法，尤其是論及將周惇頤的《太極圖說》、張載的《西銘》、程明道的《定性書》、程伊川的《好學論》放在一起看，綜列各子學說之有餘與不足，加以互相補充、互相發明，實不失爲通透之看法。

第三節 論治統及道統合一

宋代以來的「道統觀」逐漸發展成形，士人以此爲基礎，用來和政權抗衡。到了康熙皇帝，道統與治統合而爲一，使得「道統」一詞被俗濫地使用，專制統治者爲維護其政權的合法性，把道統意識型態化，以突顯其正統性和權威性，使朱子的道統受到極大的扭曲與傷害，士人也失去了批判政治權威的理論立足點。

在儒家的傳統中，知識分子與政治之間的關係，一直是個重要議題。自孔子以來，即鼓勵他的弟子從政，並在從政中行「道」，以實現儒家的政治理想，如《論語》中記載：「天下有道則見，無道則隱。邦有道，貧且賤焉，恥也；邦無道，富且貴焉，恥也。」(〈泰伯〉) 說明了如果只爲求個人的富貴而仕宦，是可恥的事。荀子的〈儒效篇〉，也強調了知識分子的政治功能，指出儒者的可貴在於所持之「道」；這個「道」使得「儒者在本朝則美政，在下位則美俗。」並認爲「知通統類」——能將知識推類、分類成系統知識的「大儒」，才能負最高的政治責任。「道」是儒家人物從歷史文化的觀察中提煉出來的，而「道」的層次是高於「政」的，孔子以著《春秋》來議政，孟子說：「世衰道微，邪說暴行有作，臣弒其君者有之，子弒其父者有之。孔子懼，作《春秋》。《春秋》，天子之事也。是故孔子曰：知我者其惟《春秋》乎？罪我者其惟春秋乎？」(《孟子·滕文公下》) 孟子也繼承了孔子《春秋》的批評精神，他有許多創見，如「民爲貴，社稷次之，君爲輕」、「聞誅一夫紂，未聞弒君也」等，這種議政的精神，都有「道」爲背後的指導原則；到了後代，如東漢太學生的清議和明末的東林運動，都是受到儒家「庶人議政」的傳統之影響。但是儒家「道統」高於「政統」的情況，在漢代有了改變，漢儒拋棄了孟子的「君輕」論、荀子的「從道不從君」論，而代之以法家的「尊君卑臣」論。他們採用「經義斷獄」，如董仲舒著了《春秋斷獄》（又叫《春秋決事比》）一書，把《春秋》化為一部法典，「以聖經為緣飾淫刑之具」〔註16〕，打著儒家的招牌而行法家之事，使得法律的控制深入人心，因此打開「誅心」之路；此後，程朱理學便同樣可資帝王利用，因此有戴震所說的「以理殺人」〔註17〕。但是董仲舒雖然援法入儒，從他的《賢良對策》和《春秋繁露》中，我們仍然可以看出他並未完全拋棄儒家的立場，如他想以「天人感應」說來限制君權，除了可見他陰陽化的程度，另一方面也可見他並不甘心把「道統」整個地託給帝王，這在精神上仍是符合先秦儒學的傳統。〔註18〕

到了清初，王夫之說：

> 天下所極重而不可竊者二：天子之位者，是謂「治統」；聖人之教也，是謂「道統」。〔註19〕

治統與道統二者，一代表政治權威，一代表文化傳承之所繫。在清代，自康熙皇帝始，由於各種思想與歷史條件的湊合，使得二者實質地結合為一。李光地即是促成康熙朝道統與治統合一的重要人物。

李光地宗奉程朱學，且認同宋儒自周、邵、程、張以來之學，為道統所繫。而歷來道統所傳之學是什麼內容呢？在第二章曾提及宋儒以降，以道統所傳的內容是「天理」，而李光地則說：「知性者儒，孟子之後，董韓其幾矣，周程張朱所為繼絕學者以此。」〔註20〕他也認為孟子以後，漢唐諸儒皆未能將孟子的「知性」之學傳下來，唯有宋代的周程張之傳能承繼絕學。他不說「理」而說「性」，再次強調「明性」的落實為他所著重。所以他又說：

> 孔子而後孟氏獨出諸儒者，以明性也。程朱得繼孔孟之統者，亦以明性也。推是而由堯舜至湯，以其能明維皇降衷而已；由湯至文王，以其能明乾元大德而已；文王既沒，文不在茲乎，然文可得而聞也，性與天道不可得而聞也。故惟顏曾以至於孟子，為聞道、為知性，千五百年如董揚王韓者，猶離合於其說，性之難明也如是。周程朱

〔註16〕馬端臨：《文獻通考》（臺北：新文豐出版公司，1986年），卷182，經籍九，〈春秋決事比〉，頁1567上。

〔註17〕戴震〈與某書〉說：「酷吏以法殺人，後儒以理殺人，浸浸乎舍法而論理。死矣，更無可救矣。」（《戴東原集》，頁33）

〔註18〕詳見余英時著：〈反智論與中國政治傳統〉，收於《歷史與思想》，頁1～46。

〔註19〕王夫之：《讀通鑑論》（北京：中華書局，1975年），卷13，頁408。

〔註20〕李光地：《榕村全集》，卷1，頁43。

子明之矣，未久而又晦，其所誦說者，周程朱之言也，而未嘗心知之，則猶晦而已矣。(《榕村全集》，卷 16，〈性說二〉，頁 822)

可見他強調由堯、舜、禹、湯，到周、程、朱子等，所傳的皆是明性之學；然他又感慨程朱之後，道統晦而不明，所以他自己的「明性」之說，也有承繼道統的意味在。〔註 21〕

在清代，關於治統與道統的關係，康熙早年即有道統、治統不分之說，在《康熙起居注》十六年丁巳十二月，上親製《日講四書解義序》。其文曰：

朕惟天生聖賢，作君作師，萬世道統之傳，即萬世治統之所繫也。自堯、舜、禹、湯、文、武之後，而有孔子、曾子、子思、孟子。自《易》、《書》、《詩》、《禮》、《春秋》而外，而有《論語》、《大學》、《中庸》、《孟子》之書，……蓋有四子而後，二帝、三王之道傳；有四子之書而後，五經之道備。四子之書得五經之精意而爲言者也。孔子以生民未有之聖，與列國君、大夫及門弟子論政與學，天德王道之全，修己治人之要，具在《論語》一書。《學》、《庸》皆孔子之傳，而曾子、子思獨得其宗。……道統在是，治統亦在是矣。(頁 339～340)

康熙也肯定堯、舜、禹、湯、文、武、孔子、曾子、子思、孟子以來的道統傳承，並認爲道統所在即治統之所在。而李光地於康熙十九年（1680），在奏章上也表達了如是的期許，首先他說：「學之切於治道如此。爲學與治道爲一，皆是窮性命之原，研精微之歸，究六經之旨，周當世之務。」〔註 22〕強調要把學問貫穿於實際生活中，運用於當世的事務，才能產生實際效用；此外，他進一步說：

道統與治統古者出於一，後世出於二。孟子序堯舜以來至於文王，率五百年而統一續，此道與治之出於一者也。自孔子後五百年而至建武，建武五百年而至貞觀，貞觀五百年而至南渡。夫東漢風俗一變至道，貞觀治效幾於成康，然律以純王不能無愧。孔子之生東遷，朱子之在南渡，天蓋付以斯道而時不逢。此道與治之出於二者也。自朱子而來，至我皇上又五百歲，應王者之期，躬聖賢之學，天其

〔註 21〕李光地又有〈敬義說〉一文，更清楚說明道統傳心之內涵。見《榕村全集》，卷 17，〈敬義說〉，頁 880～884。

〔註 22〕李光地：《榕村全集》，卷 10，頁 525。

殆將復啓堯舜之運而道與治之統復合乎？（《榕村全集》，卷10，〈進讀書筆錄及論說序記雜文序〉，頁525）

李光地將康熙之治喻爲五百年的應運之期，將是道統與治統又將合一的表徵。在君臣二人的共識下，康熙也確實將治統與道統的結合引爲己任。

然而李光地欲結合「道統」與「治統」於康熙身上，一方面固然可以藉著皇帝的支持，將儒家的文化教育徹底地實踐於政治；但是「道統」與「治統」合一的結果，使得二者在意識型態的區分更爲模糊；「政治勢力」延伸到「文化領域」的結果，致使「皇權」變成「政治」與「文化」的運作核心，而統治者遂成爲兩項傳統的最終權威。此意味著君權的高漲，君權也因此更持有「理」的依據，統治者擁有了政治與文化的無上權威，加強了統治者制心的權力，「道統」的自主性可能就此被犧牲；亦即，傳統裡「道統」批判政治的超越立足點也被消解了。康熙尚是個英明且好學深思的君王，他時常反躬自省，以「非先王之法不可用，非先王之道不可爲」〔註23〕來自我期許；然到了雍正，則陰狠苛刻，使得「以理殺人」的情況更加嚴重。章太炎即說：

清憲帝（雍正）亦利雒閩，刑爵無常，益以恣淮。……吏惑於視聽，官困於詰責，惴惴莫能必其性命。冤獄滋煩，莫敢緩縱，戴震生雍正末，見其詔令謫人不以法律，摭取雒閩儒言以相稽。覘司隱微，罪及燕語。九服非不寬也，而迾之以叢棘，令士民搖手以觸禁。〔註24〕

由於帝權是現實的，且具有勢力的，因此專制的國君，如果同時取得文化與政治的雙重控制權，超越的「道」與帝皇專制的結構內化爲一，便會形成一種迫壓的力量，而造成獨裁的宰制力。雍正即善於利用這種宰制力來控制士子，故謫人不以法律，而以雒閩儒者之言相稽，這種「以理殺人」的情況，對於士子的禁錮與傷害更爲嚴酷。且這種「理」，是已和帝制皇權結合的理，而非程朱之理的本意了。

李光地的提升程朱學爲官學，並主張「道統」與「治統」合一，對於專制皇權的形成，應有助長之力。李光地的門生李紱，對於康熙的文治武功也

〔註23〕康熙：《御製文集第四集》，卷21，頁9下。

〔註24〕見於《太炎文錄初編》，卷1，〈釋戴〉，頁814a。此段論戴震「以理殺人」的歷史背景，是推至明太祖「明太祖誦雒閩言，又自謂法家也。儒法相漸，其法益不馴，……任法律而參雒閩，是使種馬與良牛並駟，則敗績覆駕之術也。清憲帝亦利用雒閩……。」雖自明太祖已將儒法相漸，但李光地以來的「道統」、「治統」合一論，恐有助其勢之咎。

極爲讚歎，曾說：「我皇上功德至隆，咸五帝，登三王，告宗廟而名正，質臣民而言順，用垂鴻號，向多讓焉。」〔註 25〕認爲康熙的功業足以媲美三皇、五帝，並言「道統、治統萃於一人。」〔註 26〕。清中葉焦循（1763～1820）曾對明人呂坤的「理」與「勢」之說評論道：

> 明人呂坤有《語錄》一書，論理云：「天地間唯理與勢最尊，理又尊之尊也。廟堂之上言理，則天子不得以勢相奪。即相奪，而理則常伸於天下萬世。」此眞邪說也。孔子自言事君盡禮，未聞持理以要君者。呂氏此言，亂臣賊子之萌也。(《雕菰集》，卷 10，頁 151)

呂坤認爲「理」應具有批判政治權威的功能，天子不得以「勢」奪「理」。但焦循則持相反意見，認爲持理要君，是亂臣賊子之萌。可見「理」與「勢」的合一，即「道統」與「治統」的合一，在清代不僅被實踐，且影響也極爲深遠。〔註 27〕

自古以來，儒者皆期待著「聖君」的來臨，這種心態，正如韋伯所說的 Charisma〔註 28〕的崇拜，他們期待儒家的「道」能推廣於政治，但卻也因此而付出了昂貴的代價。李光地等人將道統與治統結合爲一，卻使「道」喪失超越的批判精神，雖其動機可嘉，然方法或可訾議，但這也是受限於所處之時代背景及思想，尤其是身爲在位者，更難掙脫尊君的迷思。到了晚清以降，反傳統的風氣熾盛，道統觀念因排斥異端而造成的封閉性，致使自身理論無法開展與更替；且在西方科學知識的衝擊下，遂幾成爲保守、僵化和陳腐的同義語了。

〔註 25〕李紱：《穆堂別稿》，卷 40，頁 4 上～4 下。

〔註 26〕李紱：《穆堂別稿》，卷 46，頁 33 上。吳澄復祀孔廟時，李紱亦稱乾隆「躬承道統」。見《穆堂別稿》，卷 25，頁 11 下。李紱亦稱雍正「躬備道統之全」，見《雍正硃批諭旨》，頁 867。

〔註 27〕如章學誠亦以「理」與「勢」合一來評史。詳見黃進興：〈清初政權意識型態之探究～政治化的「道統觀」〉，中央研究院歷史語言研究所集刊，第 58 本第 1 分，1987 年 3 月。

〔註 28〕韋伯在《中國的宗教》中論及〈中央君主的卡里斯瑪祭司地位〉，所謂卡里斯瑪（Charisma）是指某種人格特質，某些人因具有這種特質而被認爲是超凡的，稟賦著超自然的、超人的、或至少是特殊的力量或品質。它們具有神聖或至少是表率的特性。某些人因具有這些特質而被視爲「領袖」。(《中國的宗教》，臺北：遠流出版社，1996 年 3 月二版，頁 67，註 95)

小　結

總體來說，李光地的理學思想，對於北宋六子，尤其是朱子的學問，皆能加以綜理及反覆問難。他在「知本」、「明性」之說上，是爲了避免程朱學之弊而強調的，可以說更切近於心性修養的直截切人；同時這也是受到陸王學派的啓發而來。但大抵上，他的理學思想仍以程朱學爲宗，凡有疑難，也不礙他總體上宗朱的方向。這也是元、明、清以來程朱學派普遍的情況，他們對於程朱學能講習、能踐履，或有修正，卻仍也不離程朱學的理論架構。尤其是「道統」傳承的強調，使得理學在「道統」的堅持下，形成更爲封閉的體系。一旦這個理論體系流於反覆陳言，毫無新意；且在個人修養的強調上，禁不起功利之習的泛濫，而被資爲追求利祿的工具，在言虛行僞的情況之下，自然更爲人所鄙棄。且因爲理學對心性辨析的強調，即便仍講求實理、實心的追求，但仍是屬於內在修養的部分，並無法因應學者對於探求外於身心的各種學問、知識的欲求；尤其自明末、清初以來開啓了各種專門學問的學習，此一學術趨勢愈演愈烈，西學的輸入，更刺激了學者對探求各種知識的渴望；反觀以心性之學爲主的理學，卻愈趨封閉，所以理學的主流地位被其他學術所取代，也是勢所必然。

李光地雖然推動了清初理學的全盛，他自己除了學問博雜之外，同時也獎掖各種專門學問的學習，可見他一方面感受到學風已不容許只拘限於陝隘的一隅；同時也知道徒以理學，並不足以應世。但是他雖然強調學習各種知識，但仍須歸於「心性」之本。然將各種聞見知識的學習和德性之知勉強兜合在一起，這恐怕也是他受限於時代而無法跨越的理論困境。

第六章　李光地對清初理學之貢獻

清代學術自清初諸大儒倡導經世學風，經過醞釀積蓄的過程，到乾嘉考據學的底定，成為一時代的學術代表，此一學術盛事固然值得探討。但此期間，康熙朝的朱子學風之盛，除了是程朱之學再一次大放光采，其現象值得探究之外；此期也承繼了經學學風的昌盛，理學學者對於經學的態度，也呈現其特色；又理學大盛於康熙朝之後，是否就此走向衰微之路，其因又何在？也都是值得反省與檢討的問題。

李光地是清初將理學推向高峰的重要人物，藉著李光地一生對理學的貢獻，也可窺見此一時期理學的所呈現的樣貌。若論李光地對清初理學的貢獻，除了他在學說上對於理學思想的闡發外，他推動程朱理學成為官方的代表學術，影響風俗教化，也是重要的事，此事又可由以下數點討論之。

第一節　以宰輔身分推崇程朱學

李光地以宰輔的身分推崇程朱學，有著教化上的考量，明代末年學術風氣的敗壞，到了清初，學者紛紛批評之，李光地也不例外，他說：「逮乎中明，士大夫自以其意為學，於是乎章句不足守，文字不足求，甚而典訓不足用，義理不足窮，經術文字、議論行檢，胥為之一變，而風聲大壞矣。」〔註 1〕關於明代前後期學風的轉變，明人林希元也曾說：

> 弘治、正德以前，文氣類皆深厚雄渾，如太羹玄酒之為味，黃鍾大呂之為音。自嘉靖以後，氣則漸漓，求解如前或寡矣。（《同安林次

〔註 1〕李光地：《榕村全集》，卷 17，〈朱陸析疑〉，頁 913。

崖先生文集》，卷 7，〈批點四書程文序〉，頁 564 下）

自時厥後，雜學興而正學廢，程朱義理之學輟而不講，學術于是大壞。學術既壞，人才何自而出！治道何得而治！（同上，卷 7，〈選張淨峰郡守提學浙江序〉，頁 518 上）

基於對明中葉以後頹靡學風的反省，李光地認爲程朱學的篤實平正對於社會人心的安定是較有幫助的，「切念朱子之書，在前朝列之學宮，著爲功令，弘正以前，家習戶誦，經學醇明，則明之所以盛也。嘉隆以後，王守仁等異說汨之，浸淫於萬曆天啓，言語文字，詭怪百出，此明之所以衰也。然則朱子之道，關乎治亂，是其明徵矣。」〔註 2〕他認爲明代初期因篤於程朱學，而使經學醇明，國家興盛；而自陽明學興起，卻造成學風的衰靡，導致明代的衰亡，可見朱子之道關乎治亂甚深。「竊觀自朱子而後，幾四百年之閒，守其學者，崇正經、敦實履，循循乎其不畔。」〔註 3〕這是他觀察歷史上崇尚朱學所得到的驗證。另外，他力崇朱學的原因也有鑑於當時學者對於宋代濂洛關閩之學的篤信不堅，以致於苟簡成習，功利成風，他說：「今人之弊，則由心疑濂洛關閩之非眞宗，有不欲依傍之意，且見其說理明白，遂并理而卑之；譚經平實，遂并經而易之。更加以苟簡成習，功利成風，一寓目於譚經說理之書，又畏其勞心而惡其厲己也。」〔註 4〕不讀書的風氣也造成讀書人希圖小利，世風日下。〔註 5〕所以更加主張：「今日須以此爲大戒，由濂洛關閩之書，以進於《四子》；由《學》、《庸》、《語》、《孟》之道，以達於《六經》。」〔註 6〕認爲《學》、《庸》、《語》、《孟》、濂、洛、關、閩，不可一日而不精思熟講，《六經》當中至少要窮一經，務令透徹，隨人的姿性，逐漸兼通，若只是貪多泛濫，則流於徇名而無益於得。且若循著程朱學所指引的方法，則能有循

〔註 2〕李光地：《榕村全集》，卷 30，〈御製朱子全書序文發示恭謝劄子〉，頁 1518。

〔註 3〕李光地：《榕村全集》，卷 17，〈朱陸析疑〉，頁 913。

〔註 4〕李光地：《榕村全集》，卷 31，〈課王生仲退〉，頁 1105～1108。

〔註 5〕《榕村續語錄》云：「古以河南爲中士。江南自漢後，東晉文物所在，遂至今爲大邦，天下視之爲中土。若江南人心風俗日變而上，天下便大可望治。何焯云：『江南更不如前。自捐納開，讀書人皆去管勾當，希圖小利，日益污下。』師曰：『病根只在不讀書。孟子云：「上無禮，下無學」。此六字下得甚結實。如今做京官，誰肯退朝來即閉户讀書者？富者恆舞酣歌，以爲何爲此苦事。貧者曰：「吾救死不贍，何暇爲此？」如此，是貧不讀書，富亦不讀，不知何境界始是讀書境界。』」（卷 18，頁 855）即提到當時人不讀書的情況。

〔註 6〕同註 5。

序漸進的規矩進路，而不易流於肆蕩。

李光地對於康熙崇尚朱學的政策，亦極力地加以附和且盛贊之：

> 然方其盛時，亦惟學士書生相與講明，未有南面之君，深嗜篤好，積數十年沈勤體味之勤，以造其道，以傳其心，而且實驗於躬行，發揮於政事。(《榕村全集》，卷 30，〈御製朱子全書序文發示恭謝劄子〉，頁 1518)

> 竊惟朱子之學，粹然孔孟之傳，誠有功於人心，有裨於世教。元明以來，雖家誦户習，然未有傳其心、嗜其書、躬踐其道於修身齊家之閒，而實驗其效於治國平天下之遠如我皇上者。所謂先聖後聖，如合符節，孟子之言，信不爲誣。(《榕村全集》，卷 28，〈請發朱子全書磨對劄子〉，頁 1403)

康熙本身對朱學的深嗜篤好，且能造其道、傳其心，實驗於躬行，發揮於政事，對於人心世教的助益是很大的。因此李光地認爲由國家統一道術，對於學術的推動必會有幫助，他又說：

> 國家久道淪洽，人文方興而皇上稽古正學，粹然一以孔孟程朱之道訓迪磨厲，以故潛移默易，蒸蒸豹變而不自知。(《榕村全集》，卷 11，〈己丑前後場合選序〉，頁 593)

這是肯定在孔孟程朱之道的訓迪磨厲之下，對於士子必有潛移默化的影響。然而由國家來統一學術，是否會束縛讀書人的心思才智呢？李光地說：

> 蓋國家功令，使士子傳註是遵，格式是守，非固束天下之心思才智，而使之不得逞也，將率天下尊經學古，游於聖賢之路，不導之以濂洛關閩之書，則不得其門而入焉。(《榕村全集》，卷 13，〈楊賓實制義序〉，頁 683)

他認爲國家考試並不是要以此來束縛天下人的心思與才智，反而最能夠率領天下尊經學古，游於聖賢之路的；且只有由濂、洛、關、閩之書的門徑始爲入門階梯。

實際上，李光地對於推動程朱學，除了如上所言，與康熙皇帝之意應和外，他甚至期望治統和道統合一的理想能在康熙身上實現。

康熙帝在〈御製朱子全書序〉中，特別讚頌朱子學能「集大成而緒千百年絕學之傳；開愚蒙而立億萬世一定之規」、「非此不能知天人相與之奧；非此不能治萬邦於衽席；非此不能仁心仁政施於天下；非此不能外內爲一家。」

他把朱子學視爲通天人之道及治理天下的寶典，以道統爲治統之所繫。李光地也曾說：「若夫窮性命之源，研精微之歸，究六經之旨，周當世之務，則豈特儒者之所用心，帝王之學何以加此。」〔註7〕意謂藉由性命之學的精研、六經之旨的探索，周究當世之務，也正是帝王之學所應學習的。可見他力崇程朱學的用意，也是希望輔助君王，推行於治道。

李光地能藉由政治的勢位，推崇程朱學，其因是有鑑於明中葉以後陽明學造成的疏闊學風，而欲以具有規矩繩墨的朱學力矯之，期能推行於教化。此外，康熙帝對於朱學的喜好，也是李光地相與附從應和的主因，如此君臣齊力，藉以政治之力，將朱學提升到前所未有的顯榮之位，李光地居功甚偉，楊向奎先生評曰：

> 當明季王學末流猖狂之後，空疏而放肆，聖人滿街，但一無所能，至是而康熙挽之以程朱，遂使放誕轉爲嚴謹，空疏變爲實學，士大夫之風丕變。（《清儒學案新編・安溪學案》，頁692）

對於康熙、李光地等力尊程朱，轉放誕之學風爲嚴謹，頗爲肯定。

第二節　編纂《朱子全書》、《性理精義》

李光地在康熙朝，代表官方推動程朱理學，其中以《朱子全書》和《性理精義》二書的御纂爲最大盛事，也可視爲清初程朱學達到極盛的展現。又《朱子全書》及《性理精義》的纂修，是承襲明代的《性理大全》而來，但對於《性理大全》又多所批評與增刪，因此由這兩書的修纂過程，及材料的選汰、裁剪、編目次序等，也可看出自明《性理大全》（1414）到清《朱子全書》、《性理精義》（1707～1715）之間，朱子哲學思想的變化，且可以藉此略窺清代程朱學學風的轉變及其風貌之呈現。

《朱子全書》及《性理精義》的纂修皆是以明代永樂年間胡廣奉敕所編的《性理大全》（1414）爲基礎。《性理大全》是和《五經、四書大全》一起合修的，在《太宗實錄》中記載了此書纂集的用意：

> 《五經》、《四書》皆聖賢精義要道，其傳注之外，諸儒議論，有發明餘蘊者，爾等采其切當之言，增附於下。其周程張朱諸君子性理之言，如《太極》、《通書》、《西銘》、《正蒙》之類，皆六經之羽翼，

〔註7〕同上。

然各自爲書，未有統會，爾等亦別類聚成編。二書務極精備，庶幾以垂後世。〔註8〕

故知《性理大全》是在《五經、四書大全》之中，另外輯錄周、程、張、朱有關性理之類的精粹言論編輯而成。三部《大全》的修纂，目的在於頒布天下，「使家不異政，國不殊俗，大回淳古之風，以紹先王之統，以成熙皞之治。」〔註9〕

《朱子全書》的編纂

《朱子全書》的纂集始於康熙四十五年（1706），成於康熙五十二年（1713），全書共六十六卷。總負責人除了李光地外，尚有熊賜履。熊氏當時人在江寧府，因此他們在意見的商議辯駁上多以書信往來爲主。又因熊氏爲李氏的老師，因此李氏在書信上表現了對熊氏的恭謹〔註10〕，在裁決上多尊重熊氏的意見。此外，此書的編纂，條條都經過康熙帝的覽閱斟酌，甚至有筆畫及字句的訛謬，即隨貼內簽，命李光地改正的，雙方的交流除了奏疏和朱批，且有不斷的面議。君臣之間的討論，不僅於篇章次序，且在書的內容上也有所討論。如康熙認爲朱子學的重點、平生工夫所在，不在於理氣，陰陽，太極，而在發明《四書》，《五經》，這是異於以往宋明儒的觀點，爲李光地所贊賞，並依此而編定《朱子全書》的目錄次序。李光地關於理氣門類下細目的先後，也爲康熙所肯定，並依其意見編入書中。因此在編書的過程中，君臣二人縝密的討論也是難得一見的，李光地在上書的奏札中，雖然語多謙卑和順，但實非僅是委曲應和而已。且由《朱子全書》的卷數由八十二卷之多底定爲六十六卷，皆可見此書在編纂、選汰時的慎重。

《朱子全書》主要是整理朱子的著作，朱子一生著述甚多，除注釋諸經諸子，餘如《四書集註》、《或問》，《易經本義啓蒙》，《詩傳》，《儀禮經傳通解》，《太極》、《通書》、《西銘註》，以至《韓文考異》、《楚辭辨正》、《參同契考異》諸成書外，之後由其門人所編《文集》及《語類》不下數百卷。但是「《語類》一編係門弟子記錄，中間不無訛誤冗複，雜而未理。《文集》一部，則是其平生議論問答，應酬雜著，以至奏牘公移皆具焉。精粗雜載，細大兼收，令覽者苦

〔註8〕明夏原吉等撰：《明太宗實錄》（臺北：中央研究院歷史語言研究所，1964年4月），卷158，頁2上。

〔註9〕同上，卷168，〈御製序〉，頁3下。

〔註10〕如從〈與孝感熊先生商酌朱子全書名目次第書〉（《榕村全集》，卷28，頁1612～1617）一文中，便可看到李對熊的恭敬之請示。

其煩多，迷於指趣，學人病焉。」〔註 11〕有鑑於《文集》、《語類》的冗雜，《朱子全書》的編纂乃「合此二書，撮取精要，芟削繁文，以類相次，裒爲全書，以便學者。蓋文雖不悉錄，而微言大義，庶幾具是矣。」〔註 12〕如對照《朱子全書》、《朱子語類》、《朱子文集》的門類：

《朱子全書》	學 → 大學 → 論語 → 孟子 → 中庸 → 易 → 書 → 詩 → 春秋 → 禮 → 樂 → 性理 → 理氣 → 鬼神 → 道統 → 諸子 → 歷代 → 治道 → 論、文論、詩、字學、科舉之學→賦、詞、琴、古詩、律詩、絕句、樂府、贊、箴、銘
《朱子文集》	詞賦琴操詩 → 樂府 → 封事 → 奏劄 → 奏狀 → 申請 → 辭免 → 書 → 雜事 → 序 → 記跋 → 銘箴贊表疏啓婚書上梁文 → 祝文 → 祭文 → 碑 → 墓表 → 墓誌銘 → 行狀 → 事實年譜傳 → 公移
《朱子語類》	理氣 → 鬼神 → 性理 → 學 → 大學 → 論語 → 孟子 → 中庸 → 易 → 尙書 → 詩 → 春秋 → 禮 → 樂 → 周子之書 → 程子之書 → 張子之書 → 邵子之書 → 程子門人 → 楊氏門人 → 尹氏門人 → 羅氏門人 → 胡氏門人 → 朱子 → 呂伯恭 → 陸氏 → 老氏 → 釋氏 → 本朝 → 歷代 → 戰國漢唐諸子 → 雜類 → 論文 → 拾遺 → 問遺書

由上表可見《文集》與《語類》的「冗雜」，而《朱子全書》則對前二書作了要約的歸納。且《朱子語類》以「理氣」、「鬼神」、「性理」居門目之首，與《朱子全書》以「學」居首，二者編排用意顯然不同。

此外《朱子全書》的纂修也是鑑於《性理大全》一書所采，尙有未備，所以康熙帝命令儒臣，依倣門目，逐類增入。

對照《性理大全》、《朱子全書》的主要門目：

《性理大全》：太極圖→通書→西銘→正蒙→皇極經世書→易學啓蒙→家禮→律呂新書→洪範皇極內篇→理氣→鬼神→性理→道統→諸儒→學→諸子→歷代→君道→治道

《朱子全書》：學→大學→論語→孟子→中庸→易→書→詩→春秋→禮→樂→性理→理氣→鬼神→道統→諸子→歷代→治道→詩文

〔註 11〕見〈御纂朱子全書凡例〉。又《四庫全書總目提要》也說：「晦菴大全集……其記載雜出眾手，編次亦不在一時，故或以私意潤色，不免失眞；或以臆説託名，全然無據。即確乎得自師說者，其中早年晚歲持論各殊，先後異同亦多相矛盾。儒者務博，篤信朱子之名，遂不求其端，不訊其末，往往執其一語，奉若六經，而朱子之本旨轉爲尊朱者所淆。」（卷 94，〈御纂朱子全書〉，子部儒家類四，頁 797 中）也是對於朱子《文集》的不滿與批評。

〔註 12〕同上。

因為《朱子全書》是以朱子的著述編纂為主，所以只能見到其「依倣門目，逐類增入」之處，實際上二者的門目，頗有出入。如《朱子全書》沒有收錄「太極圖」等門目，又加入五經等，在門目上多有出入，這是因為二書的性質不同之故。

在《朱子全書》的目錄編排上，有幾點可以注意的，我們可以由此看出此書的編輯在哲學思想上對朱子學說的理解與實踐。如：

1. 將「學」置於卷之首
2. 四書的排列次序為《大學》、《論語》、《孟子》、《中庸》
3. 以《四書》、《六經》居其它門類之首

關於這三點，可以用重實務、輕玄虛之精神貫穿之。

朱子學原是具有實踐精神的，如朱子在編輯《近思錄》時，原不想以道體列為首卷，恐以惝恍之論，陷於空談，後來因為相次諸章無頭緒，所以冠之〔註 13〕；或者因為合纂人呂東萊的堅持，所以呂東萊在序中也敘其首列的原因。朱熹自己也說：「若只讀此，則道理孤單，如頓兵堅城之下，卻不如《語》、《孟》，只是平舖說去，可以游心。」〔註 14〕由此可見朱子亦惟恐學者落於空談。

又朱子的學習方法論，是主張「下學上達」之教的。他在論及讀《四書》的次第時，曾說：「學問須以《大學》為先，次《論語》，次《孟子》，次《中庸》。」〔註 15〕主張此次第的原因是：

> 某要人先讀《大學》以定其規模。次讀《論語》以立其根本。次讀《孟子》以觀其發越。次讀《中庸》以求古人之微妙處。《大學》一篇有等級次第，統作一處，易曉，宜先看。《論語》卻實，但言語散見，初看亦難。《孟子》有感激興發人心處。《中庸》亦難讀，看三書後，方宜讀之。〔註 16〕

朱子又說：

> 《論》、《孟》、《中庸》，待《大學》通貫浹洽，無可得看後，方看

〔註 13〕黃榦：〈復李公晦書〉云：「至於首卷，則嘗見先生說，其初本不欲立此一卷，後來覺得無頭，只得存之，近思反成遠思也。以故二先生之序，皆寓此意。」（《勉齋集》，影印文淵閣《四庫全書》本，卷 8，頁 1168）

〔註 14〕朱熹：《朱子語類》，卷 105，第 29「近思」條，頁 2629。

〔註 15〕朱熹：《朱子語類》，卷 14，第一「學問」條，頁 397。

〔註 16〕朱熹：《朱子語類》，卷 14，第三「某要」條，頁 397。

乃佳。道學不明，元來不是上面（按指其他三書所討論抽象之理與形而上問題）欠缺工夫，乃是下面（按指大學之教）元無根腳。〔註 17〕

朱子這樣的排列次序，乃是代表先形而下而後形而上的學習次序。但在《性理大全》卻以卷 26 到 37 屬形而上者，置於卷 43 至 52 屬於形而下者之前，並沒有發揮朱子論學的方法論。在《朱子全書》卻能闡現朱子此一方法，〈御纂朱子全書凡例〉即強調了這點：

《語類》及《性理大全》諸書篇目，往往以太極、陰陽、理氣、鬼神諸類爲弁首，頗失下學上達之序。子貢曰：「夫子之言性與天道，不可得而聞也」。子路問事鬼神，子曰，「未能事人，焉能事鬼」？此聖學之序也。觀朱子《四書集注》，先《大學》，次《論》《孟》，然後終於《中庸》，則其用意可見。……故今篇目，首以論學，次四書，次六經，而性命道德天地陰陽鬼神之說繼焉。

所以論學、《四書》、《六經》，而後性命道德的排列次序，便是此一下學上達之學習方法的展現，能夠貫徹朱子所主張的讀書次序，循序漸進，則能免於空談之弊，這也是此期朱子學風所表現的重視躬行實踐之精神。

又李光地在〈請發朱子全書磨對劄子〉認爲：「首以《四書》、《六經》，次分門類，足見朱子平生精力，盡在研究經書之指而闡明之；平生議論，無非源本經書之指而發揮之，朱子之學即孔孟之學，一披卷而原委昭然矣。」〔註 18〕強調朱子平生之學，乃是本於經書之旨而發明之，基於對經書的重視，皆是重實務、輕玄虛之精神表現。

關於這些特色，也可以見於《性理精義》一書的編纂。

此外，在某些細目的排列，李光地有建議改易的，如「理氣門」下的細目，次序本爲：總論→太極→天地→天度曆法→天文→雷電風雨雪雹霜露→陰陽五行時令→地理潮汐。李光地則主張「陰陽五行時令」應接在「太極、天地」之後，因爲周子的《太極圖說》，首言太極，即繼以陰陽兩儀五行四時。又「天度曆法」應接在「天文」之後。因爲有日月星辰，然後有行度，然後有曆法。「地理」應接在「天文、天度、曆法」之後，因爲有天文即有地理。「雷電風雨雪雹霜露」應在「地理」之後，因爲這數者是地氣上交於天，絪

〔註 17〕朱熹：《朱子語類》，卷 14，第五「論孟」條，頁 398。

〔註 18〕李光地：《榕村全集》，頁 1403～1404。

縕聚散於兩間者，所以應附在「天地之後」。〔註19〕這些都在《朱子全書》中有所修正。由此也可以看到李光地在編纂上對於諸門目皆有深入的理解。

《性理精義》的編纂

《性理精義》成書於康熙五十四年（1715），由李光地總攬其事，當時李光地年已74歲。

此書的編輯，和《性理大全》的性質是一樣的，然對於《性理大全》多所增刪及修正，李光地在〈進性理精義表〉中說：

> 《性理大全》之書，修於前代永樂之際，采摭綦備，而芼擇未精，門目雖多而部分失當，學者貪多而無益，使斯道反晦而不明。特發宸衷，重加纂輯，……約其義類，如網在綱，切於進修，猶階有級，詳而有要，簡而無遺。（《榕村全集》，卷25，頁1268～1273）

因爲《性理大全》一書對於冗泛者收采太多，於精要者反而有遺漏；且所分門目，也甚爲破碎等，因此反使得聖道不明。故《性理精義》約簡其義類，僅佔舊書的八分之一，另外將諸儒格言，有助於《六經》，而爲舊書所遺漏的，加以補入；並將門目太多的，加以併省；引用訛誤的，亦與更正。此外程朱語錄，本爲問答之言，其間有鄉音俚語，不便於學者誦習的，如遇襯句虛字，可省去者，也略加刪節。〔註20〕可知《性理精義》在《性理大全》的基礎上，有增亦有減。但因此書成於《朱子大全》之後，兩書的編纂精神相通，故又可說此書是續《朱子全書》而作。

對照《性理大全》及《性理精義》的門目：

《性理大全》：太極圖→通書→西銘→正蒙→皇極經世書→易學啓蒙→家禮→律呂新書→洪範皇極內篇→理氣→鬼神→性理→道統→諸儒→學→諸子→歷代→君道→治道

《性理精義》：太極圖說→通書→西銘→正蒙→皇極經世書→易學啓蒙→家禮→律呂新書→學→性命→理氣→治道

可以看出其中刪掉了「洪範皇極內篇」、「鬼神」、「道統」、「諸儒」、「諸子」、「歷代」、「君道」等目。

若考察《性理精義》之內容，可以見到從《性理大全》到《性理精義》

〔註19〕李光地：《榕村全集》，卷28，〈進校完朱子全書劄子〉，頁1410～1411。
〔註20〕參見《榕村全集》，卷29，〈進性理精義學類劄子〉，頁1467～1468。

之編纂，其間哲學思想的轉變。其中包括：

（一）朱子地位的益加提升

《朱子全書》的御纂已可以見出朱學地位之重要，但因此書是朱子學說之專輯，所以較難比較性地突顯朱子的重要性。而《性理精義》是宋代以來理學家作品的彙集，從其採錄的比例，可以見到所採朱子之說較其他諸儒爲多，如學類、性命類、理氣類、治道類各卷皆可看出。又此書所摘錄宋代新儒家言說，幾僅選錄朱子言說。又《性理精義》保存了同爲朱子門人的蔡元定（1135～1198）之《律呂新書》，而刪去蔡沈（1167～1230）的《洪範皇極內篇》，因前者能代表朱子論點，而後者成書於朱子卒後，不能代表朱子之論。如〈性理精義凡例〉所云：

> 《家禮》、《律呂》乃朱子言禮樂之書也，其文頗繁，學者憚於講究，亦摘其宏綱大節，可以括全書之體要者，約文申義，以發其端，庶有志禮樂之事者，自約入博，由此以稽其全也。至於蔡氏範數之作，朱子不及見矣，稱爲父師之傳，實非朱子之意。……今削不載。

這些皆可見朱子地位愈加升高。

（二）下學上達之精神的貫徹

在《朱子全書》的編纂中，對於朱子「下學上達」之方法的實踐，同樣見於《性理精義》中，〈性理精義凡例〉中說：

> 下學上達，原有次第。故孔子雅言《詩》、《書》執禮，而未及於《易》。程子以《西銘》示學者，而秘《太極圖說》。朱子於《四書》，先《大學》、《論》、《孟》而後《中庸》，即此意也。朕祖其意，故纂集《朱子全書》從小學起，然後及于天道性命之說。今此書門類先後，亦用此意。

這也是對於朱子「下學上達」之方法論的遵從。此一精神也表現在清初的理學家中，如陸世儀曾說：「愚以爲格物之法，必由近以及遠，由粗以及精，由身心以及家國天下，由日用飲食以至天地萬物，漸造漸進，乃至豁然。夫然後天人物我內外本末幽明死生鬼神晝夜，皆可以一貫之而無疑。」〔註 21〕張履祥也說：「一生造詣，務在躬行實踐，守下學上達之旨。」〔註 22〕他們

〔註21〕陸世儀：《思辨錄輯要》，卷 3，頁 64。
〔註22〕徐世昌：《清儒學案》，卷 10，〈三魚學案〉，頁 22 下。

都曾認為窮理非關窮玄研幾，而應為切問近思。可見清初的理學，對於朱子此一學問方法的重視，也展現了朱子學重實踐、不為空談之精神，而《朱子大全》、《性理精義》更以官方的纂集來貫徹此一方法論。

（三）實務重於玄談

由此書對於「太極」問題之處理，也可看出此期學說已將實務置於玄談之上。

「太極」的觀念來自於周惇頤，而為朱子所強調，「無極而太極」代表理學家的本體論；太極動而生陽、靜而生陰則為宇宙論。在朱子所輯的《近思錄》，以周惇頤的《太極圖說》居首，《朱子語類》因之，開章明義即為「太極天地」。之後，《性理大全》、《性理精義》皆沿襲之。可見「太極」觀念在朱子哲學上的重要性。但朱子提出「太極」之說後，引起眾多爭論，陸象山即曾就「無極而太極」一問題與朱子辯論〔註 23〕，清儒黃宗炎、朱彝尊都曾詳辨此圖出自道教〔註 24〕等，對太極都已失去探玄興趣。

《性理精義》雖與《性理大全》一樣，以「太極圖說」居卷首，但是在《性理精義》最後數卷中，「太極」一目幾已不見。在《性理大全》卷二十六「論理與氣」，有一專節論太極；《性理精義》此專節則已刪除。在《性理精義》「理氣類」，雖有兩節論及太極，一採朱子、一採自朱子門人陳淳，但這兩節都是為了闡明理的義蘊。在《性理大全》，論及太極、理、氣者達十八頁；論及天地、日月者達二十四頁；但在《性理精義》論及理氣者為三頁半，論及天地、日月者為十頁。由抽象玄虛轉入具體的痕跡，明顯可見。

又《性理精義》刪除「鬼神」一目，〈性理精義凡例〉云：

> 鬼神之事，夫子所罕言；《四書》、《六經》，及者寥寥，非學者之切務也。故曰：未能事人，焉能事鬼。又曰：務民之義，敬鬼神而遠之。此聖人教人之意。……此書以性理為名，但令學者用心實學，以知聖德王道之要，有得於此亦不患乎通幽明之無階，論古今之無識矣。

這裏也申明「令學者用心實學，以知聖德王道之要」的旨意，因為藉此自可達通幽明之階，故無須再設「鬼神」之目。另外，置「禎異」於「兵刑」後；

〔註 23〕陸象山：《陸象山全集》（北京：中國書店，1992 年 3 月），卷 2，〈與朱元晦〉，頁 15～21。

〔註 24〕見黃宗炎：〈晦木太極圖辨〉（載《宋元學案》，卷 11，〈濂溪學案〉，頁 254～256）。朱彝尊：〈太極圖授受考〉（《曝書亭集》，卷 58，頁 925）。

刪除災異徵兆等，皆可見其重實去玄精神之發皇。

（四）學術的兼容並蓄之精神

關於學術的兼容並蓄，由道統標目的取消可以見出。有關道統的流衍，自朱子訂道統源流，由孔、孟、周惇頤，而程氏兄弟，朱子也自任道統之傳，一直到《性理精義》，都承襲這一傳統，〈性理精義凡例〉說：

> 性理之學，自宋而明。自周、程授受，粹然孔、孟淵源。同時如張如邵，又相與倡和而發明之。從遊如呂如楊，如謝如尹，又相與賡續而表彰之。朱子生於其後，紹述周、程，參取張、邵，斟酌於其及門弟子之同異是非。然後孔、孟之指，粲然明白，道術一歸於正焉。宋、元諸儒，皆所流衍之支派。宋之眞，元之許，則其最醇者也。

《性理精義》的編排，仍照道統的系列，以周惇頤的《太極圖說》爲首，這也是爲何《性理精義》不重視「太極」，又把《太極圖說》列在卷首的原因。此外，又摘錄諸儒言說次第，也一如《性理大全》，自兩程而張載、邵雍、兩程門人、朱子、同時學者，及門人許衡。這一次第在《性理精義》中甚至更加嚴謹，如司馬光後於張載，因司馬光非道統之直系；雖然歐陽脩與張九成年代較早，但將歐陽脩置於程頤之後，張載及張九成置於朱子之後。〔註 25〕由此可見到了清代，道統仍具有學術正統的意義，其重要性不可抹殺。

《性理精義》之編排既照道統之次序，但在凡例中卻又說「標道統則啓爭端」，所以刪去「道統」之目。可見《性理精義》之作，雖承認道統的傳承，但也厭棄因道統而造成的學術門戶之爭，就朝廷的立場而言，不強調道統之目，應有對各家學術兼容並蓄的意義在。

所以，比較《性理大全》與《性理精義》對於道統的看法，雖然二書同爲御纂之書，但其用意則有不同。《性理大全》由明成祖所敕纂，因明成祖在即位前所發動的靖難之變，造成恐怖的誅戮與屠殺，所以爲了安撫諸儒的不平之氣，下令纂修如《永樂大典》之圖書，以獲「稽古右文」之美名。〔註 26〕因此，《性理大全》除了教化的推行用意之外，其纂修尚應具有「以修書來承

〔註 25〕《性理精義》分見卷 8、卷 12、卷 7。

〔註 26〕如（清）孫承澤說：「靖難之舉，不平之氣，遍於海宇，文皇借文墨以消壘塊，此實係當日本意也。」（《春明夢餘錄》，影印文淵閣《四庫全書》本，卷 12，頁 124 上）。

繼道統」、「藉修書來宣示正統地位的作法」〔註 27〕之用意在。而《性理精義》的纂修，除了同樣具有頒行學校，以助教化的目的之外，因取消「道統」之標目，所以其宣示正統的意味比起《性理大全》來可能較弱些。且論者常將《性理精義》的修纂歸於康熙的思想統治，實際上，《性理精義》的修纂已在康熙晚年，當時主要的反對勢力多已弭平，國家已是一片安定繁榮之氣象，統治思想的意義可能也較不強烈；因此推崇程朱學可以說是因於康熙本人的愛好，及李光地等理學大臣的提倡推助成因較大，由「道統」之標目的取消這一點，也可以佐證之。又《性理大全》的纂修造成明代經學的衰微〔註 28〕，而《性理精義》纂修之後，即進入經學鼎盛的乾嘉時期，其間的學術轉移因素固甚爲複雜，但是朝廷對於學術態度的兼容並蓄，應也是重要原因之一。

又《性理精義》雖然是《性理大全》之縮編，但是卻有其特色。陳榮捷先生認爲剖析《性理精義》一書，最能表達十七世紀程朱學派之實況。〔註 29〕他以爲此書與康熙朝其他輯錄書的不同，重要點有：（1）在康熙朝，《性理精義》成書頗晚，在《大清會典》出書後約二十五年。（2）《性理精義》以及較早一年出書之《朱子全書》，俱由康熙帝特予敕修，爲新儒家哲學之首次專門輯錄。其他輯錄，則多屬文史。（3）其他輯錄，纂者非一人。至於《性理精義》，李光地爲唯一受命編纂者。所以此書確實自成一格。

由以上所論，《朱子全書》、《性理精義》在編纂上輕玄談、重實務的特色，正好和清初以來顧炎武等人所主張經世致用的實學學風相呼應，且對於乾嘉考據學風的開啓，其路線是一致的。可見《朱子全書》、《性理精義》乃至清初的程朱學風和清代的實學思潮，是不違背的，甚至有輔助之作用。

在《譜錄合考》有提到，自康熙四十五年（1706）李光地承修《朱子全書》，「其後群經以次修纂，皆自是書啓之。」〔註 30〕又《年譜》也說，五十三年（1714）李光地承修《周易折中》，同時上奏康熙，經學隆汙，有關世運，應引群臣講論經書，如讀《朱子全書》一般，「上遂分簡大臣，修纂《詩》、《書》、《春秋》；

〔註 27〕見林慶彰先生：《明代經學研究論集》（臺北：文史哲出版社，1994 年 5 月），頁 38。

〔註 28〕詳見陳恆嵩先生：《五經大全纂修研究》（臺北：東吳大學中國文學研究所博士論文，1998 年 6 月）第九章第一節〈前人對《五經大全》之批評〉，頁 260～273。

〔註 29〕有關《性理精義》部分，參見陳榮捷：〈性理精義與十七世紀之程朱學派〉，（《朱學論集》，臺北：臺灣學生書局，1982 年 4 月），頁 386。

〔註 30〕李清馥纂：《譜錄合考》，頁 608。

又別纂《律呂正義》，釐定韻學之書，皆命就公是正焉。」〔註31〕可見因《朱子全書》的纂修同時帶起群經的纂修，對於提振經學的風氣也有助益。

又有關《性理精義》的纂修，也帶起了《近思錄》研討之風氣。《四庫全書總目提要》曾言《性理大全》爲《近思錄》之擴大〔註32〕，而《性理精義》也是同性質的纂書。自《性理精義》之後，出現了五種註解《近思錄》之書，如李文炤（1672～1735）之《近思錄集解》；茅星來（1678～1748）之《近思錄集註》；江永（1681～1762）之《近思錄集註》；施璜（壯年 1705）之《五子近思錄發明》；陳沆（1785～1862）之《近思錄補注》及汪紱（1692～1759）之《讀近思錄》。此外張伯行（1651～1725）輯《續近思錄》、《廣近思錄》等；鄭光羲（壯年 1700）輯《續近思錄》等，也可視爲《性理精義》影響下之作品。由此也可知《性理精義》的編纂也帶了性理學的研究。

第三節　重振閩地理學風氣

宋代朱熹一生求學、治學、講學，以及仕宦的主要活動都是在福建進行的，再加上他著述豐富，廣聚生徒，弘揚學派，因此對福建的學術文化有很深的影響。他在福建興建書院，進行私人講學。崇安的紫陽書室、武夷山的武夷精舍、建陽的考亭書院，是他在閩的三個講學中心。他在講學時，「講論經典，商略古今，率至夜半。雖疾病支離，至諸生問辨則脫然沈痾之去體。一日不講學，則惕然常以爲懮。」〔註 33〕他講學之勤於此可見，而他所培育出來一批學問廣博的人才，其中大部分爲福建人。其中較著名如黃榦（1152～1221）、陳淳（1153～1217）、蔡元定（1135～1198）、蔡沈（1167～1230）、眞德秀（1178～1235）等，清藍鼎元曾說：

> 朱子門人，……仲默（蔡沈）聞道最早，文公以《書傳》屬之。《洪範》之數久失其傳，季通（蔡元定）未及著論，曰：「成吾書者，沈也」。仲默闡發幽微，不愧父師之託。《書傳》（《書經集傳》）已立學宮。《洪範皇極》秩然有天地萬物各得其所之妙，非淺學所能窺測也。勉齋明睿端莊，造旨純篤，朱子所望以傳道，而勉齋卒能得其傳。北

〔註31〕李清植纂：《年譜》，頁 233。

〔註32〕《四庫全書總目提要》云：「近思錄其權輿矣……後來刻性理者，汗牛充棟，其源皆出於是書。」（卷 93，〈性理大全〉，子部儒家類三，頁 790 中）

〔註33〕黃榦：〈朱子行狀〉（見《朱子實紀》，卷 5），頁 82～711 上。

溪發明正學，力排異端，道統學統諸篇，似道似學之辯，《字義詳講》、《四書口義》諸書，深切著明。朱子謂南來吾道得一安卿（北溪）。非阿好也。……西山眞子私淑紫陽，當韓侂冑指斥僞學，禁錮善類之餘，獨慨然以斯文自任而正道復明於世，所謂《大學衍義》有功天下後世。（《棉陽學準》，卷 5，〈道學源流〉，頁 476 下～477 上）

藍鼎元在此介紹了朱熹門人的主要思想特點，如蔡沈的《書經集傳》能夠闡發幽微；《洪範皇極》能發天地萬物各得其所之妙。陳淳著《字義詳解》、《四書口義》深切著明。眞德秀的《大學衍義》有功於天下後世。因此在這些朱門後勁的傳播下，朱子學得以在福建鞏固發展。

朱熹除了這些主要的門人外，另外由《朱子實紀》之〈朱子門人〉、《福建通志》和《宋元學案》所考，朱子門人有一百五十多人，散於八閩二十九縣〔註 34〕，足見其教育成果。也可見閩學自朱熹以後，由其門弟子不斷地傳播發揚，因此在論及閩學〔註 35〕時，尚包括朱熹的主要門人和宋、元、明、清福建主要理學家的思想。

所以朱熹在世時，閩學已形成較嚴密的學術派別，清人張伯行在《道南源委・序》中說：

至考亭朱子、勉齋黃氏，師弟之授受，朋友之講習，奮然興起者，如雲漢之昭回，如江河之莫禦。理學名區，獨盛於閩，不惟比擬伊洛，直與并稱鄒魯。而程子道南之一語，遂符合如左券。噫嘻！閩濱東海，屹立武彝諸名勝，元氣融液，人與地會，當吾世復有興者。……吾見閩學之盛行，且自南而北，而迄於東西，不局於一方，不限於一時，源遠流長，汪洋澎湃。道之所謂流動而充滿，彌綸而布濩者，於是乎統貫於載道之人矣！〔註 36〕

〔註 34〕其中較知名的有建陽的劉爚、劉炳、蔡淵、蔡元定、劉炯；崇安的歐陽光祖、張宗說；浦城的楊與立、楊道夫；同安的曾祕、許景陽、陳齊仲；漳州的朱飛卿；龍溪的陳淳、黃學皐；莆田的方士繇、方壬、黃士毅、鄭可學；寧德的陳駿；閩縣的黃榦、張洽；霞浦的黃干、林湜、楊復等。

〔註 35〕朱熹學說稱爲閩學，是因爲朱熹的主要學術活動是在福建一帶進行的。福建朱熹主持閩學和北方江西廬山周濂溪主持的濂學；河南洛陽程顥、程頤的洛學；陝西關中張載的關學，並稱爲「濂、洛、關、閩」。朱熹生卒、居住於福建，受學、著述、講學也都在福建，因此在此地有強大的朱子學派。

〔註 36〕見於明朱衡：《道南源委》（臺南：莊嚴出版社，1997 年，《四庫全書存目叢書》本），頁 1。

說明了朱子學派在閩地活躍的盛況。因此，他們也帶動了閩人研究朱子學的風氣。如朱熹的著作以《四書集註》最有名，據《福建通志．藝文志》所得，從宋到清數百年間，福建士人研究《四書》的作品就達一百四十種之多。又福建人士受到朱熹影響而著的書，較有名的有明晉江蔡清的《易經蒙引》，是專以發明《朱子本義》爲主；清泰寧江中時的《讀易蒙求》，也是讀朱子《周易本義》偶有所疑，必求其通所撰成。宋蒲田黃士毅的《朱子書說》、建安葉采的《近思錄集解》；明蒲田方澥的《象禮旁附》；清安溪李光地的《朱子禮纂》、漳浦蔡世遠的《朱子家禮輯要》等都是較著名的。此外有研究朱子其人其事的，著名的有宋邵武梁琢的《朱子語錄》、順昌余大雅的《朱子語錄》、浦城楊與立的《朱子語略》；順昌廖德明、同安王力行、晉江楊至、崇安楊若海等都各有《文公語錄》。建陽熊禾有《文公要語》、吳稚有《文公問答錄》，都頗有影響。又專門研究朱熹生平事蹟的，宋甌寧李默、建陽袁仲晦各有《朱子年譜》；清建陽朱世潤也有《朱子年譜》；宋閩縣黃榦的《朱侍講行狀》、宋同安王力行的《朱氏傳授支派圖》、清連江童能靈的《朱子爲學考》等書，都是研究朱子及其學派的寶貴資料。〔註37〕

明清以來，閩地可謂人材濟濟，在明代知名的有陳琛、蔡清、張岳、林希元、周瑛、黃道周等，李光地說：

> 南方風氣日開，周、程、朱子，道南一脈，蔚然儒宗。又如陳古靈、蔡君謨、陳了翁、眞西山，皆卓然。吾泉則有蘇子容。明人物雖不及宋，若蔡虛齋、陳紫峰、林次崖，海內讀其書。末造有黃石齋、何元子諸公相踵起。（《榕村續語錄》，卷5，頁632）

張伯行也說：「道南一脈，代代有傳人。……漳浦高東陳剩夫、周翠渠、黃石齋諸先生，皆卓然有立，增光宇宙。」〔註38〕明中葉以後，陽明學盛行，閩地也有受陽明學風影響的，李光地在《榕村續語錄》裏記載：「明末，閩中學者飲酒讀史，崇尚李卓吾書，舉國若狂。」（卷18，頁684）雖是如此，閩地所崇尚的朱子學並未受到動搖，正是因爲有這些朱子學者獨撐大局。

明代的閩地朱子學者中，陳眞晟（1411～1473），字晦德，又字晦夫，號剩夫，又自號布衣，學者稱剩夫先生或陳布衣，福建鎮海衛人。陳眞晟出身

〔註37〕參見方品光、陳明光：〈試論朱熹對福建文化教育的影響〉（《福建師大學報》，3期，1980年），頁98。
〔註38〕藍鼎元：《鹿洲初集．舊序》，頁10。

貧苦，自學成才。年輕時曾隨著名的朱子學家唐泰學《易》，私淑明初著名朱子學家胡居仁，得胡氏之窮理方法。《明史》本傳稱：「陳眞晟學無師承，獨得於遺經中。」陳眞晟的思想體系以講心爲主，他說：

> 依太學次第，先講求夫心要。心要既明則于聖學工夫已思過半矣，蓋其心體定靜堅固而能自立，則光明洞達作得主宰。所以一心有主，萬事有綱，聖學之所以成始成終之要得矣，然後可依節目補小學、大學工夫，而其尤急務則專在於致知誠意而已，皆不外乎一敬以爲之也，再假以一二年誘掖激勵漸摩成就之功，則皆有自得之實矣。（《陳剩夫先生集》，卷 1，〈二補正學〉，頁 681 上）

他認爲要明於心要，才能定靜堅固而有以自立，所以修學當以心要爲主，而急務在於致知誠意，即存之以「敬」。此外他於程朱理學用力於本源之地，探討理、氣、心、性之範疇的相互關係，清人張伯行曾說：

> 明布衣陳剩夫先生奮於南服而有以得程朱正學之奧。蓋其專用力於本源之地。今觀二圖及聖要四說，可以知其功力之所在。（《陳剩夫先生集・序》，頁 669 下）

所謂的本源之地，即「此心之敬而已」（同上），而他所說的二圖是指「天地聖人之圖」、「君子法天之圖」；聖要四說爲「主一無適」、「整齊嚴肅」、「常惺惺法」、「其心收歛不容一物」，以此二圖及四說來概括聖學。他的著作有：《陳剩夫集》、《陳眞晟布衣存稿》、《陳剩夫先生集》等。明人黃直曾稱讚他說：

> 公之時，有康齋吳公倡道于江右，白沙陳公倡道於嶺南。公皆與同時，未見公與之相師友，以上下其議論。則公之學術其淵源雖不可知。然公當海內競趨功利之時，獨能安於布衣，從事躬行之學，卓然自立門户，爲天下豪傑之所尊仰，則公誠可謂一世之高士也矣。（《陳剩夫先生集》，卷 4，〈漳州府推官卓峰黃直祭文〉，頁 710 下）

他能在海內趨於功利之時，安於布衣，躬行實踐，成爲當時讀書人的典範，爲人所景仰。

周瑛（1430～1518），字梁石，初號蒙中子、別號翠渠，學者稱翠渠先生，福建漳浦人。他拜陳眞晟爲師，學朱子學，批評陳獻章的心學爲禪學，被稱爲理學名臣；其學廣及天文、律曆、字畫、方外之書。鄭岳〈本傳〉稱他：「其學不專於該博，而於天文、地志、造化、物理皆究心體索。爲文渾深雅健有根柢，詩格調高古，字畫初學晦翁，變爲奇勁。」〔註 39〕著有：《經世管篇》、《律呂管篇》、《詞學筌蹄》、《地理蓍龜》、《字學纂要》、《翠渠詩文集》、《翠渠摘稿選》、《翠渠續稿》、《政本政均》、《教民雜錄》等。

蔡清（1452～1508），字介夫，號虛齋，學者稱虛齋先生，福建晉江人。其爲官頗能關心民間疾苦，有政績，爲時人所稱頌。少時曾從學於當時著名的朱子學派之《易》學家林玭，盡得其精旨。其後又精治《六經》、程朱理學等。他在從政期間曾修《白鹿洞學規》，以德行道義教授學者，學眾甚人，門人遍於全國，如陳琛、林希元、王宣、易時中、林同等皆出其門下。他在《易》學、《四書》上，有極高造詣，明人林浚說：

> 溫陵蔡介夫虛齋，飭躬砥行動準古人，其學以《六經》爲正宗，《四書》爲嫡傳，四儒（周、程、張、朱）爲眞派。平生精力盡用之《易》、《四書蒙引》之間，闡發幽祕，梓學宮而行天下。其于《易》深矣，究性命之原，通幽微之故，其有以見夫天下之賾象。（《虛齋先生文集・序》）

他的著作有：《易經蒙引》、《四書蒙引》、《蔡文庄公集》、《虛齋文集》、《蔡虛齋粹言》、《艾庵密藏》、《太極圖解》、《河洛私見》等。李光地曾在〈重修蔡虛齋祠引〉一文推崇他道：

> 吾閩僻在天末，然自朱子以來，道學之正，爲海內宗。……暨成弘間，虛齋先生崛起溫陵，首以窮經析理爲事，非孔、孟之書不讀，非程朱之說不講，其於傳註也，句談而字議，務得朱子當日所以發明之精義。……王氏謂自明興以來，盡心於朱子之學者，虛齋先生一人而已。（《榕村全集》，頁 684）

李把蔡清推爲明代朱子學第一人，且對他影響福建朱子學之功極爲推崇。

蔡清之後又以陳琛、張岳、林希元三人恪守朱子學最力。這三人同屬福建泉州府，又是同榜進士，志趣學識也相同，經常在一起講《易》、論道、談詩、說文，時人稱爲「泉州三狂」。明人蔡獻臣說：

> 明正德丁丑榜，吾泉最號得人，學憲公琛、襄惠公岳、而大理寺丞次崖林公希元也。三先生皆邃於經學，以文章氣節名一時，而作用不同，際遇亦異，其爲學士所宗，而稱我明人物第一流則一。（《林次崖先生文集・原序》，頁 414 下）

〔註 39〕附於周瑛：《翠渠摘稿》，卷 8，頁 878。

李光地也說：

> 自時厥後，紫峰陳先生、次崖林先生，皆以里閈後進，受業私淑，泉州經學遂蔚然成一家言。時則姚江學大行於東南，而閩士莫之遵，其掛陽明弟子之錄者，闃無一焉。此以知吾閩學者，守師說、踐規矩，而非虛聲浮談之所能奪。然非虛齋先生，其孰開之哉！……故嘗以爲吾閩之學，獨得漢儒遺意，明章句、謹訓詁，專門授業，終身不背師諸漢儒之學也。(《榕村全集》,〈重修蔡虛齋祠引〉，頁 684)

李光地說自蔡清而後，陳琛、林希元等師從之，並致力於朱子學，所以在陽明學盛行之時，閩地學者多能守師說、踐規矩，不爲虛聲浮談之所奪，此皆爲蔡清等人之功。且在朱子學風的踐履下，閩人之學能獨得漢儒遺意，明章句、謹訓詁，有專門之授業，這也是福建朱子學的特色之一。

陳琛（1477～1546），字思獻，因結廬於紫帽峰下，號紫峰，學者稱紫峰先生。武宗正德十二年（1517）進士，歷官刑部、戶部、吏部主事和淮安稅監等。他受教於朱子學者蔡清，「慨然以斯文自任，故其言皆根極性命之旨，如太極、鳶魚、主靜、用敬，固非高而弗道，論事明而暢，說理簡而達。……蔡元定、九峰、眞西山、楊龜山、熊勿軒及陳紫峰、林次崖、張淨峰諸賢，或以道學或以氣節事功著名。然皆閩產也，而晉江尤爲豪俊之藪。……公一其人，允若虛齋所稱道。」〔註 40〕陳琛對於理學有深入研究，「其爲學，先得大旨宏闊流轉，初若不由階序，而其工夫細密，意味悠長，遠非一經專門之士所能企及。其淵源承受之功不可誣也。」〔註 41〕對於理學的發展有承先啓後的作用。

張岳（1492～1552），字維喬，號淨峰，學者稱淨峰先生，福建惠安人。正德十一年（1517）進士。其學不喜王守仁，以朱熹爲宗。明王愼中稱「公平生嗜書，自少至老未嘗一日舍書以間斷，其在兵間卷不去手，潛思力索，彌久不倦，與獨觀大意，所讀之方異矣。故能篤信固守，不爲異端小道所亂，而免於不純之弊也。就其文觀之，氣象宏裕而敢發時見，法度謹嚴而豪縱有餘。」〔註 42〕張岳學術精湛，理學醇粹，文章亦工，其文爲正德、嘉靖二朝

〔註 40〕毋德純：《紫峰陳先生文集・序》(《四庫全書存目叢書》本)，頁 429 上-下。
〔註 41〕張岳：《小山類稿》,〈江西提學僉事紫峰陳先生墓誌銘〉，頁 478 下。
〔註 42〕〈張淨峰公文集序〉(收於《小山類稿選》卷首，臺北：臺北市閩南同鄉會發行，1975 年)。

第一，然不以文士自命。爲官亦多有政績。著作有：《淨峰稿》、《小山類稿》、《交事紀聞》、《嘉靖惠安縣志》等。

林希元（1482～1567），字懋貞，號次崖，學者稱次崖先生，福建同安人。武宗正德十二年（1517）年進士。林希元「經南北內外升沈之仕途，隨事求是，隨分盡職，不以利害得失夷險動其心，所見卓然不可奪也。」〔註 43〕他的學問專主程朱，而折衷於王順渠、歐陽南野之間，不喜陽明良知新說〔註 44〕。詩文亦雄勃典質，俱發其中之所欲言，而大指不背於紫陽。清人陳鴻亭評他的學問曰：

> 學得宗旨，詮經釋傳述聖道，以啓後人；而又慷慨敷陳、激昂時事；至於欲復疆土壯國體，顚蹶而不悔，論學問則非坐談性命之空虛語，事功則非揮霍才情之縱斥。如次崖先生爲有體有用之儒。……究心經傳，闡孔孟之微言，發明濂、洛、關、閩之正學，爲朱子之眞傳的派。……所著《易》、《四書存疑》，實與同郡蔡虛齋先生《蒙引》後先繼起，並傳於世。本朝《周易折中》及《凡輯》四書者，皆多所稱引，至今文人學士確守其說。聖道賴以常明，人心賴以不死，其功豈不偉哉！（《同安林次崖先生文集·序》，頁 413 下）

說明林希元的學問並非坐談性命的空虛語，而能將學問與事功合而爲一，是有體有用之儒。他所著的《易》，爲後來李光地纂《周易折中》所稱引，影響了後世之文人學士，功不可沒。著作有：《易經存疑》、《林次崖先生集》、《荒政叢言》、《自鳴稿》、《南國談兵錄》等。

蔡清、陳琛、林希元等人在陽明學盛行之時，能以朱子學爲宗，保住閩地的朱子學傳統，其功甚大。他們三人也有各自的思想體系和閩學學術派別，明代著名的「三易」、「三書」，即爲蔡清的《易學蒙引》、《四書蒙引》；陳琛的《易學通典》、《四書淺說》；林希元的《易學存疑》、《四書存疑》。清雷鋐稱：「前明中葉，姚江大倡新學，吾閩恪守程朱，以有蔡虛齋先生持之，而林

〔註 43〕雷鋐：《同安林次崖先生文集·序》，頁 412 上。

〔註 44〕林希元曾對張岳說：「陽明之學近來盛行，江右吉安尤甚。此惟督學者能正之。前曾以語思獻，竟置空言。今執事想不待予贅也。」（《同安林次崖先生文集》，卷 5，〈與張淨峰提學書〉，頁 541 上）希望張岳能矯陽明學之風。他又說：「有馳志高遠，超脫凡近，遺外傳注，目程朱爲支離，喜談象山易簡之學。聽其言若姬孔復生，考其行則鄉黨自好。……此惑世誣民之巨奸，聖門之大盜，反不如志富貴聲利者之任情。」（同上，卷 8，〈送芳洲洪子之任南都序〉，頁 584 上）認爲陽明學者惑世誣民，比那些志於富貴聲利者還不如。

次崖與陳紫峰兩先生繼之，《蒙引》、《淺說》、《存疑》三書，久來衣被天下。」〔註 45〕亦是對於兩先生的推崇。

到了清代，對於閩學的倡導，有張伯行任福建閩撫期間，編輯出版幾十種閩學著作，並設立鼇峰書院〔註 46〕，書院中祀宋五先生；並聘請著名的閩學家擔任院主和教授，培養了大批的閩學學者，使得閩學大興。李光地也是被列爲「閩學復興」者之一，他自己本人對於閩學的推動也不餘遺力。如張伯行在閩地甚有治績，政教行於四境，後來聖祖令他移撫江南，李光地還奏請他留閩，但後來仍移撫江蘇。康熙五十五年（1716）李光地推薦蔡世遠掌鼇峰書院，更把閩地的朱子學風推到極盛。

蔡世遠（1682～1733），字聞之，因世居梁村，別號捫齋，學者稱梁村先生或捫齋先生，福建漳浦人。康熙四十八年（1709）進士，考試禮部時，受知於大學士李光地，「是時李文貞公以程朱之學教後進，公故熟宋儒書，既見文貞公，志益定，卓然以聖學爲必可學。庚寅歲急請歸省，覲文貞，公出游楊立雪圖贈行，謂吾道南也。」〔註 47〕蔡世遠爲官頗能關心百姓疾苦，他改庶吉時，請假回鄉探親，至浙江聞家鄉漳州饑甚，便告貸鄉人在浙者；並勸捐輸賣米數千石，請浙江巡撫馳口禁，先由海運歸平糶。又其時漳浦常爲海盜侵擾，蔡世遠在籍練鄉兵以衛之。總督滿保入臺平亂，蔡世遠與其友好，致書請求戒將士毋妄殺人；及平復，再致書，請求選賢任能治臺，獎勵墾荒，

〔註 45〕見《同安林次崖先生文集・序》（《四庫全書存目叢書》本，頁 411 下）。對於陳琛、林希元等人在明代閩學的學術地位和學術特點，清人陳科捷也說道：「學術、事功出于一原，固不容岐而二之也。吾泉務實學，自歐陽四門以後，至宋爲朱子過化之地，淵源所漸，駸駸與伊洛比盛。明之中葉，有虛齋蔡文莊公出，盡心正學，蔚爲一代儒者之宗。陳、林、張、史（筍江）四先生繼之，道以大明。然惟紫峰先生獨親受業於虛齋，引爲畏友。諸先生皆所謂私淑斯人者也。次崖之《四書》、《易經》存疑，與虛齋之《蒙引》、紫峰之《淺說》、《通典》，並爲學者所尊尚。而限于位，欲有所建立而不能。……淨峰著有邊功，而不能一日安於朝廷之上。今讀其書，亦可以見其體用之所存。」（《紫峰陳先生文集・序》，《四庫全書存目叢書》本，頁 477～478）可見此時的閩學學者，亦有合事功與學術爲一的用心。

〔註 46〕鼇峰書院，張伯行任福建巡撫時所建，他曾集諸生於院中，日纂錄古人嘉言善行，依《小學》諸綱目，條貫成書，手定爲八十六卷，曰《小學衍義》，以教諸生。並設藏書樓，購經書四百六十餘種。他撫閩時訪求讀書敦行之士，延入書院，厚其既廩，月三四至躬爲講論，爾時閩學大興，窮鄉僻壤，幡然勃然。

〔註 47〕《國朝耆獻類徵初編》，卷 69，卿貳 29，頁 143～518。

加強民兵合作以防日本、荷蘭等國侵入，滿保總督從之，對臺灣之治有建設性的看法。

蔡世遠自祖輩蔡元鼎即以朱子學著名於世。其後六祖蔡大壯、五祖蔡宗禹，其父蔡璧皆學宗朱子。蔡世遠少承家學，後亦受業於朱子學家張伯行。其學博覽經史，讀書務求心得，敦踐履、別義利，終歸於修身齊家治國平天下。他以學問未敢望朱文公，庶幾眞希元；事業未敢望諸葛武侯，庶幾范希文，因命其室爲「二希堂」，自許在學問事功上，效法眞德秀與范仲淹。他的著作有：《朱子家禮輯要》、《二希堂文集》、《古文雅正》、《合族家規》，與朱軾合輯《歷代名儒傳》、《歷代循吏傳》、《歷代名臣傳》。

他後來接替其父主教鼇峰書院，爲學生立約，告以爲學、修身、待人之方。他在福建教化士子，影響深遠。《譜錄合考》稱讚他：

> 蓋教化風俗四字，自明季而不講；禮義廉恥，自士大夫犯之。讀書者荒於業而不檢於行，齊民亦惰於游而習於奸，風聲日下，殆非旦夕所能還返也。……閩中先正風流，久已墜歇，……漳浦蔡翰林世遠，有嘐嘐慕古之志，與俗下秀才一片名利心者不同，所讀書又知以程朱爲宗，經史諸家漸能涉獵，所見紳士未能過之者。（頁 664～666）

可見他學宗程朱，又涉獵諸家經史，能於怠惰的流俗下，特立獨行。李紱〈墓誌銘〉也稱他：

> 主鼇峰書院，手定學約，躬行率先，儒風大振，父子相繼爲全閩士子師，前此未有也。（《國朝耆獻類徵初編》，卷 69，卿貳 29，頁 143～518）

> 嘗修復古禮行於其鄉，農人販夫皆知向化，環所居數十里，無博塞者二十年矣。邑令學宮講學，聽者恆千百人，閩士經明行修者，彊半出其門。（同上，頁 143～521）

方苞撰〈墓誌銘〉亦云：

> 公夙尚氣節，敦行孝弟，好語經濟，而一本於誠信，由是閩士慨然感興於正學，而知記誦辭章之爲末也。其家居設族規，置大小宗祭田，孤嫠老疾月有饟，鄉人化焉。環所居三百餘家，二十年無博戲者。（同上，頁 143～524）

足見蔡世遠在閩地教育士子，能躬行率先，大振儒風，且移風易俗，令農人販夫皆知嚮化，影響深廣。雍正皇帝曾經親自爲他的《二希堂文集》作序，稱其「講學鼇峰，教人以忠信孝弟仁義，發明濂、洛、關、閩淵源有自也。及立朝而風采議論，嘉言讜議，足以爲千百世治世之良規，則又國家棟梁之任也。」〔註48〕對他讚譽有加。

李光地的知人善用，能化及一方，其功不可沒，陳宏謀〈墓誌銘〉云：

> 余維閩故爲理學之鄉，本朝自安溪相國李文貞公以名臣名儒爲朝野重望，師友淵源，人才繼起，後先相望，少宗伯蔡文勤公（蔡世遠）眞儒實學，久侍講幃，蒙眷獨殷，中外推重。（同上，頁143～551）

李氏除了推薦蔡世遠掌教鼇峰書院外，他本人也曾在康熙五十六年（1717）至福州，講學於鼇峰書院，並留題曰：「觀所謂鼇峰書院者，此地闢自儀封張公，而海康陳公繼之，二公皆以宿學清修建棨於茲，下車之日，首注意於文事，是閩學將興之祥也。」〔註49〕皆表達出他對閩學發展的關心。

閩學在清朝初年，由李光地、張伯行、蔡世遠等人底定堅實的基礎，因此到清末爲止，不斷有人才輩出，如藍鼎元、童能靈、雷鋐、陰承方等皆爲著名的朱子學者。

藍鼎元（1675～1733），字玉霖，號鹿洲，學者稱鹿洲先生，福建漳浦人。其曾祖父藍毅叟、祖父藍善繼、父親藍賦，皆博學多識，篤信程朱理學。故藍鼎元自幼承家學，博覽諸子百家，究心性理之學。後居家奉養祖父母、寡母十一年，杜門讀書，凡理氣心性、禮樂、名物、韜略行陣諸問題皆無不探求，其學爲有體有用之學。他從政期間，與諸生切究學問，海內外之山川風土，各民族之風物習俗，特別是東南海疆，都甚爲熟悉。曠敏本稱：「鹿州經濟之儒，文章之匠也。其志存乎世道人心，其心繫乎生民社稷，其爲文如萬斛之泉，隨地湧出，無不逢其源。」〔註50〕雍正三年（1725），獻所作《青海平定雅》三篇、《河清頌》四篇，一時名噪天下。他以「程朱之學術爲經世之文章」〔註51〕，並以《六經》爲治學之本，說：

> 《六經》聖人經世之書也，有天下國家身心性命之人，皆不可一日廢者也。爲治而不本《六經》，必流爲刑名法術雜霸小補之治；爲學而不本《六經》，必爲異端邪說支離固陋之學。故自古以來，名爲儒

〔註48〕《四庫全書總目提要》，卷173，〈二希堂文集〉集部別集類廿六，頁1528上。
〔註49〕李清馥：《譜錄合考》，頁668。
〔註50〕《鹿洲初集．序》，頁5～6。
〔註51〕鄭發祥：〈棉陽學準後序〉，（《四庫全書存目叢書》本），頁407上。

> 者無不以窮理爲要。……說經之家漢儒爲最，至宋而指歸乃定。(《鹿洲初集》，卷 14，〈經學考〉，頁 991～1007）

他也能注意漢儒說經的重要性。著作有：《東征集》、《平臺紀略》、《棉陽學準》、《鹿洲初集》、《鹿洲公案》、《修史試筆》、《鹿洲奏議》、《女學》、《潮州海防記》等。

童能靈（1683～1745），字龍儔，號龍泉，福建連城人。他在早年爲貢生時，游學於福州鼇峰書院、泉州蓮花峰，中年居崇安武夷山，晚年回冠豸山下講學著述，應邀主講於漳州芝山書院。其先人亦以理學名世，故承家學，精於經術性理，尤嗜朱子學，認爲朱熹學說和孔子是一脈相承的，曾說：「朱子之學，博文、約禮，兩造其極，而有以集諸儒之大成焉？……後之學孔子者舍朱子其誰適焉？朱子既歿，學者奉爲準繩。……學者將由朱子以達孔子。」〔註 52〕唐鑑稱他「守程朱家法不踰尺寸」〔註 53〕。著有《樂律古義》、《朱子爲學次第考》、《理學疑問》、《冠豸山堂文集》、《周易剩義》等。

活躍在雍乾以後的閩地朱子學者，有蔡世遠的門生、李光地的再傳弟子雷鋐，繼蔡世遠之後，亦爲振興閩學的佼佼者，陳康祺〈紀聞〉亦云：

> 閩中自李文貞、蔡文勤二公，重振龜山考亭之緒，薪盡火傳，理學大暢，繼之者寧化副憲雷翠庭先生鋐也。……按公之學出自漳浦蔡文勤公，文勤則李文貞嫡傳也，公劾奏奪情侃侃如此，於安溪一脈不能不謂之青冰。(《國朝耆獻類徵初編》，卿貳 40，頁 632～633）

雷鋐（1697～1760），字貫一，號翠庭，學者稱翠庭先生。自張伯行撫閩，首闢鼇峰書院，以程朱之學倡引後進。後蔡世遠來主講席，鋐從而受業，平日讀書窮理，一以程朱爲宗，謹守規矩繩墨，克治嚴密，踐履篤實。他常稱引世遠之言，曰：

> 朱子之道，大而能博，學者未能遍觀而盡識，然其要不外居敬以立其本，窮理以致其知，返躬以踐其實而已矣。人苟不自甘流俗，奮然以聖賢爲必可學而至，實用力於此三言焉，如履康莊大道，以登堂而入室，自不爲岐途曲徑所眩惑。〔註 54〕

《四庫全書總目提要》也說：「其讀書劄記大旨惟以朱子爲宗，然能不競門

〔註 52〕童能靈：《朱子爲學次第考・自序》，頁 588 下。
〔註 53〕唐鑑：《清儒學案小識》，卷 9，〈連城童先生〉，頁 291。
〔註 54〕雷鋐：《經笥堂文鈔》（道光 14 年重刊本），卷上，〈漳平縣朱子祠記〉，頁 53b。

戶。」〔註 55〕他曾說：「後世如陸子靜、王陽明、陳白沙論學術必辨之，謂非孔、孟、程、朱之正派也，然其砥節礪行，以之針砭卑鄙俗夫，不亦百世之師耶？」〔註 56〕也肯定陸、王等人的成就。他在《讀書偶記》一書，「書中論《易》幾及半，大致多本李光地」〔註 57〕，足見受李光地影響之一斑。《清儒學案》說：「閩中學派安溪、梁村（蔡世遠）皆宗朱子，翠庭親受學於梁村，立朝建白，多持大體，督學吳越，以理學維風化，不愧醇儒，閩嶠後進多依歸焉。」〔註 58〕即道出他在閩地的影響力。著作有：《讀書偶記》、《經笥堂文鈔》、《聞見偶錄》等。

此後又有陰承方（1715～1790），字靜夫，號克齋，福建寧化人。雷鋐視學浙江時，重其學行，招之入幕，以未專使聘，辭不往。後雷鋐告養歸里，即造門訂交，相得甚歡。建寧朱仕琇〔註 59〕（1715～1780），主鼇峰書院講席，亦樂與往還。他爲學一以五子書爲歸，教人先以《小學》、《近思錄》，著有《陰靜夫先生遺文》二卷。他的弟子伊秉綬序《陰靜夫先生遺文》時說他：「自弱冠究心性之學，……有問學者先教以《小學》、《近思錄》，士競習舉子業，不能從。精醫學，求必往視，其評時藝，署藥方皆端。」陰承方在〈書李生傳後〉一文也說：

> 朱子之學，遠宗孔、孟，近擴周、程而集諸儒之大成，不獨鄉邦後學當奉爲模範，實天下萬世儒者之的鵠也。……朱子之教，居敬以立其本，窮理以致其知，反躬以踐其實，克己以滅其私，則于理之當然、所以然無不明，而情之或過或不及無不克矣。〔註 60〕

他除了推崇朱學外，並重視民生日用之學，他在〈經義治事策〉說：

> 凡事之關於民生日用者，雖纖瑣賾繁，要皆道之所寓，而世務所不能缺。……顧聖人之經原以載先王之道，自天地鬼神之大以至卜醫農圃之微，靡有遺缺。學者果心通其義，則于世務直舉而措之耳。……如治民治兵之類，固皆當世之重務，而水利算數之纖瑣賾繁，又民生所

〔註 55〕《四庫全書總目提要》，卷 94，〈讀書偶記〉，子部儒家類四，頁 799 中～下。
〔註 56〕雷鋐：《讀書偶記》（影印文淵閣《四庫全書》本），頁 674。
〔註 57〕同前註。
〔註 58〕徐世昌：《清儒學案》，卷 66，〈翠庭學案〉，頁 1151 上。
〔註 59〕曾主講鼇峰書院十年，治古文，自晚周迄元明百餘家皆究其利病，以荀況、司馬遷、韓愈爲大宗，雷鋐曾歎其醇古沖淡。著有《梅崖居士集》三十卷。
〔註 60〕陰承方：《陰靜夫先生遺文》，清嘉慶丁卯年遞刊本，頁 42 左。

難缺者。誠有自擅于其間，何嘗無補於斯世，以視放浪浮華之辭章，

誠不啻霄壤相懸，豈非古者事舉藝誓之遺意哉！（同上，頁 27 左）

他認爲聖人之經中所記載，如治民治兵、水利算數之類，皆有助民生日用，不可不學。又他治學也重視考證，他的《陰靜夫先生遺文》卷上，多詳於居喪之制，根柢注疏，實事求是。可見其考證禮制，悉有本原，與空談心性，廢書不觀者不同。但是他講心性之學，卻不免受到陽明學派的「心」學所影響，他論「心」說：

人之所以主宰一身，發揮萬變者，心而已矣。蓋自天降生民，莫不予之以仁義禮智之性，即莫不有虛靈不昧之心以載之。方其靜也，寂然不動，渾然在中而萬事萬物之理莫不森然畢具，其感通則平接搆、孚倫類、動金石、格鬼神，彌綸天地，貫徹古今而罔有遺焉。（同上，〈重刻治心錄序〉，卷下，頁 9）

他所說的虛靈不昧的心，正是陽明所說的良知。著有：《喪儀述》、《陰靜夫先生遺文》。

孟超然（1730～1797），字朝舉，號瓶庵，福建閩縣人。自幼篤信程朱理學，四十二歲時以親老辭官歸里，杜門不出，潛心著書，後來曾主講鼇峰書院。他在書院終日與門人談經論藝，立教以誠，從學者眾，清代著名的經學家陳壽祺即爲他的門人。陳壽祺曾說：「蔡文勤倡正學于鼇峰，學士靡然向風，高足寧化雷翠庭先生得其傳，……先生乃誠比肩文勤諸賢無愧色也。」〔註 61〕他曾在居喪時，採《士喪禮》、《戴記》、《荀子》及司馬溫公、程子、朱子說正閩俗喪葬之失，作《喪禮輯略》二卷。又有：《誠是錄》、《焚香錄》、《求復錄》、《晚聞錄》、《使粵日記》、《使蜀日記》等著作。

清代以來的閩地朱子學者，因能取鏡於陽明學風的流弊，所以多半提倡讀書的重要，當時的讀書人，幾乎無一不讀朱熹的《四書章句集注》。同時他們也注重日用尋常之學，強調躬行，關心國計民生，如李光地、蔡世遠、藍鼎元、陰承方等人，皆喜歡談論古今成敗、地理阨塞及典章制度等。此外，他們大都以衛道者自居，以程朱理學爲正統，視陸王心學爲異端，蔡世遠、藍鼎元、童能靈等皆以衛道爲己任。也因此他們能把朱子學傳到各地，如李光地在京師和直隸河南各地，蔡世遠在江浙，藍鼎元在廣東、臺灣，童能靈在閩西等，使得朱子學傳遍全國各地。

〔註 61〕陳壽祺：《孟氏八錄・跋》。

閩地學者能實踐程朱踐履、篤實的學風，同時如李光地所說：「嘗以爲吾閩之學，獨得漢儒遺意，明章句、謹訓詁，專門授業，終身不背師諸漢儒之學也。」〔註 62〕因此在乾嘉考據學盛行之時，學者自然能接受此一學風。故到了清代中期考據學盛興之時，便出現了陳壽祺（1771～1834）、陳喬樅（1809～1969）這樣的父子，他們以講授程朱理學的鼈峰書院爲據點，登台授徒，著書立說，而以治經而聞名。

陳壽祺初從同里孟超然游，潛心理學，以古君子自期。後會試出於朱珪、阮元之門，乃專爲漢儒之學。張舜徽稱：「閩中自李光地、雷鋐、陰承方皆爲宋儒之學。至壽祺以會試出阮元之門，得所師承。又與同年生張惠言、王引之、郝懿行、許宗彥、姚文田以學問相切劘。及見錢大昕、段玉裁、王念孫、程瑤田諸老輩，從而質疑請益，往復討論，故所學益精博，以湛深經術名於時。」〔註 63〕閩中諸儒多宗宋儒，服膺程朱，自陳壽祺始精研漢學，治經重家法，辨古今，爲一代經學大師。其子亦承家學，致力詩書禮，實事求是，恪守師承。

閩學由程朱性理學的講習到以治經爲尚，甚而走向考據路線，可見朱子學本身的涵容之廣博，再者閩地學風也能不受拘限，開拓學術領域。梁啓超也曾論及閩學學者，他說：

> 福建，朱晦翁僑寓地也，宋以來稱閩學焉。明季漳浦黃石齋（道周）爲理學大師，與劉蕺山齊名，其學精研象數，博綜掌故，一矯空疏之病。……康熙間則安溪李晉卿（光地），善伺人主意，以程朱道統自任，亦治禮學曆算等，以此躋高位，而世亦以大儒稱之。……雍正間則漳浦蔡聞之（世遠）亦以程朱學聞於時。乾隆間則建寧朱裴瞻（仕琇）能爲古文，朱笥河亟稱之，而汀州雷翠庭（鋐）則繼李蔡治理學。嘉道間，有侯官陳左海（壽祺）治經贍博而精審，卓然一大師，並時江浙諸賢，未或能先也。〔註 64〕

足見閩學的傳播，自宋、明以來，皆有大儒紹續其風。清代李光地出生閩地，本身亦精研程朱理學，因此對於閩學的闡揚與推動，功不可沒，也造成有清一代閩地人才絡繹不絕，令閩地特有之學風不衰。

〔註 62〕李光地：《榕村全集》，〈重修蔡虛齋祠引〉，頁 684。

〔註 63〕張舜徽：《清人文集別錄》，卷 12，頁 350。

〔註 64〕見梁啓超：《近代學風之地理的分布》，頁 31～32。

第四節　獎掖學術人才

李光地在任官期間，好獎掖人才，《年譜》說道：「公留意人才，每遇館選于宿學，必加推薦。」（頁 200）他所推薦提拔的人才遍及各個階層，這些在第三章生平部分已敘述過。本節所要討論的，是他對於學術人才的拔擢，這也是他推動理學的功績之一。

在清初即負盛名的理學學者，如湯斌，曾與李光地同朝爲官，李曾經向他推薦程朱之學，《譜錄合考》二十五年條記載：

> 湯公先時嵩意陽明之學，某亦爲湯效。愚云：「老先生雖然用功於心性，是根本功夫，然天地間幾部大書不可不讀，不特道理大備，人解得爲聖賢易，即不盡解，如有明一代用程朱之說取士，前半截風流篤厚，俗化甚正，就有功效，湯即感動……。（頁 471）

這是向前輩湯斌推崇程朱學取士的益處。此外，李光地也曾推薦當時的理學名臣陸隴其（1630～1692），《譜錄合考》記載：

> 按《陸稼書年譜》，先是李厚菴侍讀，上問今天下留心性學之人，舉山東布政衛既齊、靈壽知縣陸隴其以對。且云，陸隴其所著書，係有本之學。上又問：陸隴其居官何如？對曰：清廉愛民。（頁 524）

又，李光地在江南科場案護衛的張伯行（1651～1725），也是著名的理學家，張伯行：「知程朱爲儒之正宗，欲求孔孟之道而不由程朱，猶航斷港絕潢而望至於海也，必不可得矣。故所學雖未能望程朱之門牆，而不敢有他途之歸。」〔註 65〕張伯行和陸隴其都是清代從祀孔廟的理學家。

除了對這些已負理學之名的學者予以尊重、薦舉之外，李光地對於後學之志於理學者，更是樂於提拔，彭紹升曾說：「公門下士楊名時、陳鵬年、冉覲祖、蔡世遠並以德望重於時；他如張鼎、張瑗、惠士奇、秦道然、王蘭生、何焯、莊亨陽之徒類，有清節、通經能文章。」〔註 66〕李光地獎掖提拔的後學中，較有成就的如上一節提到的蔡世遠，「有嘐嘐慕古之志，與俗下秀才一片名利心者不同，所讀書又知以程朱爲宗，經史諸家漸能涉獵，所見紳士未能過之者。」〔註 67〕此外，主要尚有：

〔註 65〕《國朝耆獻類徵初編》，卷 61，卿貳 21，頁 141～285。

〔註 66〕〈李文貞公事狀〉（《國朝耆獻類徵初編》，卷 10，宰輔 10），頁 137～402。

〔註 67〕李清馥：《譜錄合考》，頁 664～666。

楊名時（1660～1736）

字賓實。自爲諸生時，即讀性理諸書，有志正學。康熙三十年（1961）進士，後改庶吉士，時座主李光地甚器重之，每從質問，學益重，服膺終身。後纂修《明史》，李光地薦之，聖祖命修校御纂《周易折中》、《性理精蘊》諸書。其於聖學身體力行，不徒見之詞說，於諸經皆有講義。陳康祺〈紀聞〉說他：

> 爲諸生即取性理諸書朝夕尋繹，得聖賢門徑所從入，成進士出安溪李文貞公門下，遂從文貞問學請益，無間寒暑，而闇然爲己，一主於誠，則其自得者也，不盡出於師授，平時存省縝密，推勘精嚴，劄記講義諸篇，往往能補師之所未及，讀其書想見其踐履之篤實、操持之堅苦，未嘗不令人心折焉。（《國朝耆獻類徵初編》，卷 63，卿貳 23，142～861）

又說：

> 乾隆初年，上方嚮用儒術，尚書楊文定公名時、孫文定公嘉淦、大學士趙公國麟，咸以耆壽名德領太學事，相與倡明正學，陶埴邦彥，六堂之長則安溪宮獻瑤、南靖莊亨陽、無錫蔡德晉輩，皆一時之雋……。（同上，142～882）

楊名時所著《周易劄記》「多得自李光地」〔註 68〕，《詩經劄記》「以李光地《詩所》爲宗」〔註 69〕，《四書劄記》「皆用李光地古本之說」〔註 70〕。又他說：

> 格物窮理，乃格身心之物而窮其理，理即性也，故窮理即盡性之始事，若泛然格去，欲爲觀象極數之學，非知窮理之要者。（《清儒學案》，卷 48，〈凝齋學案〉，頁 864 上）

> 窮理者窮其性之固有也，博學審問、愼思明辨，總此明善而已。（同上）

他的格物窮理之說，即同於李光地的知性明善之說，可見他受李光地影響甚深。著有《經學言學指要》一卷、《大學講義》一卷、《中庸講義》一卷、《程幼錄》四卷、《文集》十二卷、《別集》六卷、《附錄》一卷等。方苞曾記述對楊名時的觀感：「余始督學高公使院，見公試藝，闔郡無與儔，有意於其人，

〔註 68〕《四庫全書總目提要》，卷 6，〈周易劄記〉，經部易類六，頁 40～41 上。
〔註 69〕《四庫全書總目提要》，卷 16，〈詩經劄記〉，經部詩類二，頁 134 上。
〔註 70〕《四庫全書總目提要》，卷 36，〈四書劄記〉，經部四書類二，頁 306 上。

而無因緣會合。繼至京師見公於李文貞公所辨經析義，公端坐如植，言不及終已無言。及後同直書房，始知公於文貞所講授，篤信力行，凡古昔聖哲相傳性命道教之指要，異人異世，更相表裏，互爲發明者，皆能採取而抉其所以然。公之用無不宜，忠誠耿著，而人無間言，蓋有以也。」〔註71〕

何　焯（1661～1722）

何焯一生在官場潦倒落魄，後爲安溪李相國所薦舉，得以顯於世。他在〈與徐亮直〉一文說：

> 平日教人治經，熟讀注疏，詳究《朱子語類》，有言曰：「朱子無書不讀，事事講究，非宋潛溪鈔襲類書學問，可望萬一。」（《義門先生集》，卷3）

何焯除了詳究《朱子語類》之外，也曾選刻四書文、行遠集數種流播；並曾窮《六經》、翫《五子》，以究極《四書》精蘊爲著文之本根，李光地聞之而喜，貽先生書曰：「有明盛時治太平而俗醇厚，士大夫明理者多，蓋經義之學有助焉。今無論已仕未仕，稍有才氣，輒慕爲詩古文，視經義如土苴，子仍諄諄以此指授，甚善。」〔註72〕可見李光地除了留意於程朱學外，對於經義之學也甚爲注重。何焯除了經傳的涉獵外，更旁及各家，他曾：「蓄書數萬卷，凡經傳、子史、詩文集、雜說、小學，多參稽互證，以得指歸，於其眞僞是非，密疏隱顯、工拙源流，皆各有題識。」（同上，頁 149）他的著作由後人集爲《義門讀書記》，內容包括《四書》、《詩》、《左傳》、《公羊》、《穀梁》、《史記》、《漢書》、《後漢書》等。這種學綜諸家的氣度，和李光地的治學態度是相近的。

方　苞（1668～1749）

字靈皋，號鳳九，又號望溪，桐城人。少時游京師，入太學，李光地見其文即曰：「韓、歐復出，北宋後無此作也。」〔註73〕其後方苞在戴名世案中又爲李光地所救。他是知名的古文家，爲文謹守古文義法，上規史、漢；下仿韓、歐，開桐城派之先。而方苞學宗程朱，究心宋賢義理之學，並儼然以衛道自任，遇同時學人攻程朱者，反覆剖辨，必伸其說而後已。其後爲桐城派古文者，莫不耽心義理，服習程朱，都爲苞導其先路。

〔註71〕徐世昌：《清儒學案》，卷48，〈凝齋學案〉，頁874下。
〔註72〕《國朝耆獻類徵初編》，卷123，詞臣9，頁149。
〔註73〕徐世昌：《清儒學案》，卷51，〈望溪學案〉，頁902下。

他除了古文外，也頗致力於《春秋》、《三禮》，通志堂輯刊宋、元人經說凡三度芟雉，取其粹言而會通之；御纂《三禮義疏》，特命他主其事，發凡起例，皆出他手定。他曾說：「近世治經者有二患，或未嘗一涉諸經之樊，前儒之說，罕經於目，而自作主張，以爲心得，不知皆膚學舊說，前賢已辨而絀之矣；或摭拾陳言，少變其辭氣，而漫無所發明。」〔註 74〕切中當時淺嘗浮慕者之病。當時學程朱者多半已能跨出拘執程朱的藩籬，由此亦可見。全祖望〈神道碑〉稱讚他：「有經術者必兼文章，有文章者必本經術，所以申、毛、服、鄭之於遷、固，各有溝澮。惟是經術文章之兼固難，其用之足爲斯世斯民之重，則難之尤難。桐城方公，庶幾不愧於此。」〔註 75〕

王蘭生（1681～1738）

字振聲，別字坦齋，直隸交河人。李光地督學畿輔時拔置縣學爲諸生，並教以窮經，凡李光地所留心的律呂、歷算、音韻，有發前人所未及者，他都能得其傳。後李光地薦舉他入直內廷校對書籍，並編纂《律呂正義》、《數理精蘊》、《卜筮精蘊》、《音韻闡微》等書，與魏廷珍校對《周易折中》、《性理精義》、《朱子全書》，康熙曾稱讚他精熟性理，學問亦優。李光地曾以朱子琴律圖說，雕本流傳多誤，令他校正，他加以抉發證明後，遂可推據，足見他對樂律亦甚精熟。入京後，聖祖曾授以律管、風琴諸解，本明道程子說，以人之中聲定黃鍾之管，積黍以驗之，展轉生十二律，皆與古法相應；又至郊壇親驗樂器，推匏土絲竹諸音與黃鍾相應之理，其說與《管子》、《淮南子》相合。音韻方面得之於李光地之說，謂邵子經世詳等而略韻，顧炎武《音學五書》詳韻而略等，兼取其長，以國書五字類爲聲韻之元以定韻，又用連音爲紐均之法以定等，皆發前人所未及。〔註 76〕任武英殿總裁時，又主持纂修《駢字類編》、《子史精華》。

王蘭生爲官清介絕俗，愛民如子。對於李光地的提拔尤爲感念，曾頒示李光地之遺書經說使諸生知所誦法，諸可寶曾說：「王侍郎爲安溪高弟，安溪之學，留心律呂曆算音韻，有發前人所未及者，侍郎皆得其傳。」〔註 77〕

徐用錫（1956 或 1957～1736）

字壇長，號畫堂，江蘇宿遷人，康熙己丑進士。從學李光地，相從垂三十

〔註 74〕方苞：《望溪先生文集集外文》，卷 5，〈與顧震滄書〉，頁 1332。
〔註 75〕徐世昌：《清儒學案》，卷 51，〈望溪學案〉，頁 919 下。
〔註 76〕見《清史稿校註》，卷 297，列傳 77，〈王蘭生〉，頁 8839。
〔註 77〕見諸可寶：《疇人傳三編》，卷 1，頁 719～720。

年，與之談道講藝無虛日，退而錄所聞，積爲完帙。李光地孫清植，少從其課經，後請將其所記，增采遺書評語及門下別記者編爲《榕村語錄》三十卷。著有《圭美堂集》、《字學笴記》。雷鋐序其《圭美堂集》說：「先生與吾師蔡文勤公出安溪李文貞公門下，文勤嘗言服膺安溪最篤，心體而躬蹈之者，蝶園徐公、江陰楊公，及先生也。……先生之學一以安溪爲宗，天人性命之精微，以及兵農禮樂之經緯，所聞於文貞公者，皆筆之於書，不復自作，其自持嚴愨，詩序論書牘雜著碑版古文，無一苟就者。」〔註 78〕他一生學問皆以服膺李光地爲主，所探討除了天人性命之精微外，尙有兵、農、禮、樂等學。

由李光地所獎掖提拔的理學人才，也可以看出他對儒者的定位包括了學習經術及博通百家者，如他曾舉薦的天文曆學家梅文鼎，認爲他並非只是個疇人，而是一位儒者，在梅文鼎的《績學堂文鈔》前附有李光地〈恭記〉之文，說：

> 文鼎湛心經術，旁通百家，不特以隸首、商高之業進。故上（指康熙皇帝）以儒者待之。

又李光地積極促成梅文鼎撰寫《曆學疑問》，有人認爲非儒者急務，但李光地卻認爲這是儒者所宜盡心，他說：

> 或曰：子之強梅子以成書也，於學者信乎當務與？曰：疇人星官之所專司，不急可也。夫梅子之作，辨於理也。理可不知乎？乾坤父母也，繼志述事者不離乎動態居息色笑之間。……故曰思知人不可以不知天，仰則觀于天文，窮理之事也。此則儒者所宜盡心。〔註 79〕

李光地認爲梅文鼎所從事的和疇人星官所專司者不同，其特色在「辨於理」，是「窮理之事」，也是「知天之事」，這些都是儒者所當盡心的。這是對於以儒者而專精天文曆算之學的肯定。並認爲儒者所宜盡心的窮理之事，是包括各種科學、經術的。自明末清初出現了許多「疇人」，如熊明遇、游藝、梅文鼎、王錫闡等人，他們研究科學，同時對於理學也都有一定的素養，若把他們定位爲「儒者」，那麼以他們的專長所擅，無疑賦予了儒學新的內容〔註 80〕。

此外，如上文所言，他在贈何焯書中，認爲經義之學有助於明理，並對

〔註 78〕《國朝耆獻類徵初編》，卷 123，〈詞臣〉9，149～75、76。

〔註 79〕見梅文鼎：《梅氏叢書輯要》（臺北：藝文印書館，1971 年，《梅文鼎叢書輯要》本），卷 46，〈曆學疑問序〉。

〔註 80〕詳見張永堂：《明末清初理學與科學關係再論》（臺北：臺灣學生書局，1994 年 2 月初版）。

他研究經義予以鼓勵。所以他提拔門生王蘭生，教以窮經，並傳習他所留心的律呂、歷算、音韻等之學。又如學以李光地爲宗的徐用錫，除了明天人性命之精微外，也治兵農禮樂之經緯等。另有門生冉覲祖（1636 或 1637～1718），邃於性理，宗程朱詆陽明，又研經學，兼采漢儒、宋儒之說，著有《陽明疑案》、《四書詳說》、《五經詳說》、《性理纂要》等。魏廷珍（1669～1756），於天文、地理、河渠、樂律、曆算靡不研討，曾以舉人薦入內廷校對樂律諸書，並從李光地參訂樂律、韻書。惠士奇（1671～1747），爲乾嘉學者惠棟之父，盛年兼治經史，晚年尤邃於經學，撰有《易說》六卷、《禮說》十四卷、《春秋說》十五卷。莊亨陽（1686～1746），從少受學李光地，亦通算術，著有《莊氏算學》〔註 81〕。李光型（1676～1754）、李光墺兄弟，受業李光地，研究性理，又研經學。李光型著有《農書輯要》、《易通正》、《洪範解》、《詩六義說》等；李光墺則有《考工發明》、《二李經說》（二人合著）。李光地之子李鍾倫（1663～1706）亦通《三禮》、《易》學，著有《周禮訓纂》、《三禮儀制歌訣》等書。李光地另一門生李紱，著有《陸子學譜》、《陸子年譜》，是清代弘揚陸王學的重要學者。可見李光地對於儒者，或者說理學家的定義並不是狹隘地拘限於性理之學，而是包括了經義及專門學科的研習等，〔註 82〕故他的門弟子們也都能於理學之外，別有鑽研。

所以理學漸爲經學所吸納，也是有跡可循的。如上文所言之陳壽祺（1771～1834），他是清朝有名的閩學學者，嘉慶四年進士，晚年主講清源、鼇峰兩書院二十餘年，著有《五經異義疏證》、《尚書大傳疏證》、《歐陽夏侯經說考》、《魯齊韓詩說考》、《禮記鄭讀考》等。張舜徽曾說：

> 閩中自李光地、雷鋐、陰承方皆爲宋儒之學。至壽祺以會試出阮元

〔註 81〕其書首載梅文鼎開方法；次曰幾何原本舉要；次曰句股測量、及堆積差分諸雜法；次各體求積法；次曰中西筆算；次曰比例十法；次又雜載各體形及測望之法；末曰七攻經緯，乃推步七政法也。

〔註 82〕這種反求經書以明理的態度亦可見於當時的陳汝咸（1658～1716）。他是康熙三十年的進士，選翰林院庶吉士，後改知福建漳浦縣。他曾聚邑中才秀之士於明倫堂，講五經性理，並擇諸生輪講，親自剖論。張伯行撫閩時，所開鼇峰書院，延九郡名宿來修書講學，陳汝咸邑士被選九人，張伯行嘉嘆其「漳浦多士，令君之功也」。陳汝咸的學問，是從劉念臺《人譜》入，未嘗標榜以道學之名，而修己行政有本末。曾貽蔡世遠書曰：「爲學要在力行、求實用。若論派別，則漳浦如高東溪（登）、陳剩夫（眞晟）、周翠渠（瑛）、黃石齋（道周），亦各有宗旨。」這種尚力行、求實用，且尊重各家宗旨的精神，已普遍見於學宗理學的人身上。

> 之門，得所師承。又與同年生張惠言、王引之、郝懿行、許宗彥、姚文田以學問相切劘。及見錢大昕、段玉裁、王念孫、程瑤田諸老輩，從而質疑請益，往復討論，故所學益精博，以湛深經術名於時。（《清人文集別錄》，卷 12，頁 350）

從閩學來看，由李光地、雷鋐、陰承方等理學家，轉變到陳壽祺之經學家，皆有脈絡可循。如擴大到整個學術界來看，其現象亦是雷同的。從這樣的轉變之跡來看，位居宰輔，大力拔擢人材的李光地，自然有其可觀的影響力。

第七章　李光地與清初理學的衰微

從宋代到清代的七百年間，程朱理學經過不斷地討論、辯難，其範疇與命題大致已底定，一方面可以說它愈加地深刻和精密；但同時也可以說逐漸走向封閉和固瑣，難有的新的發揮，以致於自陷困境。

李光地將朱子學推崇至官方正統思想的最高位，但卻在他謝世不久的雍正朝，程朱學即已漸漸沒落，其衰微的原因早在理學流傳的過程中即已顯現，也一直都爲學者所提出與重視。但在清代朝廷功令的護持之下，仍無法挽救理學危機的延續，甚至還可能導致理學的快速衰落。因此，在此探討理學之衰，一方面，除了相較於理學極盛期的風光，爲清代理學的盛衰作一完整交代；同時也豁顯出李光地在推動理學之際，並未能對顯露的弊病作防患之工作，只是欲以外力維繫朱子傳統，由此可以見出他的侷限所在。

以下即就理學衰微的原因歸納爲幾點：

第一節　功令之習使學風衰弊

程朱理學到了清代雍乾以後日益衰微，並不是一朝一夕所成的，自從理學被尊爲官學，成爲考試指定科目以來，在國家功令的推助下，表面上理學是甚爲興盛的；但一方面士子陷溺於功名利祿，使得理學學風也日益走向衰弊。

程朱理學自南宋時已被立於學宮，佔統治地位。宋理宗曾下詔書說：「我朝周惇頤、張載、程顥、程頤，眞知實踐，深探聖學。中興以來，又得朱熹精思明辨，表裏混融，其令學官，列諸崇祀。」〔註 1〕元代承襲南宋，「以朱

〔註 1〕《宋史》（臺北：鼎文書局，1979 年 3 月再版），卷 42，本紀第 42，〈理宗二〉，

子之書，爲取士之規程。終元之世，莫之有改。」〔註2〕明初仍稟程朱傳統，明太祖多次詔示，「一宗朱子之學，令學者非《五經》、孔、孟之書不讀，非濂、洛、關、閩之學不講。」〔註3〕明成祖更使儒者編纂《性理大全》，頒布天下，所以明初也是程朱學的天下。黃宗羲說：「有明學術，……從前習熟先儒之成說，未嘗反身理會，推見至隱，所謂此亦一述朱，彼亦一述朱耳。」〔註4〕說到了明初程朱學盛行的情況，也點出了此期宗程朱者，只不過停留於述朱的層次，而不曾「反身理會」，「推見至隱」；因無切身之體會，而使得述朱者，日益拘執於理論層面而失去其生氣與活力。此期朱學學者如宋濂、方孝孺、曹端、薛瑄、吳與弼等，多不離朱學矩矱。因此在理學興盛之時，也是弊端產生之時，所以有陽明心學的興起。顧炎武說：「蓋自弘治、正德之際，天下之士，厭常喜新，風會之變，已有所其從來。而文成以絕世之資，唱其新說，鼓動海內。」〔註5〕在明代弘治、正德之時，陽明所倡的新說鼓動海內，以致天下之士多厭常喜新，亦是因於朱學已陷入沈悶、拘瑣的地步之故。但是到了晚明，王學末流狂誕不羈，以爲良知現成，不學不慮，甚至不重讀書，廢棄禮法，故被視爲洪水猛獸。因此程朱學又被重視，用以力矯王學末流之弊。到康熙時御纂《朱子全書》和《性理精義》，更使程朱理學在官方的地位達到極致。

然而，程朱學成爲官學，對朱學並不見得是好事；它既成爲求取功名利祿的工具，又長期不斷地被人註解、講論，累積起來的學說變得繁瑣支離。再加上有許多人熱衷功名，表面上尊崇朱子，講論朱學，口談誠敬涵養，實際上卻是自私虛僞，以此門學問欺世盜名。因而眞正有志於聖賢之學的人，不齒這種作風，寧可放棄尊榮富貴的前途，自己埋首研讀和實踐，並立志不參加科舉考試，不沾染功利色彩，表現出志於聖學的純誠。但這也更加速了官學化的朱學更加虛有其表，無論在理論內容或表現形式方面，多半已經喪失其開拓性，而致使理論生命的枯竭。且依附於政治權術，喪失了學術的獨

頁 821。

〔註 2〕《新元史》（臺北：藝文印書館，出版年不詳），卷 234，列傳 131，〈儒林傳〉，頁 7045。

〔註 3〕陳鼎：《東林列傳》（臺北：明文書局，《明代傳記叢刊》，1991 年），卷 2，〈高攀龍傳〉，頁 136。

〔註 4〕黃宗義：《明儒學案》（臺北：里仁書局，1985 年 4 月），卷 10，〈姚江學案敘錄〉，頁 179。

〔註 5〕顧炎武：《日知錄集釋》，卷 18，〈朱子晚年定論〉，頁 438。

立性，在理論的推展上也倍受限制。

又理學特爲著重心性修養，即要求個人在道德的實踐工夫上，能契合本體之善。因此能夠即言即行的人，才是爲人所推重的「眞理學」；反之，若是言清行濁，只爲竊取高名，便是所謂的「假道學」。但是，雖說理學自有一套成德成聖的踐履工夫，但是在功利風氣的薰染及個人私欲的貪求之下，士子們競尚浮華，習於功利的情況是極普遍的，有很多學者於這種風氣都甚感慨。呂留良就說：

> 近世學者患在直求上達，此總是好名務外，徒資口耳，於身心實無所得。至目前紛紛則又以之欺世盜名，取貨賄、營進取，更不足論也。(《呂晚村文集》，卷 4，〈與柯寓匏書〉，頁 20)

緣於這種好名務外，只求口耳之食，對於身心實無所得的情況，所以他才強調：「第程朱之要，必以《小學》、《近思錄》二書爲本，從此入手以求《四書》、《五經》之指歸於聖賢路脈，必無差處。若欲別求高妙之說，則非吾之所知矣。」（同上）以《小學》、《近思錄》作爲學習的根柢，不求高妙之說，正是他力矯浮華學風的苦心之所在。

湯斌在〈答陸稼書書〉中，稱當時治程朱學的學者：

> 海內學術，澆漓日甚，其故何歟？蓋天下相尚以僞久矣，巨公倡之於上，隨聲附者實多。更有沈溺利欲之場，毀棄坊隅，節行虧喪者，亦皆著書鏤版，肆口譏彈，曰「吾以趨時局也。」亦有心未究程朱之理，目不見姚江之書，連篇累牘，無一字發明學術，但抉摘其居鄉居家隱微之私，以自居衛道閑邪之功。……舍其學術而毀其功業，更舍其功業，而訐其隱私，豈非以學術精微，未嘗探討，功業昭著，未易詆誣，而發隱微無據之私，可以自快其筆舌？……自古講學，未有今之專以嫚罵爲能者也。(《湯文正公全集》，卷 2，〈答陸稼書書〉，頁 384～388)

這裏即提到在官方大力推動理學時，有許多讀書人，爲了趨附時局，而隨聲附和，並不曾認眞去研究學術；甚至有沈溺在利欲場中的人，節行虧喪，卻也跟著著書鏤版，並肆口譏彈，以揭發他人的隱私爲業；在一片謾罵之聲中，造成「天下相尚以僞」的情況，是古來從所未有的。又：

> 近世聖學不明，談及學問，便共非笑，不以爲立異，即以爲好名，不知立異好名，誠學者之弊，而本體不明，工夫無序，雖剽竊前言

> 往行，終是不著不察，終不免為義襲而取。今世功利訓詁詞章之習，陷溺人心，天之所與我者，幾不可問。訓詁詞章，固是害道，而功利之害為甚。（《湯文正公全集》，卷2，〈與田簣山書〉，頁280）

也指出當日聖學不明的情況，讀書人談學問不是為了立異，便是為了好名，非但在修養上本體不明、工夫無序；且並無紮實的學問，只一味地剽竊前言往行，陷溺於訓詁詞章之習。因此他歎道，訓詁詞章，固然害道，而功利之害更甚之。他更指出當時剽竊摹擬之惡習的泛濫：

> 近日士子不務為有本之學，專一剽竊摹擬，入書肆，購決科之文數百篇，閉門而誦之，又擇其庸腐纖靡者以為式，左割右撦，幸而獲第，取其所揣摩之技，鏤版傳布，後生又從而效之。所謂太倉之粟，陳陳相因，朽敗而不可食，而天下幾無眞性情矣。（《湯文正公全集》，卷1，頁118～119）

當時很多讀書人不肯下苦功做學問，為了科舉考試而找一些模擬試題誦讀之，式法庸腐纖靡的文章，割裂其中的部分為己用，若僥倖獲第，又將這種揣摩取巧的文章鏤版傳布，後生又跟著效尤，如此陳陳相因，自然找不到幾個眞性情的讀書人。這種日益深重的沈痾，皆因於利慾之根難斷，以致巧偽之術益工，皆是令人歎惋之事。陸隴其也有相同的感慨，他說：

> 功利之習浸淫於人心，根深蒂固而不可拔。幸而能拔於功利矣，則或溺於記誦詞章，終身竭蹶，而適長其浮薄驕吝之氣。幸而又不溺於是而有志於道矣，則佛老之徒，又從而惑之，舍三代以來聖賢相傳之道而欲求所謂虛無寂滅者，求之愈力，去道愈遠。幸而不惑於佛老而歸於儒矣，而儒者之道，復分途各驅。（《三魚堂文集》，卷8，〈陸桴亭思辨錄序〉，頁132）

他提到功利之習、記誦詞章、佛老之惑及儒者本身的析離，都是使得聖道不明，學風不振的原因。又張伯行也指出：

> 近日士尚浮華，人鮮實學，朝夕揣摩，不過為獵取功名計，於身心、性命、家國、天下之大，茫乎概未有得。（《正誼堂文集》，卷12，〈紫陽書院示書生〉，頁157）

李光地說：

> 今人之弊，則由心疑濂、洛、關、閩之非眞宗，有不欲依傍之意，且見其說理明白，遂并理而卑之；譚經平實，遂并經而易之。更加

> 以苟簡成習，功利成風，一寓目於譚經說理之書，又畏其勞心而惡其厲己也。(《榕村全集》，卷 21，〈課王生仲退〉，頁 1105～1108)

方苞說：

> 三數百年以來，古文之學廢弛陵夷而不振者，皆由科舉之士，力分功淺，末由窮其塗徑也。(《方望溪全集集外文》，卷 5，〈與韓慕廬學士書〉，頁 333)

蔡世遠也說：

> 竊以今世之病，大半在於勢利，詞章其後焉者也，禪學又其後焉者也。士子束髮受書，凡父所以教其子，師所以教其弟者，不過以拾科第取祿爲急務，身心性情，有如外物，甚或攀緣趨附，以爲進身之階。幸而得志，則以持祿固位，肥身保家爲長策，其有能卓然自立成一家之言以垂不朽者，有幾人哉？(〈學規類編序〉)

這些人的感歎都是一樣的，不外是功利入於人心，以致士子趨附勢利，以科第取士爲急務，而忽略了讀書更重要的目的，是爲了陶養個人的身心性情，乃至於成就外王事業。因此，已晉升仕途者，爲了掩飾自己的淺陋浮薄，便以攻伐訕笑爲事；或者結黨立異，互相仇視，高言道德，實則行徑鄙陋，所謂的「假道學」也就愈來愈多了。如明末降清的孫承澤，《四庫全書總目提要》說他：「初附東林，繼降闖賊，終乃入於國朝，自知爲當代所輕，故末年講學，惟假借朱子以爲重。」〔註 6〕阮葵生也說：

> 睢州謂沈溺利欲之徒，毀棄坊堣，節行虧喪，亦皆著書鏤板，譏彈陸、王，以爲趨時之學。此皆實有所指，更不一其人也。即如孫退谷辨晚年定論，著《藤陰箚記》等書，皆痛詆陸、王。退谷以明之諫臣，當李闖破國時，家擁重貲，浮沈偷活。入本朝，邀恩錄用，不知感恩安分，忽談理學，藉奉朱子，恐朱子不願有此法嗣也。(《茶餘客話》，卷 10，頁 253)

足見如湯斌所言，這種沈溺利欲、節行虧喪，又假託理學以文飾的人，在當時實不乏其人，因此在這種徒具虛華的外表下，具眞才實學，且持身謹嚴之人愈加鮮少。許多自詡爲理學家的學者，多半仰承朝廷意旨，邀寵鬥勝，或

〔註 6〕《四庫全書總目提要》，卷 18，〈詩經朱傳翼〉，經部詩類存目，頁 144 中。又說：「承澤門户深固，大抵以異同爲愛憎，以愛憎爲是非，不必盡協於公道也。」(同上，卷 63，〈益智錄〉，史部傳記類存目五，頁 565 下)

掇拾宋明理學家的牙慧，煩瑣復述，毫無新意。這些都更加造成了理學的陣營，徒具空殼，猶如被蛀蝕腐朽的高屋，距傾塌之日自不遠矣。蕭一山在《清代通史》說：「玄燁對於理學之認識，實高出於諸臣也。……至是抱反對清廷之思想者，並朱子之學而詆斥之；而阿附之徒，則皆潤飾考亭，以求仕宦。理學之表章，亦正理學之衰微已。」（頁 778）對於清初理學的表彰，亦能洞見其背後的危機。

第二節　理學思想日益拘執狹隘

朱熹集前人理學思想之大成，而構築一以天理論爲中心的理論體系，但他的思想內容是豐富多元的。朱熹不僅從他所排擊的佛、道思想中吸取營養，更廣涉經史，精研先秦到當代的歷史文獻，並吸收當時的天文、地理等自然知識，從而形成他宏博的思想。但是清初的這些朱子學者，經過宋、元、明數百年以來朱陸異同的爭論，已使得彼此的缺點暴露無遺，清初一位程朱學者錢民就曾說：「今之學者，不知追求孔孟之實，而紛紛焉爭朱陸之異同，是謂舍己田而芸人之田，終亦必亡而已矣。」〔註 7〕爲了爭論朱陸異同，許多學者反而忘記探求孔孟之道的眞實內涵，如同棄己之田而耘人之田，終至於滅亡。清代陸學學者李紱也批評道：「世止有摘陸王之疵者，未聞有摘朱子之疵者，非陸王之疵多，而朱子獨無疵也，勢也。自有明以來，以朱注取士，應科舉者，共守一家之言，爲富貴利達之資，《大全》、《講章》而外，束書不觀，道聽塗說，成爲風俗。」〔註 8〕指出那些指摘陸王之缺失的人，獨不見朱子之缺失。而本身所讀的也不過《大全》、《講章》等考試用書，並無眞才實學可言。所以近人錢穆就說道：「朱陸當時雖有異同，然同有涵養未發一層工夫，而清儒爭朱陸者，則大率書本文字之考索爲主耳。」〔註 9〕這種文字考索上的淺浮爭論，不但無法在理論上進行檢討修正，反而使自己的缺點愈加暴露無遺，且更突顯其淺薄無知而已。

在經過陸王之爭後，仍有許多學者看到彼此理論的缺陷，而有調停之主張，但是大部分的程朱學者卻仍堅守朱學矩矱，自拘於門戶之限中，更使得

〔註 7〕江藩：《宋學師承記》，頁 6b。

〔註 8〕李紱：《穆堂初稿》（道光 11 年珊城阜祺堂重刻本），卷 43，〈答雷庶常閱傳習錄問目〉，頁 12a～b。

〔註 9〕錢穆：《中國近三百年學術史》，頁 327。

理學思想益加拘限。明末清初，黃宗羲就曾批評：「言理學者，其所讀之書，不過經生之章句。其所窮之理，不過字義之從違，封己守殘，摘索不出一卷之內。其規爲措注，與纖兒細士不見長短，天崩地解落然無與吾事。」〔註10〕指出當時的理學家多半封己守殘，所窮的理不過是字義間的差異，所讀的書不出一卷之內，既無篤實的學問，更不關心社會民生。他們多半反覆陳述著天理、理一分殊之類的話語，殊不知在朱熹的學說中，天理的體悟，須在泛觀博覽之閱讀、事物念慮之著的考察、日常行事經驗的累積上，加以加強之、印證之。倘若死守文句、偏溺於學說之一隅，且無躬行體察之功，非但無助於修養，對學問亦無貢獻。而到了清初，學者白首窮經，所述內容皆不外是宋明諸儒一再重覆的，如論性有天地之性、氣質之性、剛柔善惡中；論心就講人心道心，心量廣大，藏往知來；論氣就講陰陽剛柔；論理就講事理交融、理一分殊、一本萬殊、體用一源、顯微無間；論工夫就講下學上達、格物致知、漸修頓悟、主一無適等。如早期陸世儀的學思尚屬開闊，他雖亦強調「理一分殊」的重要，但也主張學無宗旨、強調天文、水利、曆算、律呂等實用之學的學習。然而到了呂留良、張伯行、陸隴其等人，一以程朱爲準的，拳拳服膺，以爲這才是救正之道，卻不知更令學問走向拘隘之徑，使思想益爲貧乏而已。如張舜徽批評陸隴其：

> 由其論學定於一尊，自不免舉一而廢百。言論所至，又不第詆斥陸、王而已。後之爲程、朱之學者，極推其衛道之功，而相與私淑之，然末流所屆，高者習其詆訾，以排斥異己爲能；隘者無以得是非之公；下者專事墨守，自四書朱注外，不復知有學問。藐焉無以見天地之大，高談欺世，徒益形其僞詐耳。（《清人文集別錄》，卷2，頁59）

說到陸隴其詆斥陸王，推闡程朱，雖然有衛道之功；但是在相互私淑之下，到了末流便產生各種弊端，如高者以己爲是，一味地詆訾、排斥異己；狹隘者無以見到是非之公，下者則專事墨守，除了《四書》朱注外，不知有其它學問。甚至無法見到天地之大，而高談欺世，只是益加僞詐而已。他又批評張伯行：

> 大抵敷衍陳言，拾昔人之餘唾，以衛道自任。……後之治義理者，又多拾伯行之唾餘，以發爲空論，而無裨實際。以是洛閩之學，益

〔註10〕黃宗羲：《南雷文定》前（臺北：世界書局，1964年2月），卷1，頁16。

爲後世詬病。(同上,卷 3,頁 91)

指張伯行雖然以衛道自任,但也只是敷衍陳言,拾人餘唾;而其後治義理的人又拾張伯行之餘唾,因此多發爲空論,無益於實際。故使洛閩之學,更加爲人所詬病。凡此之弊,皆令理學思想日益僵滯膠著。

第三節　纂書傳述之風氣的影響

此外,理學學者一味地纂書、傳述,毫無新意地複述前人之言,也使得理學無法開拓新的內容,以符合社會、學術變遷的不同理論需求。

纂書的「纂」是摘錄前人著作之精華,顧炎武就曾說「著書不如抄書」,可知當時有這種抄書的風氣。李光地在《榕村語錄》也曾說:「讀書要搜根,搜得根便不會忘。將那一部書分類纂過,又隨章劄記,復全部串解,得其主意,便記得。」〔註 11〕頗推重抄書的好處,他在課訓子弟時,也常提及抄書之事,如〈摘韓子讀書訣課子弟〉一文說:「凡書目過口過總不如手過,蓋手動則心必隨之,雖覽誦二十遍,不如鈔撮一次之功多也。況必提其要則閱事不容不詳;必鉤其元則思理不容不精,若此中更能考究同異,剖斷是非,而自紀所疑,附以辨論,則濬知愈深,著心愈牢矣。」〔註 12〕他甚至說纂書比自著還難,因爲著書只要由己意,隨力量所至即可;而纂書卻要知道前人的意思,又身分須與前人相埒,方可著手。〔註 13〕本來以纂書作爲讀書時的一種方法,可以加強記憶,又可以很快地提挈重點,是很好的學問訓練方法;但是如果只是不斷地纂抄前人的著作,不加以深思力索,甚至將前人的著作節要縮編,長期下來,反而會造成學習上的因循怠惰。顏元(1635～1704)就曾批評朱子學不外是「以主敬致知爲宗旨,以靜坐讀書爲功夫,以講論天人性命爲授受,以釋經注傳,纂集史書爲事業。」〔註 14〕這種以釋經注傳、纂集史書爲事業,而使得學術拘守又無發明的情況,也泛見於當時的程朱學者。張舜徽也曾提到清初士大夫之居大位者,標榜理學,約有二端:一是效宋明諸儒多寫語錄。二是編纂昔人語錄以成彙刊。如魏象樞曾有

〔註 11〕李光地:《榕村語錄》,卷 24,頁 426。

〔註 12〕李光地:《榕村全集》,頁 1110～1111。

〔註 13〕李光地:《榕村語錄》,卷 19,頁 338。

〔註 14〕顏元:《存學編》(臺北:新文豐出版公司,1985 年,《叢書集成新編》本),卷 1,〈明親〉,頁 434。

意纂錄《日知錄》、《力行錄》、《儒言錄》、《大學管窺》、《問途集》諸書，都是理學的書目。其中《儒言錄》一種，是綜錄明代二百餘年的理學，分大儒、醇儒、通儒、名儒四類，各附語錄於本傳之後。〔註 15〕雖然這些書不知是否有成書，但是可見當日纂書風氣之情況。他另有《知言錄》、《嘉言錄》亦是纂輯之書。

又如魏裔介纂有：《聖學知統錄》、《聖學知統翼錄》、《周程張朱正脈》、《希賢錄》、《薛文清讀書纂》、《四書大全纂要》、《四書精義彙解》等。

張履祥纂輯用以記錄讀書心得的書有：《願學記》、《備忘錄》、《讀易筆記》、《讀史》、《文集筆記》等。

應撝謙有：《性理大中》、《論孟朱注大全拾遺》。

陸隴其輯：《四書大全》、《讀朱隨筆》、《四書講義困勉錄》。

熊賜履輯有：《學統》。

張伯行在福建印行儒書不下六七十種，稱《正誼堂全書》，其中如《道統源流》、《道統錄》以明聖賢之宗傳；輯《伊洛淵源錄續錄》以明諸儒之統續。輯《小學衍義》、《小學集解》、《養正類編》、《訓蒙詩選》以端蒙養之教。輯《學規類編》、《學規衍義》、《程氏家塾分年日程》、《原本近思錄集解》、《續近思錄》、《廣近思錄》、《性理正宗》、《諸儒講義》，以垂正學之型。輯《家規類編》、《閨中寶鑑》，以示修齊之範。輯《濂洛關閩書集解》以配《學》、《庸》、《語》、《孟》，名曰《後四書》。這些大抵只是輯錄之功。其中仿朱熹《近思錄》體例，摘錄朱熹言論六百條，所作的《續近思錄》，也都「惟在搜羅遺書，修葺補綴而已」〔註 16〕。

李光地的《朱子全書》、《性理精義》等也是編纂之作。

楊名時也有《四書劄記》。

這種致力於搜集先儒遺書，加以編纂、修葺、補綴，雖能廣爲流傳，但悉經刪節，多失本眞。後來的讀書人又加以沿襲，不知探求本原，對於學術的流傳與學說完整的保存反而有負面作用。

又株守傳注也是造成理學學說難以進展的原因，當時有許多學者爲《四書》、《五經》作注疏、義解，但多取程朱成說。李光地自己也說：「讀書人不思經義，株守傳注，字字膠執，牽經合傳，甚至并傳意亦失之，如近世陸稼書、

〔註 15〕見張舜徽：《清人文集別錄》，卷 1，〈寒松堂集〉，頁 26～27。
〔註 16〕同上，卷 3，〈正誼堂文集〉，頁 91。

呂晚村、仇滄柱等，眞村學究。名爲遵程朱，何嘗有絲毫發明？」〔註 17〕張履祥纂輯傳述的書籍有：《經正錄》、《農書》、《喪葬雜錄》、《近古錄》。李光地的主要著作，大體也都是對先儒著作的疏注。除了《六經》的注疏外，還有《離騷經注》、《參同契注》、《陰符經注》、《握奇經注》、《注解正蒙》。其弟李光坡也有《周禮述注》、《儀禮述注》、《禮記述補》。若一味地牽合經傳而無所發明，對於學術的進步也難有幫助。

第四節　學風的轉向

當清初的程朱理學在官學的聲燄掩蓋之下，卻日漸走向閉瑣、膠執之途時；另一方面，自明末清初以來重經學的學風，也漸轉爲乾嘉學術的考據路線。這兩者可以說是同時進行的。

一般來說，宋明儒學是以討論理、氣、性、命等所謂「義理」之學爲其學問典型，和清乾嘉時代專治名物訓詁的「考據」之學相對照。但是自宋以來，學者仍不斷地做著經典的整理工作，宋代理學的主要人物朱熹，在考據學上即有卓越成就。只是在宋代理學中，無論是「六經註我」的陸象山或「泛觀博覽」的朱元晦，都沒有教人爲讀書而讀書；他們讀書的目的是爲了在聖賢的道理上討分曉，這可說是他們別於「考據」的「義理」特質。但是朱熹的博覽之訓，隨著朝廷用《四書集註》取士而深入人心，一般學者從朱子入儒門，也免不了訓詁講說一途。但是經典整理工作在宋明儒學的傳統中仍是屬於次要的，這幾百年中第一流的學術人才主要都在心性辨析上用功夫。所以朱熹儘管在訓詁考釋方面有卓越貢獻，基本上他仍是一位理學家，而不是考據學家。經典整理雖屬次要的，到了明代更深入心性工夫時，彷彿愈被掩住隱藏；然而事實上，當明代心學學者爭論讀書博學是否有助聖道的完成時，爲了辨明義理的是非，終究仍必須取決於經典。即如心學派的王陽明，也要編《朱子晚年定論》，並且重訂《大學古本》，他雖然是想藉《大學》爲他的良知說張目，並且箝制反對者之口。但是這麼一來，反而更擺脫不了經典的糾纏，且更加引發訓詁辨僞的需要。只是無論是像陽明這種心學者爲了驗證自己學說其來有自，不小心又陷於經典的糾葛；或朱子後學關於讀書博學的主張等，也都是在「尊德性」的大前提下提出的，「道問學」仍然不是主

〔註 17〕李光地：《榕村續語錄》，卷 16，頁 785。

流。一直到清代的考據學家，為經典作了全面的整理，接續朱子以後沒有暢進的一派；另外又開始觀念還原的工作，即找出儒學中重要觀念的原始意義，這些都是一脈相承的，也就是余英時先生說的「內在的理路」〔註 18〕。所以，「從思想史的觀點看，我們不能把明、清之際考證學的興起視為一種孤立的方法論的運動，它實與儒學之由『尊德性』轉入『道問學』，有著內在的相應性。」〔註 19〕

考據學派自明末楊愼（1488～1559）、焦竑（1541～1620）、陳第（1541～1617）等人為先導，清初黃宗羲（1610～1695）、顧炎武（1613～1682）、王夫之（1619～1692）等大儒全力提振。他們主張由訓詁考證等求實、客觀的方法，返回經典去探求經典的本義，這種「回歸原始儒學」的企圖，使他們對於程朱以來的性理之學充滿了懷疑與批判，也開啓了對傳統儒學重新審視與理解的風氣。同時在經世致用之學的倡導之下，各種專門的學科也被重視，如天文學、數學、地理學、語言文字學、音韻學、金石學、典章制度學、校勘學等，各種學科的研究重新打開了開闊的儒學研究視野。

所以基於以上所說的學術發展的「內在相應性」，也可以說是承繼了朱熹以來考據的治學方法；同時也是呼應那個時代對經世致用及返回原典的需求，這些也都使得清代理學家重視經學，甚至以訓詁方法來治理學，這也可說是發展過程中的必然趨勢。如陸世儀重視天文、曆算等專門之學的研究；湯斌也重視經術，他反對將〈道學〉、〈儒林〉分為二傳，說：

> 《宋史》〈道學〉、〈儒林〉，釐為二傳。蓋以周、程、張、朱繼往開來，其師友淵源，不可與諸儒等耳。而道學經學，自此分矣。夫所謂道學者，《六經》、《四書》之旨，體驗於心，躬行而有得之謂也，非經書之外，更有不傳之遺學也。故離經書而言道，此異端之所謂道也；外身心而言經，此俗儒之所謂經也。（同上）

他認為所謂道學，必須本之《六經》、《四書》之旨，而心有所體會，如果離經書而言道，是異端所謂的道，而不是儒家正統的道。所以，強調必須「取

〔註 18〕所謂「內在的理路」（inner logic），「也就是每一個特定的思想傳統本身都有一套問題，需要不斷地解決，這些問題，有的暫時解決了，有的沒有解決，有的當時重要，後來不重要，而且舊問題又衍生新問題，如此流轉不已。這中間是有線索條理可尋的。」（見〈清代思想史的一個新解釋〉，收於《歷史與思想》，頁 124～125）。

〔註 19〕詳見〈從宋明儒學的發展論清代思想史〉，收於《歷史與思想》，頁 87～119。

決經書」以求道，經典的指導性作用是無可置疑的。故理學家除了回歸經書，也漸以考據方法治學。

理學家兼治經書，如李光地治《易》、律呂、曆算等；楊名時治《易》；冉覲祖治《五經》等，在前文皆已述及。

又如朱澤雲（1666～1732）與王懋竑（1668～1741）兩位朱學學者，「研精朱子之學，而俱以經史實學植其基，以泛觀群書博其趣，宜其所得較深，有以異乎庸常也。」〔註 20〕朱澤雲在早歲治學時，即講求經世之學，精究天文、輿地、山川、形勝、水利、河渠、農田、社會、學校諸法，窮究原委，留心實學。又有志於聖人之道，遍取《朱子語類》全編讀之，潛思力究，廢寢忘食，嘗講學錫山，皆闡明朱子之學。王懋竑，除篤信謹守朱子學外，曾窮二十年之力作《朱子年譜》，取朱子文集、語類，以及注述纂輯之書，細心籀繹，旁推午貫，融會鉤稽，四易稿而成書。又有《年譜考異》四卷，論者皆服其邃密。他曾說經學自朱子而大明，所謂言六藝者，折衷於夫子。元、明諸儒解經者病於疏略，或患於蕪雜，其矯然特出者多一用己意，自名所學；明永樂中修《五經大全》，大較以朱子爲宗，而去《儀禮》、《周禮》，專重《禮記》、《春秋》，盡廢《左氏》、《公羊》、《穀梁》，非朱子之指。其所載朱子語皆割裂刪削，且有脫漏，而於諸儒之論，去取一無所準。今宜更加刪定注疏，爲程朱所自出，其言名物度數所當具列，至諸儒則辨其同異，考其離合，精釋而慎取之，而凡朱子之言詳考備載，不可遺也。〔註 21〕所以他的考訂之作是基於對前人的不滿而發。焦循曾經說：「他人講程朱理學，皆浮游勦襲而已。惟懋竑一生用力於朱子之書，考訂精核，乃眞考亭功臣。」〔註 22〕他的治學方法顯已深受考據學的影響。

其他理學家如：陰承方爲學以宋五子書爲歸，著有《陰靜夫先生遺文》，文集卷上多有考證禮制之文，對於居喪之制，皆能實事求是，詳其本原。方苞宗宋明理學，《四庫全書總目提要》稱他在經學上研究較深，有所闡發。〔註 23〕

〔註 20〕張舜徽：《清人文集別錄》，卷 4，頁 105。

〔註 21〕見其子箴聽所撰〈行狀〉，（收於徐世昌：《清儒學案》，卷 52，〈白田學案〉，頁 937 上～下）。

〔註 22〕見焦循：《雕菰集》，卷 12，〈國史儒林文苑傳議〉，頁 183。

〔註 23〕如方苞：《望溪集》，卷 1，〈讀古文尚書〉，言及《古文尚書》，則疑其文明暢易曉。必秦漢間儒者得古文之原本，苦其奧澀，而稍以顯易之辭更之，其大體固經之本文。同卷〈讀周官〉，言及《周禮》，乃謂非聖人不能爲，漢何休、宋歐陽修、胡宏皆疑爲僞作。蓋休耳熟於新莽之亂，而修與宏近見夫熙寧之蔡世遠也論漢、宋異同，說：

漢儒有傳經之功，宋儒有體道之實。輕漢儒者，以爲徒事訓詁、而少躬行心得之功。不知代經秦火，漢儒收拾於灰燼之餘，賡續衍繹，聖人遺經，賴以不墜。議宋儒者，以爲研精性命，恐少致用之實，不知修己盡性，功施靡極。譬之談周家王業者，漢儒其后稷、公劉、古公也。宋儒其文、武、成、康之盛治也。今尚論文、武、成、康，而忘后稷、公劉、古公之肇基累仁可乎？（《二希堂文集》，卷 1，〈歷代名儒傳序〉，頁 651 下～652 上）

他論述了漢儒、宋儒的特點，漢儒在秦火以後，能賡續衍繹聖人的遺經，故具有傳經之功；宋儒則能研精性命，有體道之實。所以不可只論宋儒而忽略漢儒的重要性。又：

讀書貴在心得躬行，不徒尚講明，然講明所以寫其心得，而啓天下以服習訓行。漢儒之解經，務在講明；宋儒之解經，多有心得。（同上，卷 4，〈四書集注衷義序〉）

也是說明漢儒、宋儒之不同，前者重在講明，後者重在心得，而學問要在「講明」之後才能有所「心得」，二者是相輔相成的。康熙、雍正之時，漢、宋門戶之爭尚未大張，蔡世遠已能正視到漢、宋學之各有所長。

所以，這些理學家在經學及考據風氣的影響下，已不能只專談心性義理。但是他們雖然仍以理學爲本位，對於理學內部課題的處理，終究無法脫離「反覆陳言」〔註 24〕的頹勢，當心、性、理、氣等探析不能滿足學者求知的欲求時，學術的主流終至漸爲以經學爲重的考據學所取代。從這些理學家身上，已可看出這種轉變之跡。

又相對於某些理學家的日益封閉，自清初以來，經史之學卻益爲蓬勃地發展著，他們重實踐、實際與實證，自較早有顧炎武、黃宗羲、王夫之等輩開闢了經史學的宏觀視野外，另有經學家如費經虞（1599～1671）、費密（1625～1701）父子，有各種涉及經史、制度、醫農的著作；胡承諾（1607～1681）著《繹志》；張爾岐（1612～1677）著《儀禮鄭注句讀》；黃宗炎（1616～

敝，而乃疑是書爲僞，是猶懲覆顛而廢輿馬也。此二論皆發前人所未發，亦後來治經者所不能道。（參見張舜徽：《清人文集別錄》，卷 4，頁 105～106）。

〔註 24〕章太炎說：「清世寄名理學者，無過反覆陳言，其去洛閩、金谿、余姚諸哲，固已絕遠。」（見《檢論》，臺北：廣文書局，1970 年，卷 8，〈近史商略〉，頁 15a）。

1686）精《易》、萬斯大（1633～1683）精《禮》。治史者如唐甄（1630～1704）著《潛書》，馬驌（1620～1673）著《繹史》；其他如萬斯同（1638～1702）、毛奇齡（1623～1716）、顧祖禹（1624～1680）、朱彝尊（1629～1709）、胡渭（1633～1714）、閻若璩（1636～1704）、劉獻廷（1646～1695）、潘耒（1646～1708）等，都有卓越成就。經史人才輩出，與輝碩的治學成就，吸收了有心治學的學者；反之，理學雖有功令維繫，但缺乏堅實的研究陣容，終究無法開拓其學術生命力。

此外，又有專門反對程朱的學者，對於理學給予嚴厲地痛擊，像提倡實學的顏、李學派，打著孔子「六藝」的口號，批評朱學空談性命的學風，張伯行就曾指出這個學派的威脅，說：「今天下學術裂矣，李中孚以禪學起於西，顏習齋以霸學起於北。……今北地顏習齋出，不程朱、不陸王，其學以事功爲首，謂身心性命非所急，雖子思中庸，亦詆呰無所顧。」〔註 25〕又毛奇齡專就朱熹的《四書集注》作《四書改錯》，列出三十多條錯誤，說「《四書》無不錯。……然且日讀《四書》，日讀《四書注》，而就其注文以作八股，又無一不錯。……眞所謂聚九州之四海之鐵，鑄不成此錯矣」〔註 26〕。在諸學派的抨擊下，理學的陣腳已大受打擊，理學之衰，已顯然可見。

在李光地之後，又有戴震（1723～1777）的《孟子字義疏證》，阮元（1764～1849）論「仁」，焦循（1763～1820）作《孟子正義》等，也都是以考據學的方法重新討論孔孟著作中的「仁」、「性」、「理」等中心論題，這對於朱熹以來以《四書集注》爲宗的義理解釋，也產生了極大的衝擊。〔註 27〕

〔註 25〕張伯行：《正誼堂文集》，卷 9，〈論學〉，頁 117。張伯行也反過來批評顏李學派：「今以學習六藝以成其德與行者爲格物，是未能知之，先已行之，以修身之事爲格物之功，其爲學不已誤乎？且其說尤有不可通者，既謂物即三物之物，是兼六德、六行、六藝矣。其所謂格物者，則但欲其學習六藝，不及六德、六行。今有人不孝、不友、不仁、不義，而日取禮、樂、射、御、書、數之事，自旦迄暮，紛紛窮詰，不肯自休，而曰吾格物也，此大學入道之門也，有是理乎？程朱格物之說，自天地萬物之理，身心性命之故，以及名物象數之變無不究其所當然，窮其所以然，所謂細大不遺，本末具舉，建諸天地而不悖，百世以俟聖人而不惑者也。」（頁 117～118）

〔註 26〕毛奇齡：《四書改錯》，（上海古籍出版社：《續修四庫全書》本），卷 1，頁 6 下。

〔註 27〕大體上漢學家仍不敢將宋儒完全抹殺，清人皮錫瑞就說：「雍乾以後，古書漸出，經義大明。惠戴諸儒爲漢學大宗，已盡棄宋詮，獨標漢幟矣。惠周惕、子士奇、孫棟三世傳經，棟所造尤邃，著《周易述》、《古文尚書攷》、《春秋因而，新的思維方式，造成治學趨向的轉移。即使是標榜程朱理學的學者，也必然受到整個趨勢所影響。因此縱然有朝廷的扶持，但終究無法抵禦學術轉變的趨勢；且雖然在朝廷的提倡下，士子學習朱學的甚多，但是相較考據學家們在訓詁、音韻、算學、地理、金石、方志、類書、叢書的編纂方面作出卓越的成績，且有吳派惠棟、皖派戴震，及後來揚州的焦循、汪中，浙東的全祖望、章學誠等大儒的堅實陣容，理學一方則顯得薄弱太多，甚至缺乏能支撐門戶的代表人物。而如李光地之流，雖在朝廷護翼下，造成理學興盛的表象，但是等到康熙、李光地一過逝，這些炫人的光環，終究敵不過龐大考據勢力的壓境而至。且到了雍正朝，朱學表面上雖然仍爲朝廷所尊，但四庫館臣竟敢輕詆宋儒〔註 28〕，和雍正的態度也有很大關係。在雍正元年，詔追封孔子五代王爵；二年，以陸隴其祔饗文廟，此時雍正尚未改先人故轍。雍正七年，呂留良案起〔註 29〕，這雍正便不再有尊朱之舉，轉而多刻佛經，

補注》、《九經古義》等書，論者擬之漢儒在何劭公、服子愼之間，而惠氏紅豆山齋楹帖云：六經宗孔孟，百行法程朱。是惠氏之學未嘗薄宋儒也。戴震著《毛鄭詩考正》、《考工記圖》、《孟子字義疏證》、《儀禮正誤》、《爾雅文字考》，兼通曆算、聲韻。其學本出江永，稱永學自漢經師康成後罕其儔匹。永嘗注朱子《近思錄》，所著《禮經綱目》，亦本朱子《儀禮經傳通解》。戴震作《原善》、《孟子字義疏證》，雖與朱子說經抵悟，亦只是爭辨一理字；《毛鄭詩考正》嘗采朱子說。段玉裁受學於震，議以震配享朱子祠，又跋朱子《小學》云：或謂漢人言小學謂六書，非朱子所云，此言尤悖。夫言各有當，漢人之小學一藝也，朱子之小學蒙養之全功也。段以極精小學之人，而不以漢人小學薄朱子小學，是江戴段之學未嘗薄宋儒也。宋儒之經說雖不合於古義，而宋儒之學行實不愧於古人，且其析理之精，多有獨得之處，故惠江戴段爲漢學幟志，皆不敢將宋儒抹摋。」（《經學歷史・經學復興時代》，臺北：臺灣商務印書館，1968 年 9 月，頁 61a～62b）

〔註 28〕參與《四庫全書》的編纂者，前後有三百多人，多以漢學家爲主，少數屬朱子學者，可見考據學風已佔主導地位。

〔註 29〕呂留良卒於康熙二十二年（1683），生前嘗評選詩文，倡導民族大義、天下爲公及君臣之道等，議論流傳甚廣。後有曾靜者，湖南靖州人。應試州城，曾獲睹呂留良書，故遣其徒張熙赴石門求呂留良遺著，留良子葆中悉以其父遺書授之。張熙又交接留良弟子嚴鴻逵及鴻逵之徒沈在寬等，而漸有所謀。適值川陝總督岳鍾琪再請陛見不許，深自危懼。曾靜遂遣張熙親至鍾琪之門，說鍾琪遠祖岳飛與金爲世仇，而清爲金後裔，勸鍾琪擁兵復仇，並光復明室。鍾琪以其事告之於上，奉詔逮捕曾靜師徒，雍正親審之。曾靜等供出呂留良，朝廷往搜呂家，得晚村日記等。雍正以其書有辱及先帝語，因興大獄。沈在寬遭凌遲；留良子毅中遭斬決；長子葆中已死，與其父及嚴鴻逵同被戮屍；呂留良著述皆被焚燬。是爲呂留良案。

甚至自稱圓明居士，以天子之尊而居一山之長，開堂授徒。足見朝廷意向由程朱而旁轉。到了乾隆中葉以後，康熙一代所遺的人才凋零殆盡，吏治民風亦遜於前，國勢民風也隨之轉衰。嘉、道以後，雖然有李元春、路德、方東樹、曾國藩等人中興理學，但理學的主導勢力終究無法挽回。

理學走向頹勢，即使是以朱子學著稱的閩地也不能避免，陳庚煥（1771～1834）就曾嘆道：乾嘉以來，朱子學「流風遺韻，浸以銷歇，向有誦法朱子者，或迂闊而無當，或浮慕而失眞，甚或跖行孔語，身敗而名劣，于是閭巷之間，以學相詬病。學者聞見既狹，溺聲利者，務靚記爲詞章，矜奇嗜博之士，則或沿西河之餘風，以攻朱子爲能事，而閩學微焉。」〔註 30〕到了乾嘉朝，閩地誦法朱子的學者，在見解上聞見甚狹，且迂闊無當、浮慕失眞；在行爲上耽溺聲利、身敗名劣等，致使朱學日漸衰微。此外，治朱子學者也將重心轉移於經學考據，陳壽祺本人也曾主講清源、鼇峰兩書院二十餘年，但他已同時是著名的考據學家，所著《五經異義疏證》、《尚書大傳疏證》、《歐陽夏侯經說考》、《魯齊韓詩說考》、《禮記鄭讀考》諸書，皆爲考據之作。梁啓超還稱他「治經贍博而精審，卓然一大師」〔註 31〕。所以由理學到經學，其轉移之跡是歷歷可見的。

由以上所論，可知理學的衰微，其因如由來以久的功利之習入於人心，不可救拔，而康熙朝對於理學的推尊，雖更令士子趨之若鶩；但是由於諸大臣機競於黨爭，多有令人訾詬的行逕，自然難以表率天下，如李光地一生在疑謗叢集中渡過，且被稱爲「僞道學」，推尊理學又不被認爲是道德的楷模，對於士人應也產生不良作用。

又理學內部反覆論述的論題，諸如太極、理氣、天道、性情等等，這些論題到了康熙朝的程朱學者，在理論上已鮮有開創性，大多僅止於原有概念的反覆講述，或略加修正；且清初以來考據學者對於理學若干理論之根據由來的質疑與考證，也使得理學的根據大受影響；而理學家纂書、注疏風氣，也侷限了理學思想的開拓。李光地一生雖然對於理學頗下工夫，於前人之說雖也有質疑與修正，但其思想並不離程朱矩矱。但這也是治理學者的一般現象，因此，在經學學風的衝擊下，理學的學術地位不得不在歷史因緣中有所

〔註 30〕陳庚煥：《惕園初稿・閩學源流說》（轉引自高令印、陳其芳：《福建朱子學》，頁 455～456）。

〔註 31〕見梁啓超：《近代學風之地理分布》，頁 32。

嬗遞。

而在諸種因素的聚合下，經學研究風潮日轉爲強勢，自清初以來，理學家也日漸重視經學的重要，治理學兼治經學的學者所在多是。李光地學博而雜，在推崇理學外，同時也研究經學、提倡經學，他所提拔的人才中，經學人才也甚多。所以，從李光地對經學的態度，我們也可以看到經學的發展已如江河日盛，不可扼抑，而理學家兼治經學，轉治經學，也都造成了理學研究人才的流失，其衰頹之勢，也難以避免。故從李光地之跨越理學與經學，也正可見出清初理學盛衰消長之間的脈絡與線索。

第八章　結　論

李光地一生的仕宦皆在康熙朝，而康熙朝初期，國家尚未完全安定，內有三藩之亂，外有鄭氏的反清復明之舉，所以康熙朝是清代由分裂、混亂走向安定、強盛的重要時期，甚至後來的「乾嘉盛世」，也都在此期奠立基礎。李光地輔佐康熙帝，君臣相得，世所罕見；他一生雖爲「三案」所纏，疑謗叢集，人品難以自清於世，但他在任官期間，亦是勤謹爲民，於政績、教育、文化皆有其貢獻。他在政績上的貢獻如協助平定三藩及收復台灣、治理水患、整飭科場、禁絕捐納、拔擢賢才等，都有顯著事功。此外，他在學術上也甚有成就與貢獻，《清儒學案》說：

> 安溪學博而精，以朱子爲依歸，而不拘門户之見。康熙朝儒學大興，左右聖祖者，孝感安溪後先相繼，皆恪奉程朱，而深究天人，研求經義性理，旁及曆算音律，聖祖所契許而資贊助者，安溪爲獨多。(《清儒學案》，卷 40，〈安溪學案〉，頁 695 上)

這一段話頗能綜述他一生的學術。首先，就李光地一生的學問著述來看，他的確是「學博而精」的，他的經學著述涵蓋了經學的《詩》、《書》、《易》、《禮》、《樂》、《春秋》；《四書》之《論》、《孟》、《學》、《庸》，此外尚有曆算、音韻等，涉及範圍極廣。

李光地的學術思想又歸宗於朱子學。他早年也學陸王之學，最後因爲考察程朱學說不但能承續孔孟眞傳，且其學說篤實平正，無虛誇浮泛之弊，不但有助個人身心修養，且能裨助治道，是個人治學及國家功令的最佳選擇。他又觀前代歷史，歸納出文教、社會風氣的興衰，與學術的推行所關甚大。如明代前期因推行程朱學，所以風氣淳正；嘉靖以後，陽明學興，造成禮法廢棄、學風流蕩，因此肯定程朱學能提供士子篤實踐履的途徑。所以李光地一生都以理學自課，且不斷地和門人弟子講習討論；又以居官之便，推崇理學、提拔理學人才，成爲清初有名的「理學大臣」及「主持正學」的泰斗，他竭力向朝廷推薦朱子學，興復朱學，接續宋元以來的理學傳統，將程朱理學的地位推至前所未有的高峰。唐鑑在《清學案小識》將李光地列在「守道」之列，說他「譚經講學，一以朱子爲宗」〔註1〕，即推崇他能傳承且發揮朱子的理學學說，對於「守道」，甚有功焉。

李光地除了推崇理學之外，對於經學及各種專門之學，也都盡心推動，有關他對學術思想的貢獻可歸納爲：

（一）提倡實學

李光地鑑於明代晚年學風空疏放誕，是緣於王學末流重本體不重工夫，束書不觀、游談無根，導致社會風氣虛華浮淺，終至於國家破滅；反之，在明代初年因崇朱子學之故，所以社會風氣淳厚樸實。因此，他在早年雖也接觸陽明學，但晚年以後終以朱學爲依歸，並且藉著官方力量大力宏揚朱學，使得學風由蹈虛空談轉爲嚴謹篤實。所以他強調「存實心、明實理、行實事」，認爲學術應本之於篤行踐履，並歸之於忠恕仁義之心。

此外，在明末清初實學學風的影響下，他也強調切實致用之學的學習，如尊崇顧炎武、推薦梅文鼎等人；另外，他自己也研究經書，於《易》學、律呂、曆算、古樂、音韻、軍事、水利等皆有研究。他所提拔的人才如：方苞通《春秋》、《三禮》，楊名時研究諸經，冉覲祖通《五經》，王蘭生通律呂、曆算、音韻，徐用錫治兵農禮樂，莊亨陽通算數，李鍾倫治《儀禮》等，皆不拘限於性理之學而有所開拓，可見李光地對於儒者的定義並不拘於狹隘的理學；同時也可以說他對理學家的治學領域有更寬廣的期許。且他所提倡也與明末清初以來的健實學風相應，而下開乾嘉的經學鼎盛之期。陳壽祺在《榕村全書》總序中說：

> 康熙朝經術修明，自聖武成之，自公（李光地）發之，而後雍正、乾隆間，繼述六經，聖教由是大顯。公恩寵日隆，勛德日懋，經綸啓沃，所裨於國與民者閎鉅。

陳壽祺是乾隆朝有名的經學家，他肯定李光地在康熙朝能夠闡發經學，使得

〔註1〕唐鑑：《清學案小識》，卷6，〈安溪李先生〉，頁168。

雍正、乾隆二朝能繼述六經，影響國家與民生甚爲閎鉅。

（二）具懷疑和批判的精神

李光地雖宗程朱，但並非一味宗朱，他強調學不能無疑，讀書一定要具懷疑精神，要闕疑闕殆、擇善而從，不是見古人不論其是非，一概深信不疑。所以他對朱子所說也多有批駁，並能提出自己的意見和看法。如他在《周易通論》中，遵從王弼所調整的《周易》經傳，不用朱熹的《周易本義》；又反對朱熹爲大學格物補傳，主張恢復古本《大學》；不認同朱熹對《中庸》的編排，作《中庸章段》，重新組合《中庸》之文；在理學思想上，強調「知本」，意如陸子「先立乎其大」，將讀書返之於身心性情置於第一位；並將「性」置於「理」之前，更強調切身實用的重要性等，皆是有主之見。

（三）重學術思想的兼收並蓄

李光地在編《性理精義》時，爲免端隙，而取消「道統」標目，意在於不主一廢他，具兼收並蓄之精神。因此他在位時，提攜各類人才，推動文化教育。在學術上，他正視漢學、宋學的優缺點，說漢儒在解經上不如朱子能在道理上明白融會；但是漢儒之可貴在於去三代未遠，秦朝澌滅未盡的制度名物，在當時尤可考見，即使不存，也可由所存者推想而知，因此畢竟還能存有實事，非僅是杜撰空言。如他所纂《周易折中》，即能兼采漢、宋之長處。《清儒學案》稱他：

> 學以濂、洛、關、閩爲門徑，以《六經》、《四子》爲依歸，尤深於易，奉敕纂《周易折中》，融貫漢宋，兼收並採，不病異同，一切支離幻渺之說，咸斥不錄。……於程朱之說頗有出入，而理足相明，有異同而無背觸。（《清儒學案》，卷 40，〈安溪學案〉，頁 695 上）

又在當時程朱學者多鄙薄陸王的同時，他能肯定陸王的優點，至晚年仍贊頌陸學，他的門生李紱，即爲清代有名的陸學學者；且他晚年雖宗朱斥王，但並不完全否定王學的價值。故《四庫全書總目提要》說：

> 光地之學源於朱子，而能心知其意，得所變通，故不拘墟於門户之見，其詁經兼取漢唐之說，其講學亦酌採陸王之義，而於其是非得失毫釐千里之介，則辨之甚明，往往一語而決疑似，以視黨同伐之流，斥姚江者無一字不加排詆，攻紫陽者無一語不生訕笑，其相去不可道里計，蓋學問既深，則識自定，而心自平，固宜與循聲佐鬥者迥乎異矣。（卷 94，〈榕村語錄〉，子部儒家類四，頁 799 中）

阮葵生《茶餘客話》也說：

> 安溪先生不直朱、陸同異之說。……本朝理學，以潛菴、榕村二人爲正宗，蓋其學博功深，醇乎其醇，故立言公正平恕，一毫不偏，其他鄙陋寡學，株守三家村兔園冊而戟手相罵，或穿鑿蔑裂，逞其私心小智，以驚愚孩，亦接踵不絕也。更有沈溺功名利慾。揣摩風氣，藉口程、朱，以獲厚實而盜虛名。如世所傳呵卵圖者。皆平日自負尊程、朱罵陽明之人也。(頁 257)

此外李光地對於西方的科學，也持著謙虛的學習態度，他認爲西曆之所以精確，在於它能洞悉天體運行的規律，是建立於一套較完整的天體運行之理論基礎上的〔註2〕。他也認爲中國古代算法有待於新法而補其未備，因此推崇徐光啓翻譯的《幾何原本》，認爲此書爲「萬數之宗」、「自此而物之比例參求變化附會，悉無遁理」〔註3〕。他並強調會通中西天文曆算之學，不能在接受西學之時，「於中土源流反有忽遺」，而應「會其全而折其中」〔註4〕，將中西之學融會貫通。

（四）合治統與道統為一

治統與道統合一，也就是政治與文化傳承的合而爲一。康熙本身研讀理學，即強調讀書窮理要用於治道，見諸行事，不徒空言。李光地在奏疏中，也一再強調朱子學有補治道，他奉命編纂的《朱子全書》、《性理精義》也都是爲了有補於內聖外王之道而作。如他曾要求康熙對《性理精義》治道類「俯加駁正，明賜指示，俾臣得以逐處修改，爰成大醇無疵之書。有補內聖外王之道，天下不勝幸甚」〔註5〕，並使「天下後世學者，知爲學爲治之出於一，不作兩意推求也」〔註6〕，皆可見其用心所在。但是治統與道統合一的結果，也造成二者之間的分限愈來愈模糊，甚至使道統失去其自主性，士子也因此喪失了以道統批判治統的獨立精神。

（五）理學的推崇影響學風的純正

明中晚期以來，陽明學盛行。一直到清朝初年，陽明學的影響力仍在，如

〔註 2〕 李光地：《榕村全集》，卷 20，〈西曆〉，頁 1028～1032。
〔註 3〕 李光地：《榕村全集》，卷 20，〈算法〉，頁 1020～1021。
〔註 4〕 李光地：《榕村全集》，卷 13，〈梅定九恩遇詩引〉，頁 688～689。
〔註 5〕 李光地：《榕村全集》，卷 29，〈進性理精義治道類劄子〉，頁 1470。
〔註 6〕 李光地：《榕村全集》，卷 28，〈奏朱子全書目錄次第札子〉，頁 1399。

孫奇逢、黃宗羲、湯斌等人都是王學的重要人物；而程朱學雖然也有陸世儀、呂留良、張履祥等人堅守門戶，但由於這些遺老們皆隱居不仕，再加上經世學風的盛行，所以程朱學風並不振興。直至李光地同康熙帝一同推尊程朱學，上行下效，朝中如陸隴其、張伯行、楊名時、朱軾等，皆學宗理學；李光地又推動閩地的程朱學風，贊助鼇峰書院講學，提拔蔡世遠、陰承方等人，使得程朱學風在閩地繼續承傳。李光地又藉著科舉考試，編輯考試用書，推崇濂、洛、關、閩學，意在使士子入門讀書，知循序漸進，篤實有方；且在康熙帝的號令下，編輯《朱子全書》、《性理精義》，提倡下學上達的治學方法及蹈實的學風，並將此御製書頒行學校，令教化大行，助使學風淳篤。清人藍鼎元說：

> 聖祖仁皇帝升朱子從祀於孔門十哲之班，尊宗報主，千載無匹，學者知尊朱子，而一以居敬窮理爲宗，內外本末交相培養，雖日撻而求其爲陸王之學不可得矣；而佛老之悖謬昭彰，三尺童子能知之，其不爲所惑又無足論也。(《棉陽學準》，卷 5，〈道學源流〉，頁 478 上～下)

說康熙之宗朱子，使學者皆知以居敬窮理爲宗，能抑遏陸王之學及知佛老之悖謬。清人昭槤也說：

> 仁皇帝夙好程朱，深談性理。雖宿儒耆學，莫能窺測。嘗出《理學眞僞論》以試詞林。又刊定《性理大全》、《朱子全書》等書。特命朱子配祀十哲之列。故當時宋學昌明，世多醇儒，非後世所能及也。(《嘯亭雜錄》，卷 1，〈崇理學條〉，頁 23)

亦說朱子學的推行影響學風的醇正。又對李光地有所非難的楊向奎先生也說：

> 道學一脈，歷雍、乾兩朝，不絕如縷，但影響已微。蓋在朝者以理學張其幟，而在野者則拔其幟而事樸學。理學張，則朝野風氣較明世爲謹嚴，樸學興則空疏之學風變而爲乾嘉之考證。嚴謹與空疏，乃明清兩代士大夫間之最大區別，影響及于一時治學趨向。(《清儒學案新編・孝感安溪學案》，頁 692～693)

在朝理學的盛行的確帶動了學風的謹嚴，又與民間的樸學之風相應和。因此清代的學風趨於謹嚴務實，有別於明代的空疏，對於當代的治學趨向皆有所影響，可知後來乾嘉考據學之盛，也是這種學風的承接。

又因爲理學思想，注重人類心性本質的研究，超越種族界限，故能以天人之學泯沒滿漢之界，因此在康熙時代，清初學者持種族主義，倡「義不帝秦」者已趨衰微，遺民不世襲之風已深入人心。〔註 7〕亦可見理學具有穩定秩序的作用。昭槤於《嘯亭雜錄》說：

> 本朝崇尚正道，康熙雍正間，理學大臣如李安溪之方大，熊孝感之嚴厲，趙恭毅公之鯁直（趙申喬），張文清公（張伯行）之自潔，朱文端公（朱軾）之吏治，田文端公之清廉、楊文定公之事君不苟，……皆揚名於一時。誰謂理學果無益於國耶？（卷 8，〈本朝理學大臣〉，頁 818～819）

亦肯定理學的推崇對於國家的治理與安定皆有影響。陸寶千也說：

> 惟熊、李二人皆有遺行，固非醇儒，聖祖寵之，蓋以爲雉媒，示天下以遵道學之意。於是上有所好，下必甚焉，天下不敢以佻達之見菲薄道學，儒者不致以迂拙樸僿見擯朝廷，一時公卿，遂皆儒雅謹厚，布在朝廷。聖祖一代之治，其根本在此。（《清代思想史》，頁 121）

亦說李光地的人品固有爲人所質疑處，但是他能示天下以遵道學之意，使天下人不敢以輕慢的態度鄙薄道學，儒者也不因爲迂腐拙劣、逼塞細碎而爲朝廷所見棄；當時朝中公卿也都能儒雅謹厚，流布所及，朝風純正，奠定康熙一朝的盛治。

（六）闡發理學思想

李光地本人對於理學思想亦能加以闡述與發揮，由《榕村語錄》與《文集》所載，他常和門生弟子講論理學思想，並且在道德修養上相互砥礪。他對宋儒周惇頤、二程、張載、邵雍等人的主要學說都有論及；對朱子的思想也有發揮有批判。尤其提出「知本」與「明性」之說，強調治學要知所先後，由本而至於末，最後終要歸到身心性情之本，即仍以「明性」的心性修養爲第一要務。此一說法雖是受到陸王學說的影響，但是他的思想仍是宗本程朱的，對於朱子學雖有質疑與批評，但大抵仍不踰越朱學的範疇。亦可見程朱學經過數百年來學者的辯難，終究以實踐爲依歸，李光地雖也討論理、天、太極等形而上問題，但並沒有花太多筆墨在這些論題上，反而一再地強調對「本性」的關注，及如何在存心養性上，藉著敬義挾持的功夫戒懼謹慎，不使心思行爲放縱恣肆。

〔註 7〕參楊向奎：《清儒學案新編．河北二魏學案》，頁 296。

李光地的學思歷程及著述、思想和清初以來的理學風貌是相一致的，例如他早年由王返朱，重視實理及經世之學，理學思想受到陸王影響，且強調道統觀念等，皆可和本論文第二章所敘相呼應。但是李光地以理學大臣的身分，推崇理學、獎掖人才，對於學風的扭正，及朱子學地位的提升，皆有其貢獻。

（七）反省與檢討

程朱理學雖然能在康熙朝盛極一時，但是卻也在雍、乾二朝之後日漸衰微，終至為考據學風所取代。究其原因，自明末清初以來經世學風盛行，經學、史學人才輩出，經學研究蔚然成風，且在多方面的學術領域都成果豐碩；反觀理學學界，因為道統的強調，使其學說拘限在若干聖賢的言論，反覆陳述的不過天理、格物、存誠、主敬等說，對於聖人之言不斷地加以纂述、作注，又不敢過於踰越其說，因此就理論體系來說，自然愈加封閉；而一旦沒有了開創性，自然也就日益地僵滯與膠執。

且自清初以來經學一派即不斷有學者質疑，且考證聖人之言的正確性，諸如太極、十六字心傳、《大學》改本等建構理學體系的重要說法，皆被質疑且推翻，而理學界又沒有能力加以因應。因此，理學本身在不長進的情況下，相對地也日益萎縮，終至被淹沒於經學研究的洪流中。另外，理學強調道德修養的特質，逐漸被功利成習的苟簡風氣所蝕，一旦不再有謹身踐履的風氣，或失去主持正學的人物，很快地便出現內在精神淪喪的情勢，僅存的空洞外殼，已不敷應付其它學術領域的挑戰了。蕭一山在《清代通史》說：「阿附之徒，則皆潤飾考亭，以求仕宦。理學之表章，亦正理學之衰微已。」（頁 778）亦不無道理。

故知康熙朝理學雖盛，諸種危機卻早已存在，所以即使李光地等人為理學重新披上耀眼的外衣，但終未能深刻認識其危機所在而加以挽救。且李光地本人雖居正學泰斗，卻身纏疑謗，無法以謹嚴的清流人品取信於眾，使得後人看待清初之理學多有偏見，關於這點，李光地也難辭其咎。

總之，探討李光地與清初理學的關係，除了可以了解此一時期理學發展的諸種情況，更可以見到清初理學因何興盛，因何衰頹，以了解這一時期學術的風貌之一，並可見學術的發展與嬗變之間複雜的交互影響性。

由於李光地的著述博雜，本論文僅能就他的理學思想及對清初理學風氣的影響作討論，其它如李光地的經學、《易》學，他對傳統與西洋曆算、天文、數學的看法等，亦皆有進一步研究的需要。且本論文的李光地推崇理學，所代表的是官方的視角，尚有其他角度可待研究，如從在野的程朱學者、王學學者、經學家、史學家對於理學的態度來看，都可能產生歧異的觀點。甚至到了清中葉以後，理學衰微之後的情況，這些都有待來日的努力。

重要參考書目

（一）李光地之著作及近人研究

1. 榕村全集，（清）李光地著，臺北，大西洋圖書公司，出版地、年不詳。
2. 榕村四書說，（清）李光地著，臺北，臺灣商務印書館，1983 年，影印文淵閣《四庫全書》本。
3. 御纂朱子全書，（清）李光地纂，臺北，臺灣商務印書館，1983 年，影印文淵閣《四庫全書》本。
4. 性理精義，（清）李光地纂，臺北，臺灣中華書局，《四部備要》本。
5. 榕村語錄、榕村續語錄，（清）李光地著，北京，中華書局，1995 年 6 月。
6. 李文貞公年譜，（清）李清植纂，臺北，文海出版社，1966 年 10 月。
7. 榕村譜錄合考，（清）李清馥編，清道光六年刻本，北京，北京圖書館出版社，1998 年。
8. 李光地傳論，許蘇民著，福州，廈門出版社，1992 年 9 月。
9. 李光地研究，楊國楨、李天乙編，廈門，廈門大學出版社，1993 年 5 月。

（二）經　部

1. 經學通論，（清）皮錫瑞著，北京，中華書局，1989 年 4 月。
2. 中國學術思想史論叢（七）（八），錢穆著，臺北，東大圖書公司，1990 年 4 月再版。
3. 明代經學研究論集，林慶彰著，臺北，文史哲出版社，1994 年 5 月。
4. 清初的群經辨僞學，林慶彰著，臺北，文津出版社，1990 年 3 月。
5. 清代經學史通論，吳雁南編，昆明，雲南大學出版社，1993 年 12 月。
6. 經學通論，劉百閔著，臺北，國防研究院，1970 年 3 月。
7. 中國近代經學史，田漢雲著，西安，三秦出版社，1996 年 12 月。

8. 乾嘉考據學研究，漆永祥著，北京，中國社會科學出版社，1998 年 12 月。
9. 中國儒學思想史，張豈之主編，西安，陝西人民出版社，1990 年 4 月。
10. 《五經大全》纂修研究，陳恆嵩著，臺北，東吳大學中國文學研究所博士論文，1998 年 6 月。

（三）史　部

1. 清史稿校註，臺北，國史館，1989 年 2 月。
2. 康熙起居注，北京，中華書局，1984 年 8 月一刷。
3. 清實錄（聖祖實錄），北京，中華書局，1985 年 9 月一刷。
4. 十二朝東華錄（康熙朝），（清）蔣良騏纂、王先謙改修，臺北，文海出版社，1963 年。
5. 康熙政要，（清）章梫纂，褚家偉、鄭天一、劉明章校注，北京，中央黨校出版社，1994 年 12 月。
6. 國朝耆獻類徵初編，（清）李桓輯，臺北，明文書局，1985 年。
7. 疇人傳，（清）阮元著，臺北，臺灣商務印書館，1965 年 11 月臺一版。
8. 疇人傳二編，（清）諸可寶著，臺北，臺灣商務印書館，1965 年 11 月臺一版。
9. 碑傳集，（清）錢儀徵纂，北京，中華書局，1993 年 4 月。
10. 近代學風之地理的分布，梁啓超著，臺北，臺灣中華書局，1956 年臺一版。
11. 清儒學案，徐世昌著，臺北，國防研究院，1967 年 10 月。
12. 清代傳記叢刊，周駿富輯，臺北，明文書局，1985 年。
13. 清史論著叢刊，孟森著，臺北，世界書局，1961 年 9 月初版。
14. 清儒學案新編，楊向奎著，濟南，齊魯書社，1988 年 6 月。
15. 清儒傳略，嚴文仰編，臺北，臺灣商務印書館，1990 年 6 月。
16. 明清史，陳榮捷著，臺北，三民書局，1989 年 12 月初版、1995 年二月再版。
17. 明清史資料，鄭天挺主編，天津，天津人民出版社，1981 年 8 月。
18. 清代全史，瀋陽，遼寧人民出版社，1991 年 7 月。
19. 清代通史，蕭一山著，臺北，臺灣商務印書館，1961～1963 年。
20. 明清儒學家著述生卒年表，麥仲貴著，臺北，臺灣學生書局，1977 年 9 月。
21. 康雍乾三帝統治思想研究，高翔著，北京，中國人民大學出版社，1995 年 10 月。

（四）子 部

1. 二程全書，（宋）程顥、程頤著，臺北，中文出版社，1977 年。
2. 朱子語類，（宋）黎靖德編，臺北，文津出版社，1986 年 12 月。
3. 大學或問，（宋）朱熹著，京都，中文出版社，1979 年，和刻影印《近代漢籍叢刊》本。
4. 四書章句集注，（宋）朱熹著，臺北，長安出版社，1991 年 2 月。
5. 北溪先生字義詳解，（宋）陳淳著，京都，中文出版社，1977 年。
6. 御製性理大全，（明）胡廣纂，濟南，山東友誼書社，1989 年。
7. 王陽明傳習錄詳註集評，（明）王陽明著、陳榮捷集評，臺北，臺灣學生書局，1992 年 10 月修訂二版。
8. 陸象山全集，（宋）陸九淵著，北京，中國書店，1992 年 3 月。
9. 近思錄集註集評，（宋）朱熹編、陳榮捷集評，臺北，臺灣學生書局，1998 年 3 月二版。
10. 思辨錄輯要，（清）陸桴亭著，臺北，廣文書局，1977 年 12 月。
11. 致知格物解，（清）魏裔介著，臺南，莊嚴出版社，1995 年，《四庫全書存目叢書》本。
12. 聖學知統錄，（清）魏裔介著，臺南，莊嚴出版社，1995 年，《四庫全書存目叢書》本。
13. 下學堂劄記，（清）熊賜履著，臺南，莊嚴出版社，1997 年 6 月，《四庫全書存目叢書》本。
14. 學統，（清）熊賜履著，臺北，臺灣商務印書館，1967 年，《國學基本叢書》本。
15. 棉陽學準，（清）藍鼎元著，臺南，莊嚴出版社，1997 年，《四庫全書存目叢書》本。
16. 宋元學案，（清）全祖望纂，臺北，世界書局，1983 年 5 月四版。
17. 宋學淵源記，（清）江藩著，臺北，廣文書局，1967 年 11 月。
18. 清學案小識，（清）唐鑑著，臺北，臺灣商務印書館，1975 年 8 月臺二版。
19. 中國近三百年學術史，梁啓超著，臺北，華正書局，1989 年 8 月初版。
20. 中國近三百年學術史，錢穆著，臺北，臺灣商務印書館，1995 年 9 月臺二版。
21. 宋明理學概論，錢穆著，臺北，臺灣學生書局，1992 年 2 月第 4 次印刷。
22. 宋明理學之概念與歷史，陳榮捷著，臺北，中央研究院中國文哲研究所籌備處，1996 年 6 月。
23. 朱學論集，陳榮捷著，臺北，臺灣學生書局，1982 年 4 月。

24. 朱子新探索，陳榮捷著，臺北，臺灣學生書局，1988 年 4 月初版。
25. 朱熹，陳榮捷著，臺北，東大圖書公司，1990 年 2 月。
26. 宋明理學，蔡仁厚著，臺北，臺灣學生書局 1995 年 8 月七版。
27. 清代哲學，王茂、蔣國保、余秉頤、陶清著，合肥，安徽人民出版社，1992 年 1 月。
28. 宋明理學史，侯外廬、邱漢生、張豈之主編，北京，人民出版社，1997 年 10 月第 2 版。
29. 歷史與思想，余英時著，臺北，聯經出版事業公司，1995 年 3 月 1 版 15 刷。
30. 儒家思想，杜維明著，臺北，東大圖書公司，1997 年 11 月。
31. 清代思想史，陸寶千著，臺北，廣文書局，1983 年 9 月。
32. 從理學到樸學——中華帝國晚期思想與社會變化面面觀，美・艾爾曼著、趙剛譯，江蘇，江蘇人民出版社，1995 年 9 月 1 版。
33. 中國前近代思想的演變，日・溝口雄三著、林右崇譯，臺北，國立編譯館，1994 年 12 月初版。
34. 陸世儀評傳，葛榮晉、王俊才編著，南京，南京大學出版社，1996 年 4 月。
35. 福建朱子學，高令印、陳其芳著，福州，福建人民出版社，1986 年 10 月。
36. 閩學源流，劉樹勛主編，福建，福建教育出版社，1993 年 12 月。
37. 國際朱子學會議論文集，鍾彩鈞編，臺北，中央研究院中國文哲研究所籌備處，1993 年 5 月。
38. 朱熹思想研究，張立文著，臺北，谷風出版社，1986 年 10 月。
39. 宋明理學，陳來著，瀋陽，遼寧教育出版社，1995 年 6 月第三次印刷。
40. 明清文化散論，馮天瑜著，華中工學院出版社，1986 年第二次印刷。
41. 明清史國際學術討論會論文集，天津，天津人民出版社，1982 年 7 月。
42. 清朝學術思辨錄，陳祖武著，北京，中國社會科學出版社，1996 年第一次印刷。
43. 朱子學研究，鄒永賢主編，廈門，廈門大學出版社，1989 年 5 月。
44. 朱熹思想叢論，鄒永賢主編，廈門，廈門大學出版社，1993 年 1 月。
45. 朱學論叢，龔道立著，臺北，文史哲出版社，1985 年 5 月。
46. 朱子大傳，束景南著，福州，福建教育出版社，1992 年 10 月。
47. 清代義理學新貌，張麗珠著，臺北，里仁書局，1999 年 5 月。
48. 明末清初理學與科學關係再論，張永堂著，臺北，臺灣學生書局，1994 年 2 月初版。

49. 康熙思想研究，宋德宣著，北京，中國社會科學出版社，1990年10月。
50. 優入聖域：權力、信仰與正當性，黃進興著，臺北，允晨文化公司，1994年8月。
51. 明中晚期理學的對峙與合流，于化民著，臺北，文津出版社，1993年2月。
52. 晚清理學研究，史革新著，臺北，文津出版社，1994年3月初版。

（五）集　部

1. 韓昌黎全集，（唐）韓愈著，臺北，新文豐出版公司，1977年9月。
2. 孫明復小集，（宋）孫復著，臺北，臺灣商務印書館，影印文淵閣《四庫全書》本。
3. 徂徠集，（宋）石介著，臺北，臺灣商務印書館，影印文淵閣《四庫全書》本。
4. 二程文集，（宋）程顥、程頤著，臺北，臺灣商務印書館，影印文淵閣《四庫全書》本。
5. 晦庵先生朱文公文集，（宋）朱熹著，京都，中文出版社，1977年11月。
6. 朱子實紀，（宋）黃榦著，臺南，莊嚴出版社，1997年，《四庫全書存目叢書》本。
7. 黃勉齋先生文集，（宋）黃榦著，臺北，青山書店，1957年。
8. 小山類稿，（明）張岳著，臺北，臺灣商務印書館，影印文淵閣《四庫全書》本。
9. 翠渠摘稿，（明）周瑛著，臺北，臺灣商務印書館，影印文淵閣《四庫全書》本。
10. 虛齋先生文集，（明）蔡清著，臺北，臺北市閩南同鄉會，1975年。
11. 同安次崖林先生文集，（明）林希元著，臺南，莊嚴出版社，1997年，《四庫全書存目叢書》本。
12. 牧齋初學集，（清）錢謙益著，臺北，文海出版社，1992年。
13. 夏峰先生集，（清）孫奇逢著，臺北，臺灣商務印書館，《叢書集成簡編》本，1965年。
14. 顧亭林詩文集，（清）顧炎武著，臺北，世界書局，1963年1月。
15. 聖祖仁皇帝御製文集，臺北，臺灣商務印書館，影印文淵閣《四庫全書》本。
16. 呂晚村文集，（清）呂留良著，臺北，臺灣商務印書館，1973年12月。
17. 曝書亭集，（清）黃宗炎著，臺北，臺灣商務印書館，1968年12月。
18. 蒿庵集，（清）張爾岐著，臺南，莊嚴出版社，1996年，《四庫全書存目叢書》本。

19. 二曲集，（清）李顒著，北京，中華書局，1996年3月。
20. 湯文正公文集，（清）湯斌著，臺北，文海出版社，《中國近代史叢刊》92輯，1973年。
21. 三魚堂文集，（清）陸隴其著，臺北，臺灣商務印書館，影印文淵閣《四庫全書》本。
22. 正誼堂文集、續集，（清）張伯行著，臺北，臺灣商務印書館，1965年，《叢書集成簡編》本。
23. 績學堂文鈔、詩鈔，（清）梅文鼎著，臺南，莊嚴出版社，1997年6月，《四庫全書存目叢書》本。
24. 皋軒文編，（清）李光坡著，臺南，莊嚴出版社，1997年6月，《四庫全書存目叢書》本。
25. 二希堂文集，（清）蔡世遠著，臺北，臺灣商務印書館，影印文淵閣《四庫全書》本。
26. 穆堂初稿，（清）李紱著，清道光十一年（1831）珊城阜祺堂重刻本。
27. 鹿洲初集，（清）藍鼎元著，臺北，文海出版社，1974年。。
28. 方望溪全集，（清）方苞著，臺北，世界書局，1960年11月初版。
29. 檢論，（清）章太炎著，臺北，廣文書局，1970年12月初版。
30. 鮚埼亭集、鮚埼亭集外編，（清）全祖望著，臺北，華世出版社，1977年3月。
31. 雕菰集，（清）焦循著，臺北，臺灣商務印書館，1937年。
32. 四庫全書總目，（清）永瑢等著，北京，中華書局，1992年10月。
33. 茶餘客話，（清）阮葵生著，臺北，世界書局，1963年4月。
34. 嘯亭雜錄，（清）昭槤著，臺北，文海出版社，1966年。
35. 清人文集別錄，（清）張舜徽著，北京，中華書局，1963年第一版，1980年第二次印刷。

（六）期刊論文

1. 李光地，（《泉州府志選錄》，台灣銀行研究室編印），1967年8月。
2. 清初曆算家梅文鼎，王萍著，中央研究院近代史研究所集刊 2 期，1971年6月。
3. 清朝統治者尊孔的罪惡活動，閩青著，文物，1974年7期，1974年7月。
4. 論清代的文字獄，孔立著，中國史研究，1979年3期，1979年3月。
5. 試論朱熹對福建文化教育的影響，方品光、陳明光著，福建師大學報3期，1980年。

6. 河南三賢列傳，張金鑑著，中原文獻，12 卷 2 期，1980 年 2 月。
7. 元代的朱陸合流與元代的理學，唐宇元著，文史哲，1982 年 3 期（總 150），1982 年 3 月。
8. 清儀封張伯行的生平與政治思想，張金鑑著，中原文獻，15 卷 1 期，1983 年 1 月。
9. 「學案」體裁產生的思想背景—從李紱的「陸子學譜」談起—，黃進興著，漢學研究，第 2 卷第 1 期，1984 年 6 月。
10. 李光地及其哲學思想，陳其芳著，福建論壇，1986 年第 5 期，1986 年 5 月。
11. 明末清初的經世致用之學，山井湧著，盧瑞容譯，史學評論 12 期，1986 年 7 月。
12. 李光地與後期閩學，孫明章著，廈門大學學報（哲學社會科學版）1987 年第 1 期（總第 88 期），1987 年 1 月。
13. 李光地，王政堯著，(《清代人物傳稿》上篇第五卷，北京，中華書局)，1988 年 6 月。
14. 閩學和閩學的發展階段派別，高令印著，福建論壇，1988 年 1 期（總 44），1988 年 2 月。
15. 閩學在中國思想上的地位和作用，高令印著，福建日報，3 版，1988 年 7 月。
16. 閩學的傳播衍變及其在中國思想文化史上的地位和作用，高令印著，廈門大學學報（哲社版），1989 年 1 期。
17. 李光地年譜略論，陳祖武著，文獻，1989 年第 3 期（總第 41 期），1989 年 3 月。
18. 李光地碑文三則，鄭金順、張國梁著，清史研究通訊，1989 年第 4 期（總第 30 期），1989 年 4 月。
19. 清初政權意識型態之探討：政治化的道統觀，黃進興著，中央研究院歷史語言研究所集刊第 58 本第 1 分，1987 年 3 月。
20. 清初朱子學及其歷史反思，孫明章著，(《朱學研究》，廈門，廈門大學出版社)，1989 年 5 月。
21. 明末清初思想家對經學與理學之辨析，何冠彪著，九州學刊 3 卷 2 期，1989 年 6 月。
22. 清代的朱子學，大島晃著，(《朱子學的思惟》—在中國思想史的傳統和革新，東京，汲古書院)，1990 年（平成二）。
23. 《榕村語錄》及李光地評價，陳祖武著，福建論壇（文史哲版），1990 年第 2 期，1990 年 2 月。

24. 李光地の評價問題，瀧野邦雄著，經濟理論，1990 年 3 月。
25. 論李光地的歷史地位，陳祖武著，福建論壇（文史哲版），1990 年第 5 期（總第 72 期），1990 年 5 月。
26. 李光地的思想貢獻及其歷史進步意義，許蘇民著，福建論壇（文史哲版），1990 年第 5 期（總第 72 期），1990 年 5 月。
27. 清代的文字迫害和「製造異己」模式，澳・費思堂著，《清史國際學術討論會論文集》，白壽彝主編，瀋陽遼寧人民，1990 年 8 月。
28. 論清初學術的歷地位，陳祖武著，清史研究，1991 年 1 期，1991 年 1 月。
29. 清初的思想文化，（《清代全史》第三卷，瀋陽，遼寧人民出版社），1991 年 7 月。
30. 康熙中葉以後的學術文化，（《清代全史》第二卷，瀋陽，遼寧人民出版社），1991 年 7 月。
31. 明末清初程朱學派儒者張履祥，何明穎著，孔孟月刊，第 28 卷，第 6 期，1990 年 1 月。
32. 李光地著作簡目，李秉乾著，福建論壇，1992 年 5 期，1992 年 5 月。
33. 爲李光地翻案，陳其芳著，福建論壇（文史哲版），1992 年第 5 期（總第 72 期），1992 年 5 月。
34. 李光地與安溪民俗，陳國強著，福建論壇（文史哲版），1990 年第 5 期（總第 72 期），1990 年 5 月。
35. 李光地著作簡目，李秉乾著，福建論壇（文史哲版），1990 年第 5 期（總第 72 期），1990 年 5 月。
36. 陳夢雷與李光地絕交書，王鍾翰著，（《清史新考》，遼寧大學出版社），1990 年 7 月。
37. 清代名臣李光地，黃炯然著，清史研究，1992 年第 2 期（總第 6 期），1992 年 2 月。
38. 試析李光地論「本朝人物」——兼議《榕村語錄續集》的歷史價值，王政堯著，清史研究，1992 年 3 期，1992 年 3 月。
39. 李光地學術討論會綜述，敬木著，福建論壇文史哲版，1992 年 6 期，1992 年 6 月。
40. 李光地簡論，王思治著，清史研究，1993 年第 1 期（總第 9 期），1993 年 1 月。
41. 李光地與熙朝吏治，楊國楨、張和平著，清史研究，1993 年第 1 期（總第 9 期），1993 年 1 月。
42. 論李光地的歷史地位，陳祖武著，清史研究，1993 年第 1 期（總第 9 期），1993 年 3 月。

43. 朱熹與福建文化，高令印著，鍾彩鈞主編《國際朱子學會議論文集》，中央研究院中國文哲研究所籌備處，1993 年 5 月。

44. 朱熹的人物性論—兼談韓國朝鮮時代性理學爭論的根源，李愛熙著，鍾彩鈞主編，(《國際朱子學會議論文集》，中央研究院中國文哲研究所籌備處)，1993 年 5 月。

45. 「以理殺人」與道德教化—環繞戴東原反對朱子哲學的批評而展開對於道德教育的一些理解與檢討，林安梧著，鵝湖學誌 10 期，1993 年 6 月。

46. 李光地軼事，李樹砥著，思源 29 期，1993 年 6 月。

47. 湯斌禁五通神——清初政治精英打擊通俗文化的個案，蔣竹山著，新史學 6 卷 2 期，1995 年 6 月。

48. 論康熙提倡程朱理學，何孝榮著，清史研究，1996 年 4 期，1996 年 4 月。

49. 試論藍鼎元的政治功績與學術思想特色，劉青泉著，清史研究，1996 年 4 期，1996 年 4 月。

50. 葉適與朱熹道統觀異同論，何雋著，鵝湖，21 卷 11 期（總 251），1996 年 5 月。

51. 清初江南地方行政上的滿漢政治衝突——張伯行噶禮互參案研究，羅麗達著，新史學 7 卷 3 期，1996 年 9 月。

52. 君主和布衣之間：李光地在康熙時代的活動及其對科學的影響，韓琦著，清華學報，新 26 卷第 4 期，1996 年 12 月。

53. 二十世紀清代學術思想史研究之回顧，王俊義著，中國社會科學院研究生院學報，1997 年第 3 期，1997 年 3 月。

54. 對朱王「格物致知」概念的界定與評價，高予遠著，中國文化月刊 214 期，1998 年 1 月。

55. 清代經學思潮，何佑森著，《中國哲學》十八輯，長沙嶽麓書社，1998 年 9 月。

56. 朱陸之辯探微，黃云著，中國文化月刊 233 期，1999 年 8 月。